Sri Swami Satchidananda

Goldene Gegenwart

Goldene Gegenwart

Tägliche Eingebungen
zu einer spirituellen Lebensführung
von Sri Swami Satchidananda

Verlag Hinder + Deelmann
Gladenbach

Titel der amerikanischen Original-Ausgabe:
The Golden Present – Daily Inspirational Readings
by Sri Swami Satchidananda.
Copyright © 1987 by Satchidananda Ashram - Yogaville
Buckingham, Virginia 23921 USA.
Die deutsche Übertragung aus dem Englischen
von Carola Ehlermann-Grumbach erfolgte mit Erlaubnis
des Satchidananda Ashram - Yogaville.
Ihr wurde von der Übersetzerin ein Register angefügt.

© 2006 für die deutsche Ausgabe
Verlag Hinder + Deelmann, Gladenbach (Hessen)
Druck: Rosch-Buch Druckerei GmbH, Scheßlitz
Printed in Germany – Alle Rechte vorbehalten

ISBN: 3-87348-176-6

Inhalt

Vorwort zur amerikanischen Ausgabe   7

Januar   11

Februar   39

März   63

April   91

Mai   119

Juni   145

Juli   173

August   203

September   233

Oktober   263

November   295

Dezember   325

Register   353

Lebenslauf von Sri Swami Satchidananda   356

Danksagungen

des Verfassers

Mein herzlicher Dank gebührt allen, die mehr oder weniger dazu beigetragen haben, dieses Buch der täglichen Lesungen zu veröffentlichen.

Meine treue Schülerin Swami Hamsananda Ma, hat liebevoll und geduldig all diese Eintragungen abgeschrieben und das Manuskript vorbereitet. Der hervorragende Zeichner Peter Petronio aus Paris, Frankreich, trug großzügig die Zeichnungen dazu bei, sowie das Bild auf dem Einband, das auf einer Photographie von Tom Kelley, Sr., basiert.

Mein besonderer Dank gilt auch den hingebungsvollen Mitarbeitern der Integral Yoga Veröffentlichungen: Swami Sharadananda Ma, Swami Premananda Ma, Swami Prakashananda Ma, Abhaya Thiele, Rev. Janaki Carrera und Bhaktan Bennetta; Prema Serre, Gretchen Uma Knight und Swami Krupananda Ma aus der Kunstabteilung.

Die schönen originellen Zeichnungen, die am Anfang jedes Monats stehen, wurden von dem Künstler Maithreya Stillwater gestiftet.

Ich danke ihnen und segne sie alle für ihre gewissenhafte Arbeit.

Sri Swami Satchidananda

der Übersetzerin

Mein besonderer Dank gilt Kamakshi Holzscheck und nach ihrem Ableben Renate Wolff und Usha Piscini. Mit großer Genauigkeit und feinem Sprachgefühl haben sie zur Entstehung des Buches in seiner jetzigen Form beigetragen.

Carola Ehlermann-Grumbach

Vorwort zur amerikanischen Ausgabe

Es war eine große Ehre für mich, daß ich an diesem Projekt arbeiten durfte. Aus vollem Herzen möchte ich meinem heiligen Meister Sri Swami Satchidananda im Namen all derer Dank aussprechen, die aus seinen Lehren einen Gewinn gezogen haben. Er hat gesagt: „Denkt an meine Lehren und versucht, sie im Leben anzuwenden! Dann bin ich immer bei Euch. Denn es sind die Lehren, die der Lehrer sind." Ich habe erfahren, daß ich vollkommen glücklich und friedlich sein kann, wenn ich auch nur irgendeine der Lehren von Sri Gurudev befolge. Die Lehren verkörpern die Wahrheit, die in allen Religionen zu finden ist. Befolgt man sie, kann man einfach nichts falsch machen. Sie funktionieren. Die folgenden Seiten enthalten das, was ich die „Schlagsahne auf dem Kuchen" von Sri Gurudevs Lehren oder die Schlüssel zum Königreich nennen würde. Er hat uns alles gegeben, was wir brauchen; der Rest liegt bei uns. Wahrer Friede ist für jeden von uns möglich.

Möge die gesamte Schöpfung erfüllt sein mit Friede und Freude, Liebe und Licht! OM Shanthi, Shanthi, Shanthi.

Swami Hamsananda Ma
Satchidananda Ashram - Yogaville

Januar

1. Januar

Überspringe die Hürden!

Das Leben muß eine Herausforderung sein. Nur dann ist es aufregend. In einem Hindernisrennen bist du gezwungen, alle Hindernisse zu nehmen, über die Hürden zu springen, durch Fässer zu krabbeln, unter Brücken hindurchzukriechen, über Mauern zu klettern.
Was würde geschehen, wenn du – um all das zu vermeiden – die Hindernisse umgehen und dann den Siegerpokal verlangen würdest? Würden sie ihn dir geben? Nein. Sie würden sagen: „Du mußt zurückgehen und dich all diesen Hindernissen stellen!"
„Warum?", magst du fragen. „Wenn ihr mir den Pokal geben wollt, gebt ihn mir doch einfach."
„Wir bedauern, aber du mußt beweisen, daß du ihn verdienst und dafür gearbeitet hast."
Das Leben ist ein Spiel, und wir stellen uns unter Beweis. Die Herausforderung selbst macht Spaß. Wenn dein Leben immer glatt und reibungslos verläuft, kannst du dich später nicht zurücklehnen und deinen Urenkeln von deinen Abenteuern erzählen.
Stelle dir folgende Unterhaltung vor:
„Weißt du, mein Kind, als ich so alt war wie du, habe ich..."
„Oh, Opa, das hast du getan? Und dann?"
„Ich war im Dschungel und wurde von einem Tiger gejagt."
„Oh! Wirklich?"
Es wird Spaß machen, solche Geschichten zu erzählen.
Wenn du stattdessen bloß sagst: „Also, seit meiner Geburt war ich zu Hause. Es ist nicht viel passiert," werden die Kinder aufstehen und weggehen. Sie werden nicht einmal deine Geschichte anhö-

ren. Sieh daher zu, daß du später etwas Aufregendes zu erzählen hast. Du wirst so glücklich und stolz sein!
Gestalte dein Leben so aufregend wie möglich, aber betrachte es immer als Spaß! Sowohl die Mißgeschicke als auch die Harmonie solltest du als etwas Erfreuliches ansehen. Sei weder zu ernsthaft noch mürrisch und mache kein grimmiges Gesicht im Namen der Spiritualität! Sei einfach glücklich und fröhlich! Auch wenn du einen Fehler machst, sag: „Das habe ich getan? Nun gut. Da habe ich wirklich eine Lektion gelernt." Wenn du es willst, kannst du an allem deine Freude haben.

2. Januar

Die Welt wird ein phantastischer Ort sein

In Südindien gibt es bei der Landbevölkerung ein Sprichwort: Wenn zwei gute Menschen aus verschiedenen Richtungen auf ein und demselben engen Fußpfad aufeinander treffen, gibt es drei Wege. Ist eine Person gut, gibt es zwei Wege. Sind beide schlecht, gibt es nur einen Weg.
Dies bedarf vermutlich einer Erklärung. Sind beide Menschen gut, werden sie einander Platz machen, wenn sie auf dem Pfad gehen. Das bedeutet, sie werden zwei weitere Pfade bilden und den mittleren freilassen. Es wird drei Pfade geben, sie kommen bequem aneinander vorbei und lächeln sich zu.
Wenn der eine gut und der andere schlecht ist, wird der Gute dem Schlechten aus dem Weg gehen. Darum wird es zwei Pfade geben.
Sind beide schlecht, werden sie sich gegenseitig wegstoßen. „He du, geh weg!" „Nein. Geh du doch weg!" Dann wird es nur einen Pfad geben.
Die Moral der Geschichte ist folgende: Willst du Frieden haben, vergiß dich selbst! Denk zuerst an den anderen! „Wie kann ich *dir*

behilflich sein? Wie kann ich es *dir* angenehm machen?" So sollte es sein. Geben bringt Harmonie. Liebe und gib! Liebe und gib! Denk zuerst an deinen Nächsten! Mit dieser Einstellung wird die ganze Welt ein phantastischer Ort sein.

3. Januar

Hingabe und freier Wille

Gott möchte einen Beweis für deine vollkommene Hingabe haben. Prüfungen werden kommen. Wenn du die Prüfungen nicht bestehst, ist deine Hingabe nicht vollkommen. Ist sie jedoch vollkommen, dann ist es gleichgültig, was für eine Prüfung kommt. Du wirst sie bestehen. Bestehst du einmal die Prüfungen, brauchst du dich um nichts zu kümmern, was in deinem Leben geschieht, denn du bist nicht verantwortlich für deine Handlungen. Was auch immer kommt, es kommt von Gott. Was auch immer geht, es wird von Gott genommen.
Am Anfang ist es nicht so einfach, weil dein Ego eine solche Hingabe nicht zulassen wird. Solange du nicht Herr über dein Ego bist und dich ganz in Gottes Hand begibst, wird das Ego dir sogar Zweifel bereiten.
Du magst fragen: „Was ist dann freier Wille?" Freier Wille bedeutet, daß du frei bist, selbst Verantwortung zu übernehmen oder sie in die Hand Gottes zu legen. Wenn du selbst Verantwortung übernimmst und durch alle Probleme, Schwierigkeiten und Turbulenzen gegangen bist, wirst du schließlich sagen: „Gott, ich bin müde. Ich werde nicht mehr versuchen, das selbst zu handhaben. Ich weiß, ich kann es nicht. Darum ist das Beste für mich, daß ich Dir die Zügel in die Hand gebe. Laß mich auf dem Rücksitz sitzen! Übernimm du das Steuer!"
Eine solche Zeit wird kommen. Das geschieht, wenn das Ego vollkommen geläutert ist. Selbst wenn es anderen so scheint, als ob

du etwas tätest, wirst du wissen, daß du nichts tust. Du wirst dazu gebracht, es zu tun.
Es ist sehr schwer, in dieser Art völliger Hingabe an Gott zu leben, denn das Ego genießt seine Überlegenheit. Es wird nicht so leicht aufgeben. Es wird zu einem harten Kampf kommen, und du mußt deine Fähigkeiten unter Beweis stellen.

4. Januar

Wahre Liebe ist möglich

Liebe nicht nur deine Mitmenschen. Liebe alle und alles gleichermaßen! Alle Dinge sind deine Mitgeschöpfe, nicht nur die Menschen.
Wenn du alles liebst, liebst du dich auch selbst. Alles ist nur Ausdruck deiner selbst. Stehst du vor dem Spiegel, gefällt dir dein Spiegelbild. Du lächelst es an, und es lächelt zurück. Genauso ist die ganz Welt deine Projektion. Du liebst, weil du aus Liebe bestehst, nicht weil du lieben mußt. Die Bibel sagt: „Liebe deinen Nächsten wie dich selbst!" Du liebst deinen Nächsten nicht als Individuum, du liebst ihn als dein Selbst.
Das bedeutet, du mußt dein Selbst im anderen sehen. Wahre Liebe ist nur möglich, wenn du alles als deinen eigenen Ausdruck erkennst. Alle anderen sind nichts anderes als du. Sie scheinen nur anders zu sein. Wir müssen sehen, was sich hinter den Namen und Formen verbirgt. Wenn man über weltliche Begrenzungen hinauswächst, stellt man fest, daß das Wesentliche ein und dasselbe ist.

5. Januar

Sei ein nützliches Instrument!

Das Wesen des Yoga und aller Glaubensrichtungen und Traditionen ist es, sich körperlich wohl zu fühlen, friedlich in Gedanken und Gefühlen zu sein und ein nützliches Leben zu führen. Es ist das Ziel des Yoga, den Körper gesund und den Verstand ruhig und klar zu machen. Mit einem klaren Verstand und einem gesunden Körper wirst du ein nützliches Instrument für Gott.

6. Januar

Hab Spaß und spiele deine Rolle!

Solange du in der Welt eine Rolle in dem großen Drama spielst, benutze die Schminke und die Kostüme, aber laß dich nicht in deine Rolle verstricken! Habe Freude daran und spiele sie, bis der Vorhang fällt!
Viele Menschen beenden ihre Rolle bereits in der Mitte des Dramas. Sobald ihr Auftritt vorbei ist, treten sie ab. Dann kommen sie nicht mehr zurück auf die Bühne, aber das Drama geht weiter. Vielleicht werden der Held, die Heldin und der Schurke bis zum Ende bleiben und als letzte die Bühne verlassen. In der Zwischenzeit gehen und kommen viele Statisten. Vermutlich sind wir alle Statisten. Dieser Gedanke kann dem Ego helfen, bescheidener zu sein.

7. Januar

Schweigen

Wer wirklich die Wahrheit kennt, wird schweigsamer sein als andere, denn Schweigen ist die Antwort auf die Grenzen der Existenz. Bescheidenheit, große Ruhe und Schweigsamkeit sind die Zeichen echter Weisheit. Weise Menschen sprechen nicht viel. Hin und wieder ein paar Worte sind genug. Mehr brauchen sie nicht zu sagen. Andere lernen von ihnen, wenn sie sie beobachten und sich in ihrer Nähe aufhalten.

8. Januar

Gott ist kein Dummkopf

Frage: Wie können wir das Dienen zu einer ganz natürlichen Gewohnheit in unserem Leben entwickeln?

Sri Gurudev: In dem Bewußtsein, daß wir immer dienen. Du brauchst nichts zu entwickeln. Erkenne einfach, daß all dein Handeln nichts anderes als Dienen ist!
Gott hat dich auf diese Erde geschickt, und Er muß dafür einen Grund gehabt haben. Er ist schließlich kein Dummkopf. Er wird dich benutzen, um Seine Absicht zu verwirklichen. Wenn Er dich nicht benutzt, solltest du nicht denken: „Ich bin nutzlos. Ich sitze einfach da und tue nichts." Das bedeutet, daß du vergessen hast, wer die Verantwortung trägt. Deine Antwort sollte sein: „Vielleicht braucht mich Gott im Augenblick einfach nicht."
Wir alle sind Werkzeuge in Gottes Hand. Er brachte uns hierher, um uns zu benutzen, und Er benutzt jeden von uns im wahrsten Sinne des Wortes. Es ist Gottes Energie, die durch uns wirkt. Gott benutzt mich, um diese Dinge zu sagen, und Er benutzt euch,

damit ihr mir zuhört. Gewissermaßen spricht Gott und hört auch zu. Nicht daß ich in irgendeiner Weise ein großer Meister, Schriftsteller oder Erleuchteter wäre, und ihr wäret alle Dummköpfe. Nein! Es ist einfach so, daß Gott mich auf der Bühne des Lebens hier sitzen und etwas sagen und euch dort sitzen und zuhören läßt. Ich weiß, daß es Gott ist, der mich hier und euch dort sitzen läßt. Wenn ihr das nicht wißt, dann ist genau das euer Problem.

9. Januar

Wenn du an Gott denkst

Der heilige Ramalingam sagte einmal: „Wenn ich Gottes Name wiederhole, ist es nicht nur meine Zunge, die ihn wiederholt. Mein ganzer Körper, meine Knochen, mein Fleisch, alles wiederholt ihn, und ich fühle, daß alles verschmilzt.
Stell dir vor, dein geliebter Freund oder Partner würde verreisen und käme nach fünf Jahren zurück! Du wartest am Flughafen und beobachtest den Zolleingang, wo die Reisenden ankommen. Wie glücklich bist du, wenn die geliebte Person von weitem auftaucht! Hast du das schon einmal erlebt?
Du solltest wenigstens so viel empfinden, wenn du an Gott denkst. Geschieht das schon auf der gewöhnlichen physischen Ebene, wie viel größer muß es dann auf einer höheren Ebene sein! Deswegen solltest du das entwickeln. Du *kannst* das entwickeln. Das ist der Zweck der ständigen Wiederholung des Mantras, der ständigen Erinnerung durch das Gebet.

10. Januar

Gesundheit ist dein Geburtsrecht

Glaube nicht, daß Hatha-Yoga nur für Athleten oder junge Menschen ist. In den alten Yoga-Schriften steht: „Jeder, der Yoga korrekt und ernsthaft ausübt, wird ein *Siddha* – ein Vollendeter – gleichgültig, ob er jung oder alt, schwach oder stark, selbst ältlich oder kränklich ist. Vom Prinzen zum Bauern, vom Kind zu den Großeltern, vom Kränkelnden bis hin zum Robusten – alle können diese Yoga-Stellungen ausüben und größten Gewinn daraus ziehen."
Gesundheit und nicht Krankheit ist dein Geburtsrecht. Stärke ist dein Erbe, nicht Schwäche, Mut, nicht Furcht, Glück nicht Sorge, Friede nicht Unruhe, Wissen nicht Unwissenheit. Ein moralisch und geistig hochstehender Mensch, der gesund, körperlich stark und in Gedanken und Gefühlen gefestigt ist, bedeutet ein echtes Juwel für die Menschheit. So jemand besitzt einen wahren Schatz.

11. Januar

Versuche es selbst!

Ziel aller Hatha-Yoga-Stellungen ist die Fähigkeit, in einer kontinuierlichen bequemen Haltung zu sitzen, um zu meditieren. Nur in einer kontinuierlichen Haltung ist eine gute Meditation möglich. Ein Körper voller Giftstoffe mit schwachen Muskeln und schlechten Nerven wird sich nicht lange ruhig halten können. Aber die Hatha-Yoga-Stellungen scheiden die Giftstoffe aus und geben Kraft und Beständigkeit. Ist der Körper gesund und elastisch, kannst du leicht mit ruhigen und friedlichen Gedanken sitzen und meditieren. Wenn du beginnst, den Körper und seine Bewegungen zu kontrollieren, überträgt sich diese Kontrolle auf die Gedanken.

Versuche es selbst! Jedesmal, wenn deine Gedanken in Aufruhr sind, sitze einfach still und bewegungslos da! Laß die Gedanken so bewegt sein, wie sie wollen. Wenn dein Körper ruhig ist, kommen auch die Gedanken zur Ruhe. Warum? Weil der Atem sich ohne körperliche Bewegung verlangsamt. Der Atem ist die Verbindung zwischen Körper und Gedanken. Wenn sich der Atem verlangsamt, verlangsamt sich auch der Gedankenprozeß, und der Verstand wird ruhig.

Die *Asanas* oder Stellungen tragen dazu bei, das Denken zu trainieren. Ohne Reinheit des Körpers ist es sehr schwer, die Gedanken zu läutern. Lerne ein natürliches Leben zu führen! Sorge zuerst für körperliches Wohlbefinden, dann wird sich auch der geistige Frieden einstellen. Lebe so, daß dein Körper leicht, gesund und beweglich wird! Wenn du dann meditierst, wird dir nichts weh tun, du wirst keine Schmerzen haben und deine Zeit nicht damit verbringen, über diese zu meditieren.

12. Januar

Hingabe ist etwas Großartiges

Du solltest eine enge persönliche Beziehung zu Gott entwickeln. Darum ist es manchmal einfacher, Gott nicht nur als abstraktes Wesen zu sehen, sondern Ihn als Person dargestellt zu verehren. Du kannst besser mit Ihm kommunizieren, du kannst in Sein Gesicht schauen, du kannst Ihn mit Girlanden schmücken, du kannst Ihm zu essen geben. Gott ist namenlos, formlos und abstrakt. Du kannst nicht einfach hingehen und einen leeren Raum umarmen. Darum brauchen die meisten Menschen ein Symbol. Es kann irgend etwas sein, das dir gefällt. Entwickle dazu eine Beziehung! Verbinde dich innigst mit dieser Darstellung Gottes! Habe sie Tag und Nacht in deinen Gedanken! Behandle sie wie deinen untrennbaren Partner! Wenn du erst einmal diese Art der Beziehung entwickelt hast, wirst du bald erkennen, daß Gott dir immer ganz nahe ist. Selbst wenn du es manchmal vergißt, wird Er dich daran erinnern: „Mein Schatz, ich bin bei dir. Mach dir keine Sorgen!" Hingabe ist mit keiner anderen Zuwendung zu vergleichen. Sie ist etwas Großartiges. Entwickelst du diese Art der Hingabe, bist du bald über alle Zweifel erhaben. Du fühlst ständig Seine Gegenwart, und du weißt, daß du vollkommen beschützt bist. Entwickle diese Hingabe, indem du dich ständig an das Göttliche in dir erinnerst!

13. Januar

Du kannst deine Umgebung beeinflussen!

Du kannst deine Kraft so weit steigern, daß du dich nicht von deiner Umgebung beeinflussen läßt. Tatsächlich kannst *du* sie stattdessen beeinflussen. Du kannst deine Umwelt ändern, wenn du die geistige Kraft dazu hast. Aber selbst wenn deine Kraft dafür nicht ausreicht, kann sie doch so stark sein, daß du von deiner Umwelt nicht beeinflußt wirst.

Lernen, sich von seiner Umwelt nicht beeinflussen zu lassen, ist ein ganz wichtiger Schritt. Wie kannst du eine Situation verändern, die dich in Mitleidenschaft ziehen könnte? Wenn fünfzehn Personen jammern und du dich dazu gesellst und mit ihnen jammerst, hast du einfach eine elende Person hinzugefügt. Du hast nichts getan, was diesen Menschen helfen könnte. Wenn du stattdessen wirklich stark und gleichmütig bleibst, werden alle fünfzehn Personen von deiner Stärke profitieren.

14. Januar

Bleib auf dem Gipfel!

Wo immer du bist, was immer du tust, hab Disziplin in deinem Leben! Diszipliniere deine Gedanken und Gefühle, diszipliniere deine Sinne, diszipliniere deinen Körper! Wenn wir eine große Belohnung haben wollen, müssen wir einen hohen Preis zahlen. Nichts kommt von allein. Sogar für ein paar Minuten der Genugtuung unseres Egos für das Ersteigen eines Berggipfels bedarf es einer gewaltigen Anstrengung. Wie viele Monate größter Schwierigkeiten wirst du ertragen müssen, um solch ein Ziel zu erreichen? Wie oft wirst du ausrutschen, aufstehen, neu starten, ausrutschen, aufstehen und wieder starten? Endlich stehst du auf dem Gipfel, stellst deine Fahne auf und sagst, „Ich habe den Everest bezwungen." Du magst den Everest bezwungen haben, aber du kannst nicht dort bleiben. Schon nach zehn Minuten mußt du mit dem Abstieg beginnen. Für diesen kurzen Moment der Begeisterung hast du so hart gearbeitet, hast du dich so sehr disziplinieren müssen. Und dann ist es vorbei.
Im spirituellen Leben hast du jedoch den „Ever-rest"* erreicht, wenn du den Gipfel erklommen hast. Du *wirst* dort ruhen und brauchst nicht mehr herunter zu kommen. Du kannst sogar andere mit nach oben ziehen. Aber es gibt keine Abkürzung. Ein hoher Preis muß bezahlt werden, um dieses große Ziel zu erreichen. Was ist dieser Preis? Ein selbstloses Leben.

*englisch für „ewige Ruhe" (Anm. d. Übersetzerin)

15. Januar

Wir alle lernen

Laßt uns niemanden ablehnen, nur weil er einer anderen Lehre folgt oder einer bestimmten Lehre nicht folgt! Schließlich lernen wir alle. Wenn jemand etwas über deine täglichen Übungen wissen will, sprich darüber! Sage ihm, inwieweit sie dir geholfen haben, aber versuche nicht, ihn zu überreden, dasselbe zu tun!
Das ist die Bedeutung des Bibelwortes „Bittet, so wird euch gegeben". Du brauchst niemanden zu belehren. Wenn dich jemand fragt, teile ihm einfach mit, was du weißt. Will die Person dasselbe tun, gut. Wenn nicht, weil sie einen anderen Weg gehen will, auch gut. Mit dieser Einstellung wirst du lernen, alle Menschen zu lieben und zu achten, und dein Leben wird harmonisch sein.

16. Januar

Das ist der beste Weg

Wenn wir einen Krieg gewinnen, ist es ein einseitiger Sieg. Ein wahrer Sieg sollte dem Wohle aller dienen. Ist es allein dein Sieg, so magst du den Krieg jetzt gewinnen, aber dein Feind wird auf eine neue Kampfgelegenheit warten und dich dann besiegen. Wie kannst du von einem echten Sieg sprechen, wenn du noch irgendwo einen Feind hast?
Stattdessen mache den Feind zu deinem Freund! Das ist der beste Sieg. Ein solcher Sieg wird nur mit gewaltlosen Mitteln, mit Vertrauen und Freundlichkeit gewonnen.

17. Januar

Beide haben eine Lektion zu lernen

Wenn du jemandem einen Rat erteilen willst, mußt du zuerst herausfinden, ob die Person deinen Rat annehmen wird oder ob sie einen Gewinn daraus ziehen kann. Wenn sie sich ärgert, ist das ein Beweis dafür, daß du es nicht freundlich und nicht in der richtigen Weise gesagt hast. In diesem Fall lernst *du* etwas daraus. „Oh, ich habe sie verärgert. Ich hätte es besser wissen sollen. Es ist ihr Problem, aber ich muß lernen, es in der richtigen Weise darzulegen. Vielleicht habe ich es zu hart gesagt und habe sie verärgert." Es gibt auch für dich Dinge, die du lernen mußt. Wenn du jemandem helfen möchtest, es dir aber nicht gelingt, der Person klarzumachen, daß du ihr hilfst, dann ist es dein Fehler. Du kannst ihr dafür nicht die Schuld geben.
Der Helfende sollte gewisse Regeln beachten, wie man konstruktive Ratschläge gibt. Frage dich: „Ist dies der geeignete Augenblick, um darüber zu sprechen? Stelle ich das Problem in der richtigen Weise dar?" Wenn du von vornherein weißt, daß die Person nicht in der Stimmung ist, einen Rat anzunehmen, warte einen anderen Zeitpunkt ab oder beginne ganz vorsichtig! Dann gib ihr Zeit, darüber nachzudenken! Vielleicht kommt ganz spontan das Ego hoch und protestiert: „Wie kannst du mir nur so etwas sagen!" Aber wenn du gegangen bist, wird sie vielleicht doch versuchen, deinen Rat zu befolgen. Denke daran, daß es sich hier um einen Gebenden und einen Nehmenden handelt! Beide haben eine Lektion zu lernen.

18. Januar

Alles kann nach unten rollen

Wenn du deine gewöhnliche, irdische, menschliche Natur nicht beherrschen kannst, wird die Spiritualität in dir keine Chance haben, sich zu entwickeln. Beherrsche die Zunge, beherrsche die Augen, beherrsche das Fleisch, beherrsche die Nahrungsaufnahme! Warum? Weil wir uns über die niedrige Natur erheben, damit wir nicht von ihr beherrscht werden. Wir sollten sie unter Kontrolle bringen. Jede Disziplin im Leben gibt dir schließlich die Kraft, die Begrenztheit der Sinne zu überwinden.
Ein Stein rollt den Berg hinunter. Alles kann bergab rollen, aber etwas den Berg hinaufzubringen, ist eine schwierige Aufgabe. Wir versuchen alle, uns nach oben zu bringen. Wenn du etwas hochwirfst, kommt es wieder zurück. Warum kommt es zurück? Weil die Erdanziehungskraft es nach unten zieht. In derselben Weise werden unsere Gedanken und Gefühle und unser Körper ständig nach unten gezogen, und wir versuchen, das zu ändern. Wir möchten die Hilfe einer Rakete bekommen, um die Erdanziehungskraft zu überwinden.
Darum haben wir uns all die Disziplinen auferlegt. Ohne Disziplin wäre dieser Aufstieg überhaupt nicht möglich. Wenn auch nur ein Draht lose oder eine Leitung schwach ist, wird der Start der Rakete verschoben. Wir alle versuchen, unsere Raketen zu starten. Der Verstand ist die Rakete. Der Körper ist die Abschußrampe. Deine Gedanken müssen kraftvoll, energiegeladen und richtig eingestellt sein, dann erst erfolgt die Zündung. Zehn, neun, acht, sieben, sechs, fünf, vier, drei, zwei, eins, null! Los! Wenn du die Schwerkraft überwindest, transzendierst du die Gedanken. Selbstverwirklichung kommt erst, wenn du die richtige Abschußrampe (Körper) und die richtige Rakete (das richtige Denken) hast, um dich über die Schwerkraft zu erheben.
Hier endet der Vergleich, denn du schleuderst dich ja selbst nicht an einen anderen Ort. Alles geschieht genau da, wo du bist. Nur hier kannst du die Kräfte unter Kontrolle bringen, die dich nach

unten ziehen. Dazu brauchst du nicht davonzuschießen, aber du mußt lernen, die Gedanken, die Gefühle und den Körper zu kontrollieren. Nur dann beherrschst du die Natur.

19. Januar

Benutze deine Liebe!

Frage: Was können wir tun, wenn wir in uns ein besonders starkes Gefühl der Liebe fühlen, daß diese Liebe weiterfließt, statt in unserem Inneren blockiert zu werden oder sich auf eine einzige Person zu konzentrieren?

Sri Gurudev: Wenn du diese besonders starke Liebe fühlst, hast du Hunderte von Möglichkeiten, sie mit anderen zu teilen.
Wenn du eine verwelkte Pflanze siehst, kümmere dich um sie, entferne das Unkraut, gib ihr Dünger und Wasser! Bemerkst du einen Kieselstein oder eine Glasscheibe auf der Straße, hebe sie auf, bevor sich jemand verletzt und liebe die Person, die sich schneiden könnte! Liebe kannst du Pflanzen, Straßen, Menschen und Tieren schenken. Laß allem in deiner Nähe deine Liebe zugute kommen! Sei liebevoll zu allen! Tue etwas Gutes!
Laß deine Liebe allumfassend sein! Das ist wahre Liebe. Tue immer Gutes allem, was dich umgibt, nicht nur den Menschen! Wenn ich „alles, was dich umgibt" sage, meine ich sogar eine kleine Pflanze oder einen Stein. Verströme deine Liebe an all diese Dinge!
Anteilnahme an den Gefühlen und dem Glück anderer ist wahre Liebe. Bedauerlicherweise wird Liebe oft auf das Körperliche begrenzt. Das ist überhaupt keine Liebe. Liebe ist die Sorge für andere, ist das Gute, das wir allen und allem angedeihen lassen. Benutze deine Liebe zum Wohl der Schöpfung!

20. Januar

Nimm es an!

Was immer kommt, nimm es als Gottes Willen an!

21. Januar

Es bist alles Du, Du, Du

Je mehr du an dich selbst denkst, – „Was kann ich bekommen?" „Wieviel kann ich gewinnen?" „Was soll ich anziehen?" „Was soll ich essen?" „Was soll ich tun?" „Ich! Ich! Ich" – um so mehr Karma schaffst du dir. Wir können das Karma, das sich schon angesammelt hat, nicht umgehen, aber wir können neues vermeiden, wenn wir nichts für unser eigenes Wohl tun. Durch das ständige Gefühl, „Gott wirkt durch mich in allem, was ich tue. Ich tue nichts aus selbstsüchtigen Beweggründen. Ich tue alles zum Wohle anderer und zum Wohle der Menschheit im Namen Gottes", werden all deine Handlungen zu selbstlosem Dienst, zu Karma-Yoga. So schaffst du dir kein neues Karma.

Du kannst nicht das ganze angesammelte Karma in einem einzigen Leben abtragen. Du kamst nur mit dem karmischen Gepäck, das du in diesem Leben ausmerzen kannst. Wenn das vorbei ist, beginnt ein neuer karmischer Zyklus, und du wirst wiedergeboren. Bis alles abgetragen ist, wirst du immer neue Körper annehmen. Wenn du Glück hast und kein neues Karma mehr schaffst, wird eines Tages alles abgetragen sein.

Es gibt aber eine Möglichkeit, alles – vergangenes, gegenwärtiges und zukünftiges – Karma auszumerzen. Das ist möglich, wenn du dich ganz in Gottes Hand begibst und sagst: „Ich bin nicht der Täter, ich habe gar nichts getan. Es bist alles Du, Du, Du. Du tust, was immer Du willst. Es ist nicht einmal *mein* früheres Karma. Ich

habe mich geirrt, als ich dachte, es wäre mein Karma. Ich weiß aber, daß alles Dein ist. Ich habe es fälschlicherweise als „meines" ausgegeben, weshalb ich jetzt leide. Inzwischen weiß ich, daß keine Handlung und keine Reaktion jemals von mir war. Das ist die letzte Erkenntnis. Wenn du das realisierst, bist du über dein ganzes Karma erhaben. Du fühlst, daß du nichts tust und daß du niemals etwas getan hast. Das ist wahr. Wir haben nie etwas selber getan. Wir haben gar nicht die Fähigkeit, etwas selber zu tun. Es ist Gott, der alles tut.
Darum sage nie: „Ich habe es getan. Das ist mein. Ich habe es verdient." Sage stattdessen: „Gott, Du bist alles. Selbst der Gedanke ist Dein. Es ist Deine Energie, die durch dieses Instrument wirkt. Nichts gehört mir. Ich bin Dein. Alles ist Dein. Dein Wille geschehe!"
Wenn wir das erkennen und unser Leben danach gestalten, dann wird uns kein Karma mehr zu schaffen machen. Wir brauchen uns wegen nichts mehr zu sorgen.

22. Januar

Nichts wird dich stören

Nichts wird dich stören, wenn du die richtige Einstellung hast. Schmerzen werden zum Übel, weil du sie ablehnst. Nichts wird dich stören, niemand wird dich ärgern, nichts wird dich quälen, wenn du die richtige Einstellung hast. Was ist die richtige Einstellung?
Du solltest verstehen, daß kein Schmerz zu dir kommt, wenn du ihn nicht durch dein eigenes Zutun verursacht hast. Schmerz kommt nicht aus lauter Freundlichkeit zu dir, um dir einen Besuch abzustatten. Nein! Wenn wir etwas verdienen, ob gut oder schlecht, dann wird es zu uns kommen. Verdienen wir es nicht, kann niemand uns verletzen. Kein Schmerz kann uns erreichen.

Verdienen bedeutet, daß wir etwas Falsches getan haben und es durch diese Schmerzen läutern müssen. Schmerz ist eine Art Läuterung. Selbst wenn die ganze Welt sich zusammentut, um dir Schmerzen zuzufügen, kann sie es nicht, wenn du den Schmerz nicht verdienst. Aber leider sehen wir das nicht ein. Wir sagen: „Ich bin ganz unschuldig. Der Kerl ist einfach gekommen und hat mir weh getan." Diese Ansicht ist falsch. Schmerzen kommen nicht nur so zu dir, es sei denn, du hast sie verursacht. Verstehe den Sinn des Leidens und akzeptiere es!

23. Januar

Wir verlieren nichts

Glaube nicht, daß du einfach alles aus eigenem Antrieb machen kannst! Erkenne, daß es eine Höhere Macht, eine Gnade gibt, die dir hilft! Aber du mußt ernsthaft darum bitten. Wenn du nicht darum bittest, wird es dir nicht gegeben. Gerade durch das Bitten öffnest du dich dieser Macht. Es ist nicht so, daß Gott auf deine Bitte wartet. Gott ist nicht kleinlich. Er gibt schon dauernd, aber wir empfangen nicht immer.
Das Bitten selbst ist ein Sich-Öffnen. Du kannst gar nicht bitten, ohne dich zu öffnen. Darum öffne dein Herz! Selbst wenn du den Menschen gegenüber dein Herz nicht öffnen kannst, so öffne es Gott! Dann wirst du erkennen, wie du auch den Menschen gegenüber dein Herz öffnen kannst. Bete aufrichtig und habe Vertrauen in eine Höhere Macht! Vertraue Gott! Viel mehr Dinge, von denen die Welt nicht einmal träumt, sind schon durch Gebet erreicht worden. Laßt uns an das aufrichtige Gebet glauben!
Was wir aus eigener Kraft erreichen können, ist sehr wenig. Was wir jedoch mit Gottes Hilfe erreichen, ist ungeheuerlich. Wir verlieren nichts durch unsere Hingabe an Gott. So sagte der heilige Manickavasagar einmal: „Ich gab mich Dir hin, mein Gott, und

dafür hast Du dich mir hingegeben. Wer gewinnt dabei? Mit mir gewinnst du gar nichts. Nur etwas Nutzloses, das nicht einmal etwas Kleines vollbringen kann. Ich bin eine Last für Dich, ein Magen mehr, der ernährt werden muß. Aber mit Dir kann ich viele Dinge tun. Wenn ich Dich habe, habe ich alles in der Welt erreicht. Du siehst also, obwohl Du es ein faires Abkommen nennst, bist Du in Wirklichkeit der Verlierer."

24. Januar

Du kannst Nobelpreise gewinnen

Die Menschen reden viel über Gottverwirklichung und Spiritualität, aber sie erkennen nicht, wieviel sie ihrerseits mit ihren eigenen Bemühungen dafür bezahlen müssen.
Du kannst Olympiasieger werden und alle Goldmedaillen erringen. Du kannst Nobelpreise gewinnen. Du kannst sogar ein Staatsmann, ein Präsident oder ein Multimillionär werden. Das alles ist nichts. Jeder kann das, und die Menschen tun sich damit leicht.
Die wahre Leistung besteht in dem, was ein normaler Mensch nicht tun kann. Es bedarf einer außergewöhnlichen Persönlichkeit, eines außerordentlichen Verstandes, eines Supermenschen, um das höchste Ziel zu erreichen. Wenn du nicht bereit bist, die größte Anstrengung zu machen, denke auch nicht an das höchste Ziel. Denke an ein kleines Ziel: „Ich möchte eine Medaille bekommen", oder „Ich möchte berühmt werden", oder „Ich möchte reich sein"!
Das spirituelle Ziel ist das höchste Ziel, aber die Leute erwarten, daß es sich über Nacht ereignet – ohne die geringste Anstrengung. Es gibt Menschen, die haben ein Leben nach dem anderen auf dieses Ziel hin gearbeitet. Es mag zehn Wiedergeburten oder hundert Wiedergeburten erfordern, oder es kann morgen geschehen. Wenn du wirklich einen Entschluß faßt über das, was du willst, dann ist das ein Start. Es macht die Dinge leichter.

Was du anstrebst, ist nicht gerade einfach. Was sagte Jesus, wenn jemand ihm folgen wollte? „Verschenke alles, gib es den Armen! Nimm dein Kreuz auf dich und folge mir nach!" Was bedeutet das? Gib alles auf! Wenn du alles aufgibst, bekommst du alles.

25. Januar

Du solltest immer Frieden wählen

Wenn etwas zu dir kommt, frage dich zuerst: „Werde ich meinen Frieden bewahren, wenn ich das bekomme, oder wird mein Friede gestört sein?" Stelle dir diese Frage in Bezug auf alles! Für Menschen, mit denen du gerne zusammen wärst, für Besitz, den du erwerben möchtest. Es ist gleichgültig, was du tun möchtest. Halte es gegen den Prüfstein des Friedens. „Wird mir das meinen Frieden rauben?" Wenn die Antwort ist: „Ja, du mußt zwischen dem Frieden und der anderen Angelegenheit wählen", solltest du dich immer für den Frieden entscheiden. Ist die Antwort: „Mein Friede wird dadurch nicht beeinträchtigt", dann ist es gut, dann kannst du es haben und dennoch deinen Frieden bewahren. Das sollte unser Ziel sein.

26. Januar

Sei dir seiner unsichtbaren Hand immer bewußt!

Ein individueller Akt ist immer Teil eines kosmischen Aktes. Es bist nicht *du*, der handelt. Du wirst veranlaßt, zu handeln. Jemand schuf dich mit einer Absicht. Erkenne, daß jemand dich geschaf-

fen hat, daß jemand dich arbeiten läßt, daß jemand bewirken wird, daß du aufhörst! Es steht dir frei, daran zu denken oder auch nicht. Das ist alles.
Wenn wir Gott überhaupt um etwas bitten wollen, dann sollte es dies sein: „Gott, Du tust alles. Manchmal denke ich daran, weiß ich es, aber sehr oft vergesse ich es. Ich weiß, daß Du auch derjenige bist, der es mich vergessen läßt. Aber bitte, spiel mir nicht diesen Streich, denn wenn Du es mich vergessen läßt, werde ich egoistisch, werde ich unglücklich. Darum mach Dir bitte keinen Scherz mit mir! Hilf mir, daß ich mich immer daran erinnere! Ich weiß nicht, ob Du es einfach zu Deinem Vergnügen tust oder ob Du mich prüfst. Ich weiß nicht, warum Du all das tust. Alles, was ich weiß, ist, daß ich leide, wenn ich es vergesse. Ich habe genug gelitten. Bitte hilf mir, daß ich mich daran erinnere!" Das sollte unser Gebet sein: Seine unsichtbare Hand immer zu erkennen.

27. Januar

Ohne das wird nichts dich glücklich machen

Dir mag die ganze Welt zu Füßen liegen, alles Geld, alle materiellen Dinge, alle Freunde, alle Titel, aller Ruhm und alle Kronen, aber solange du keinen Frieden hast, führst du kein sorgloses Leben. Was nützt es, all diese Dinge um dich herum zu haben? Meide sie! Kümmere dich weniger um sie als um deinen Frieden! Ohne diesen Frieden wird nichts dich glücklich machen. Wenn du Frieden hast, wirst du glücklich sein, selbst wenn du sonst nichts hast. Das ist es, was man Zufriedenheit nennt. Akzeptiere Gottes Willen! „Was immer kommen muß, wird kommen. Was nicht kommen soll, wird nicht kommen. Warum sollte ich mir deshalb Sorgen machen?" Ich weiß, daß einige von euch sagen werden: „Sollte ich denn dann nichts tun?" Doch, ihr sollt etwas tun. Und wenn ihr es zulaßt, in dieser Weise gelenkt zu werden, werdet ihr viel zu tun haben. Ihr werdet viel mehr tun als andere Leute. Gleichzeitig werdet ihr vollkommen gelöst und entspannt sein. Glaubt nicht, daß Entspannung oder Frieden vom Nichtstun kommen! Nein! Ihr werdet sogar für größere Aufgaben eingesetzt werden.

28. Januar

Dann wird niemand lügen

Frage: Was ist die richtige Haltung jemandem gegenüber, der mich belügt?

Sri Gurudev: Wenn jemand dich belügt, hat er Angst vor dir. Er hat nicht genug Mut, zu sagen, was er fühlt. Sei verständnisvoll und bringe der Person Vertrauen entgegen, so daß sie nicht zu lügen braucht! Vertraue den Menschen! Dann wird niemand lügen.

29. Januar

Du wurdest vor eine Herausforderung gestellt

Das Leben ist immer eine Herausforderung...*immer*. Oft hast du das Gefühl, du möchtest aufgeben. Warum solltest du nicht aufgeben? Sich der Herausforderung stellen, ist schwierig. Aufgeben ist leicht. Aber wer gibt dir die Gewißheit, daß du dich bei einer anderen Gelegenheit nicht der gleichen – oder einer noch *größeren* – Herausforderung gegenüber siehst?
Wenn du dich einer schwierigen Lage gegenüber siehst, kannst du auf zweierlei Weise reagieren. Du kannst sagen: „Laß mich dabei bleiben. Laß mich stehen bleiben und mich der Herausfor-

derung stellen, laß mich versuchen, sie zu verstehen, laß mich die Lektion lernen und über sie hinauswachsen!" Große Stärke, viel Mut und Vertrauen sind dafür erforderlich. Es bedarf eines unerschütterlichen Glaubens an einen Höheren Willen. Wenn es dir nicht möglich ist, solch eine Stärke zu entwickeln, kannst du einfach weggehen. Damit begehst du eigentlich keinen großen Fehler. Aber denke daran: Es wurde eine Herausforderung an dich gestellt, du wolltest ihr nicht begegnen, und du läufst davon. Das ist in Ordnung. Wenn du es wirklich nicht tun kannst, wenn du lange dafür gekämpft hast, nicht stark genug warst und versagt hast, dann ist es nicht schlimm. Schwimme nicht weiter gegen den Strom! Vielleicht bist du nicht stark. Schwimme in einem kleinen flachen Teich! Aber sei dir darüber im klaren, daß du, auch wenn du fortläufst, nicht entkommen kannst! Die gleiche Herausforderung wird sich dir noch einmal stellen, wenn auch in einer etwas anderen Form. Warum? Weil Schwierigkeiten kommen, um uns stark zu machen. Das stimmt. Das Leben ist ein Hindernislauf mit Herausforderungen. Ich würde dir empfehlen, sie aus vollem Herzen und mit ganzer Kraft anzunehmen. Finde Mittel und Wege, das zu tun!

Erst wenn du wirklich sicher bist, daß du nichts mehr tun kannst, nicht mehr weitermachen kannst – „ich werde immer schwächer und schwächer, und ich brauche etwas Zeit, um mich zu erholen und wieder stark zu werden" – gut, dann mache eine Pause!

Die Stärke, die es dir ermöglicht, jedes Hindernis zu bewältigen, ist die Stärke und das Vertrauen, die auf unerschütterlichem Glauben an Gott basieren. Wenn du diese Art der Stärke besitzt, kannst du alles erreichen. Du brauchst vor nichts davonzulaufen.

30. Januar

Keine Rose ohne Dornen

Wir sollten lernen, alles zum Guten zu nutzen. Gott hat niemals etwas Schlechtes auf dieser Welt geschaffen. Er schuf eine Rose, und unweit der Blüte schuf er Dornen. Du solltest die Rose pflücken können, ohne mit der Hand an die Dornen zu kommen. Auch die Dornen haben ihren Sinn. Wenn du alle Dornen entfernst, wird der Rosenstrauch eingehen. Du brauchst beides – die Rose und die Dornen. Wahre Kenntnis ist erforderlich, um alles in angemessener Form und zum Nutzen aller zu gebrauchen.

31. Januar

Herr, ich weiß, Du gabst mir diese Magenschmerzen

Wenn dein Glaube unerschütterlich ist, wirst du selbst mitten im Leiden immer glücklich und fröhlich sein. Du kannst schwer behindert und dennoch fröhlich sein.
Als Tirunavukarasar, einer der bekanntesten Saiva-Heiligen, an Magenschmerzen litt, sagte er: „Herr, ich weiß, Du hast mir diese Magenschmerzen gegeben. Ich weiß nicht, womit ich sie verdient habe. Bestimmt habe ich etwas getan, aber ich weiß nicht mehr, was es war. Vielleicht war es sogar in einem früheren Leben. Aber etwas weiß ich ganz bestimmt: Du möchtest, daß ich Dir voll vertraue. Vermutlich ist das die einzige Art, wie Du mich dazu bringen kannst. Du bist sehr gütig, daß Du mich an Dich denken läßt. Wenn Du mich nicht lieben würdest, warum solltest Du überhaupt daran denken, mir ein Problem zu schicken! Du würdest nicht einmal an mich denken. Die Tatsache allein, daß Du an mich denkst, macht mich glücklich, denn das hat mich veranlaßt, an Dich zu denken. Wenn ich dem Vergnügen lebte, könnte ich Dich verges-

sen. Aber wenn ich Schmerzen habe, kann ich Dich nicht vergessen.
Ich bitte Dich nicht darum, mich sofort davon zu befreien. Bitte, gib mir einfach die Kraft und weiterhin dieses Problem, bis ich mein Karma abgegolten habe! Ich weiß, Du bist gnädig. Du möchtest die Schönheit und den reinen Teil von mir zum Vorschein bringen. Darum scheuerst und schrubbst Du mich. Manchmal schmerzt es, aber ich weiß, daß Du mir nicht unnötig weh tust. Wenn es einen anderen, einfacheren Weg gäbe, hättest Du diesen bestimmt gewählt. Vermutlich ist mein Problem zu groß. Darum mache weiter! Tue, was Du tun mußt! Ich bitte Dich nur, daß Du mir die Kraft und das Verständnis gibst, es anzunehmen."
Was für ein schönes Gebet! Mit dieser Einstellung können wir jedes Problem im Leben angehen. Nichts wird uns erschüttern, sei es körperlich oder verstandesmäßig, von Menschen oder von der Natur verursacht. Wir brauchen nur diesen absoluten Glauben.

Februar

1. Februar

Letzte Hilfe

Auf einer Pilgerfahrt lernst du, einer höheren Quelle zu vertrauen. Du lernst, daß du dich um deiner Sicherheit und deines friedlichen Lebens willen auf nichts anderes verlassen kannst. Obwohl sie greifbar nahe sind, können alle anderen Dinge dir nur bis zu einem gewissen Grade helfen. Sie sind begrenzt. Hilfe kommt letztlich ganz allein von Gott.

2. Februar

Nichts ist unmöglich

Gott kennt deine Grenzen. Er will dich nicht zerstören. Gewiß nicht. Du selbst kennst nicht deine eigene Kraft. Du magst denken: „Ich bin am Ende. Ich kann nicht mehr." Wenn du es nicht tun könntest, würde Gott dich nicht in diese Lage versetzen. Gott kennt dich besser, als du dich selbst kennst.
Leider kann Er dir nicht helfen, wenn du zweifelst. Zweifel und Glauben passen nicht zueinander. Ist dein Glaube unerschütterlich, ist dir nichts unmöglich. Gar nichts. Diese Art von Glauben kann sich nicht in einem disharmonischen, selbstsüchtigen Charakter entwickeln. Darum lerne, selbstlos zu sein! Vertraue auf Gott und sage: „Was immer ich verdiene, wird Gott mir geben. Was ich nicht verdiene, wird Gott mir abnehmen. Was ich brau-

che, wird Gott mir erhalten. Sobald ich es nicht mehr brauche, wird Er es von mir nehmen!" Wenn unser Vertrauen so unerschütterlich ist, werden wir immer unseren Frieden bewahren.

3. Februar

Wahre spirituelle Erfahrung

Als eine glückliche Familie voller Liebe zu leben und zu arbeiten – das ist Gott. Oft fragen mich die Leute: „Warum habe ich all diese Jahre Yoga praktiziert und dennoch Gott nicht realisiert? Ich habe noch nie irgendwelche besonderen Erfahrungen gemacht." Ich weiß nicht, was sie erwarten. Meinen sie, daß sie sich nicht ein paar Zentimeter vom Boden abgehoben haben? Hatten sie keine Halluzinationen? Diese Art der spirituellen Erfahrung brauchst du nicht. Du magst ein paar schöne Visionen haben, Licht sehen, Klänge hören. Aber welchen Nutzen haben andere davon? Wahre spirituelle Erfahrung bedeutet, mit einem freundlichen Gesicht durchs Leben zu gehen. Das ist spirituell. Den Geist in anderen zu sehen und jedermann zu lieben, sich über die kleinen Unterschiede der menschlichen Natur zu erheben und Harmonie zu verbreiten, dort wo du bist.
Wenn du nicht mit den Menschen in Harmonie leben kannst, was ist dann der Sinn anderer spiritueller Erfahrungen? Letztlich sollte jeder dich mögen. Lebe mit dem Gedanken: „Ich werde solch ein Leben führen, daß jeder mich liebt und ich jeden liebe." Wenn das in deinem Leben geschieht, wirst du erkennen, daß du spirituell wächst.

4. Februar

Das größte Kompliment

Frage: Was wäre das größte Kompliment, das Ihre Schüler Ihnen machen könnten?

Sri Gurudev: Das größte Kompliment wäre zu sehen, daß meine Schüler Freude, Glück und Gesundheit so erfahren, wie ich sie erfahre. Das wäre für mich das größte Kompliment. Mir kommt es nicht auf Worte oder Lob an. Ich möchte, daß sie dieses Leben *leben* und daß sie erkennen, was ich erfahre oder auch mehr. Je mehr, desto besser.

5. Februar

Gott ist all das und mehr

Gott ist „Er" und „Sie" und „Es" und sogar noch mehr als das. Im allgemeinen sprechen wir von Gott als „Er". Um die Sache zu vereinfachen, sagen wir normalerweise „Er", weil das als sogenanntes neutrales Pronomen anerkannt wurde. Aber Gott braucht kein Vater zu sein. Gott kann auch eine Mutter sein. Gott kann ein Bruder, eine Schwester, ein Freund, ein Baum sein. Gott ist alles. Gott ist Geist, und der Geist ist erhaben über alle Unterschiede. Gott als Geist zu erkennen, nennt man spirituelle Praxis. Leider führt die Frage, ob männlich oder weiblich, auch im spirituellen Leben zu Problemen. Diskussionen über Männer und Frauen gehören nicht in eine Kirche, eine Synagoge oder einen Ashram. Es sollte keine Diskriminierung dem einen oder anderen gegenüber geben. Wenn du über den physischen Körper sprichst, sprichst du über Fleisch, Blut und Knochen. Der Geist steht über diesen Din-

gen. Wenn du einen Kampf wegen der Geschlechter führen willst, nenne dich nicht spirituell! Der Geist ist geschlechtslos.
Dennoch lieben wir den Geist oder Gott und möchten, daß er sich in der einen oder anderen Form offenbart, so daß wir unsere Verehrung zum Ausdruck bringen können. Wenn dir das Bild des Vaters gefällt, laß Gott als Vater zu dir kommen! Liebst du das Bild einer Mutter, kann sich Gott für dich als Mutter manifestieren. Wenn du die Natur über alles liebst, gib Gott den Namen der Natur! Gott ist all das und mehr.

6. Februar

Laßt uns alle der ganzen Wahrheit gedenken!

Es ist gleichgültig, in welcher Form du Gott verehrst. Willst du dir diesen Geist vergegenwärtigen und erkennen, wähle die Form, die dir am besten gefällt! Machst du dir nichts aus den traditionellen Formen, die uns seit Jahrhunderten überliefert wurden, kannst du dir deine eigene Form schaffen, und Gott wird so zu dir kommen. Es gibt keine Grenzen für die äußere Form. Gott braucht nicht auf einige Formen begrenzt zu werden. Gott ist bereit, sich in jeder Form zu offenbaren, die dir helfen kann, diesen Geist zu erkennen. Gott ist dem Wesen nach namenlos, formlos und allgegenwärtig. Wenn du sagst, „Gott ist allgegenwärtig", dann ist es unsinnig zu sagen: „Gott ist nur dieses oder jenes."
Es ist einfach zu sagen: „Gott ist allgegenwärtig, allmächtig und allwissend," aber es ist schwer, das ganz zu verstehen. Wenn wir über die wahre Bedeutung dieser Worte nachdenken, machen all diese Begrenzungen keinen Sinn. Aber unsere Denkfähigkeit diesbezüglich ist begrenzt. Der Verstand kann das Unbegrenzte nicht wirklich begreifen. Man muß uns aus dem Unbegrenzten etwas Begrenztes geben, auf das wir uns konzentrieren können.

Wir brauchen diese Hilfe, um die Grenzen zu überschreiten und den Einen Gott zu erkennen.
Das ist der Grund für all die Formen und Namen, die wir in der Verehrung Gottes gebrauchen. Welche Form oder welchen Namen wir auch immer wählen mögen, seien wir uns stets der ganzen Wahrheit des unbegrenzten, formlosen, allwissenden, allgegenwärtigen und allmächtigen Einen hinter all dem bewußt!

7. Februar

Die Essenz des Yoga

Laßt uns etwas zu dem Begriff *Samadhi* sagen. Im Yoga ist oft von dem transzendenten Stadium der Erleuchtung die Rede. Wenn man jedoch in Indien sagt, „Er hat *Samadhi* erlangt", meint man im allgemeinen, daß er gestorben ist und begraben wurde. Das ist die übliche Bedeutung dieses Ausdrucks. In gewisser Weise ist *Samadhi* so ähnlich. Du bist tot und dennoch lebendig. Mein Meister Sri Swami Sivananda pflegte zu singen: „Wann werde ich Dich schauen? Wenn das ‚Ich' aufhört zu sein". Er stellte dem Herrn die Frage: „Herr, wann kann ich Dich schauen? Ich weiß, das wird sein, wenn das ‚Ich' nicht mehr da ist." Das bedeutet, daß du erst wirklich leben kannst, wenn das Ego oder das „Ich" stirbt.
Wenn das egoistische „Ich" dich verläßt, bist du frei vom Ego. Du bist rein und geläutert. In diesem Stadium bist du bereit, in den Himmel zu kommen und das höchste Wissen oder die höchste Wahrheit zu erfahren. Das ist es, was wir *Samadhi* nennen. Das ist die Essenz aller spirituellen Lehren und Praktiken, wie auch immer sie bezeichnet werden. Man kann Katholik, Protestant, Jude, Hindu, Buddhist oder Moslem sein oder einer anderen Religion angehören. Selbst wenn du gar keinen Glauben hast und an keine organisierte Religion glaubst, spielt es keine Rolle. Das ist

nicht das Kriterium, um diese Erkenntnis zu erlangen. Alles, was du erreichen mußt, ist, dafür zu sorgen, daß jegliche Selbstsucht verschwindet.
Wo wohnt das „Ich"? Im Ego. Wo wohnt das Ego? Im Verstand. In gewisser Weise ist das Ego die Quelle des Verstandes. Alle Äußerungen des Ego, das Denken, das Fühlen, das Wollen, könnten unter dem einen Ausdruck „Verstand" zusammengefaßt werden. Wenn der Verstand vollständig geläutert ist, steht er der Erfahrung der Wahrheit nicht mehr im Wege. Wenn er rein und klar ist, zeigt sich das Erscheinungsbild des reinen Selbst in seinem wahren Licht. Der Verstand wird ein klarer Spiegel des Selbst, das seine eigene wahre Natur erkennen läßt. Das ist das Wesen der Spiritualität.

8. Februar

Du lernst sogar noch schneller

Es schadet nichts, wenn du Fehler machst. Mache Fehler und lerne daraus! Die besten Lehrer sind deine eigenen Fehler. Ich war einmal bei einer Konferenz des großen modernen Wissenschaftlers Buckminster Fuller. Er sagte: „Freunde, vergeßt alles, was ihr je über das Thema ‚Tue dieses und nicht jenes' gehört habt! Macht so viele Fehler wie möglich und so schnell wie möglich. Ihr werdet großartig!"
Es ist wahr. Jeder Mißerfolg ist ein Sprungbrett. Sei dir aber bewußt, daß du dasselbe Brett nicht für jeden Sprung benutzen kannst! Jeder Sprung sollte von einem neuen Brett aus erfolgen. Das bedeutet, du solltest nicht immer wieder dieselben Fehler machen. Lerne gut aus jedem einzelnen! Es ist das Problem vieler Menschen, daß sie denselben Fehler immer und immer wieder machen. Aber selbst so werden sie am Ende aus diesen Fehlern lernen und weiterkommen. Erfahrung ist der beste Lehrer.

9. Februar

Alle Gedanken und Gefühle sollten dabei sein

Wenn du etwas tust, solltest du voll mit deinen Gedanken dabei sein. Erfolg ist abhängig davon, wie wir unseren Verstand gebrauchen. Ohne Konzentration sind wir nur halb bei der Sache. Unsere Gedanken sind hier und dort. So können wir nie Erfolg haben. Das ist einer der Gründe, warum wir meditieren sollen. Dabei lernt der Verstand, sich zu einem bestimmten Zeitpunkt auf eine einzige Sache zu konzentrieren.

10. Februar

Nicht in jedem Loch ist eine Schlange

Wir müssen unsere Sichtweise korrigieren. Nicht nur das Auge sieht, sondern auch das „Ich". Setz dich, meditiere und überlege: „Sehe ich die Dinge und die Menschen ohne Vorurteil, oder projiziere ich eigene Vorstellungen auf sie?" Wir sehen nicht einfach die Person, sondern unsere eigenen vorgefaßten Meinungen. Das ist ganz natürlich, und es ist sehr schwer, sich dem zu entziehen. Wenn das geschieht, mußt du dich fragen: „Warum sehe ich die Person so und nicht anders?"
Eine Bauernregel besagt: „Nicht in jedem Loch liegt eine Schlange." Vielleicht siehst du, wie eine Schlange in ein Loch kriecht. Gut, denke aber daran, daß nicht alle Löcher frei sind von Schlangen! Aber suche nicht in jedem Loch, das du siehst, eine Schlange! Jedes Loch ist anders.

11. Februar

Das ist die höchste Verwirklichung

Alles geschieht nach Gottes Willen. Alles. Gott steht hinter allem. Wir sind alle Marionetten. Er zieht an einem Faden, ich hebe meine Hand auf eine bestimmte Weise. Dann zieht Er an einem anderen Faden, und ich hebe die Hand auf eine andere Weise. Schließlich läßt Er den Faden los, und mein Arm sinkt nach unten.
Somit sind wir alle Marionetten in der Hand Gottes. Wenn wir das erkennen, warum sollten wir uns Sorgen machen über die Rolle, die wir spielen? Wenn Er will, daß du die Rolle spielst, spiele sie! Keine Rolle ist groß oder klein. Nur wenn du diese Wahrheit verstehst, kannst du wachsen. Es ist unwesentlich, wo du bist und was du tust.
Der große Heilige Thaimanuvar sagte: „Zerbrich dir nicht den Kopf darüber, ob das Leben eines Mönchs oder eines Familienvaters besser ist. Beides ist gleich gut, wenn du nur ein Geheimnis kennst. Was ist das Geheimnis? Wir sind alle Kreisel. Es gibt einen Spieler. Er wickelt einfach die Schnur um den Kreisel und zieht daran. Dann drehen wir uns. Je nachdem wie fest die Schnur gewickelt ist und wie schnell Er spielt, drehst du dich eine Weile, und dann fällst du um."
Es ist nicht wichtig, wie du dich selbst darstellst, wie du dich nennst, was für eine Arbeit du tust. Das Wichtigste ist: Weißt du, daß du nichts als ein Kreisel bist und daß dein Drehen jeden Moment zu Ende sein kann? Die höchste Verwirklichung ist das Wissen, daß in jeder Minute diese große Anwesenheit in dir ist, daß sie durch dich wirkt und daß du nichts als ein Instrument bist.

12. Februar

Für andere da sein

Nicht jeder kann in seinem Leben durch Taten dienen. Wer es kann, sollte es tun. Wer es nicht kann, hat die Möglichkeit, sich durch positive Gedanken einzubringen. Tatsächlich sind Gedanken wirksamer als Handlungen. Viele große Weise und Heilige, die in Höhlen und einsamen Gegenden leben, sitzen nur da und beten für andere. Diese positiven Einflüsse verbreiten sich über die ganze Erde. Gedanken sind sehr mächtig. Darüber besteht kein Zweifel. Viele Mönche, Nonnen und kontemplative Menschen tun nichts anderes als für die Welt beten.
Diejenigen, die außerdem etwas Konkretes tun können, sollten diese Gelegenheit wahrnehmen. Ob gedanklich, körperlich oder materiell – tue etwas, das deinen Möglichkeiten entspricht! Darum wurden dir all diese Fähigkeiten gegeben. Sie wurden dir nicht zum eigenen Gebrauch geschenkt. Deine physische Kraft, dein materieller Wohlstand, alles wurde dir gegeben, um es für andere einzusetzen. Das bedeutet natürlich nicht, daß du es nicht auch für dich selbst benutzen solltest. Aber der größte Teil muß für andere bestimmt sein. Auf diese Weise sollten wir unser Leben gestalten. Du sollst nicht denken, daß du nur um deinetwillen lebst! Wir sind hier zum Wohle aller. Auf jeder Ebene sollten wir in der Lage sein, uns und unseren Besitz für das Wohl der Menschheit zur Verfügung zu stellen.

13. Februar

Echte Liebe bedeutet, an das Wohl anderer zu denken

Frage: Wie kann ich lieben lernen?

Sri Gurudev: Schon der Wille zu lieben, ist der Anfang. Wenn du lieben willst, solltest du auch wissen, wie man liebt. Wahre Liebe bedeutet, an das Wohl anderer zu denken. Du tust alles zum Wohle der anderen. Du setzt dich nicht an erste Stelle. Wenn andere als Gegenleistung etwas für dich tun, ist das gut. Nimm es an, aber erwarte es nicht! Wenn du es erwartest, stellst du Bedingungen: „Nur wenn du mich dafür liebst oder dieses oder jenes tust, werde ich dich lieben. Sonst tue ich es nicht."
Dadurch entstehen all unsere Probleme. Wir verlieren das Vertrauen und werden unglücklich, wenn Liebe wie ein Geschäft abgewickelt wird. Diese Art der Liebe macht dich nicht glücklich. Sorge dich nicht um die andere Person! Ob es zwischen Mann und Frau oder auch zwischen zwei Freunden ist, eine Beziehung, die auf Gewinn aus ist, wird niemanden glücklich machen. Die andere Person kann dir nicht immer das geben, was du erwartest. Darum gib dich damit zufrieden, einfach nur zu lieben!

14. Februar

Jeder hat ein Herz

Jeder hat ein Herz. Du solltest wissen, wie du es berührst. Verhalte dich so, daß du andere Herzen verändern, sie zum Schmelzen bringen kannst. Erwecke dieses schöne Gefühl durch dein persönliches Beispiel! Wenn du nicht verstehst, das Herz zu berühren, ist es dein Fehler und nicht der des anderen. Sei geduldig! Sei stark! Wir zähmen selbst wilde Tiere, nicht wahr? Bengalische

Tiger laufen wie kleine Hunde. Kobras tanzen voller Freude. Können wir nichts für ein menschliches Wesen tun? Gib die Schuld nicht einfach den anderen!

15. Februar

Die Dunkelheit wird verschwinden

Frage: Wie kann man seinen Verstand überlisten, damit er schlechte Gewohnheiten aufgibt?

Sri Gurudev: Mit welchem Trick kannst du deinem Baby etwas wegnehmen, mit dem es sich verletzen könnte? Stell dir vor, das Baby spielt mit einem scharfen Gegenstand. Welchen Trick würdest du anwenden? Du würdest ihm etwas Schönes geben, um es abzulenken.
Genauso wähle ein paar gute positive Gewohnheiten aus. Unterbreite sie dem Verstand! Bewundere sie: „Schau mal, was für eine phantastische Gewohnheit, und wie nützlich! Darauf kann man stolz sein!" Bestimmt wird dein kleiner Babyverstand aufspringen, um sie zu ergreifen. Sobald er aufspringt, entziehe ihm die schlechte!
Was sollst du tun, wenn du dich aus schlechter Gesellschaft befreien willst? Einfach in gute Gesellschaft kommen. Die schlechte wird automatisch wegbleiben. Es ist ganz einfach. Du wirst für die schlechten Leute nicht zugänglich sein, weil du immer Umgang mit guten Menschen hast. Das ist ein sehr positiver Anfang, um ein sehr hohes Ziel zu erreichen. Sri Patanjali nennt es *pratipaksha bhavanam* – negative Gedanken durch positive ersetzen. Denke an das Gegenteil, entwickle das Gegenteil! Wenn du haßt, entwickle Liebe! Das ist der Trick. Du kannst nicht einfach auf eine schlechte Gewohnheit einschlagen, um sie loszuwerden. Es ist, als wärest du in einem dunklen Raum, schlügst auf die Dunkelheit

ein und sagtest ihr, sie solle verschwinden. Zünde stattdessen nur eine Kerze an. Die Dunkelheit wird von allein verschwinden, ohne sich zu verabschieden.

16. Februar

Wenn du kannst, hilf!

Frage: Wie kann man sich selbst in jemandem sehen, der bösartig und gewalttätig ist?

Sri Gurudev: Denke daran, daß du vielleicht auch einmal so gewesen bist! Jetzt bist du ein netter Mensch geworden. Er wird sich auch so entwickeln. Gib den Menschen Zeit. Glaube nicht, daß wir alle als Heilige und Yogis geboren wurden. Jeder Erwachsene ist einmal gekrabbelt. Der Sünder von heute ist der Heilige von morgen. Sei verständnisvoll! Hege keine Abneigung gegen solche Menschen! Wenn du kannst, hilf ihnen! Kannst du es nicht, hasse sie wenigstens nicht! Wenn sie bösartig und gewalttätig sind, mögen sie sogar einige gute Lektionen lernen. Eines Tages werden sie sich ändern. Wir haben nicht das Recht, irgend jemanden zu verdammen.
Sage dir selbst: „Ja, ich könnte auch einmal so gewesen sein." Oder: „So sollte ich nicht sein. Diese Person hat mir einen großen Dienst erwiesen, indem sie mir klar gezeigt hat, was ich selbst vermeiden sollte."
Es gibt immer eine positive Art, die Dinge zu sehen.

17. Februar

Universität

Das gesamte Universum ist eine Universität. Alles und jeder ist für uns ein Professor. Wir lernen dauernd von jedem und allem. Wir lernen sogar mehr durch Schmerzen als durch Vergnügen. Ob wir wollen oder nicht, die Welt wird uns die Erfahrung geben, die wir brauchen, und wird uns wachsen lassen.

18. Februar

Hast du in vollkommenem Glauben gebetet?

Die einzige wirkliche Hilfe kommt von Gott. Bete aufrichtig! Ein aufrichtiges Gebet wird bestimmt erhört. Wird es nicht erhört, mache Gott nicht dafür verantwortlich! Das bedeutet nur, daß du nicht genug gebetet hast. Es ist nicht so sehr eine Frage der Zeit. Du magst zehn Jahre beten und nichts bekommen. Jemand anders mag eine Minute lang beten und alles bekommen. Wichtig ist also die Qualität des Gebets, wie ehrlich und wie aufrichtig du betest.
Nimm an, daß selbst ein Gebet aus vollem Herzen nicht beantwortet wird! Dann stell dir die Frage, ob du in vollkommenem Glauben gebetet hast? Wenn du ein Gebet in vollem Glauben an Gott sprichst und das Gebet wird nicht erhört, wirst du dann diesen Glauben verlieren? Es ist wahr, daß all deine aufrichtigen Gebete erhört werden. Aber das bedeutet nicht, daß dir notwendigerweise das gegeben wird, was du haben willst. Die Antwort mag lauten: „Es ist nicht gut für dich, mein Kind. Wie sehr du auch weinst, Ich kann dir das nicht geben, weil es dich verletzen würde. Und ohne zu wissen, wie es richtig zu gebrauchen ist, könntest du auch andere damit verletzen. Es ist gefährlich." Wenn du das verstehst und anerkennst, beweist du dein Vertrauen in Gott.

Vertraue Gott nicht nur, wenn du alles bekommst! Wenn von hundert Bitten neunundneunzig unerfüllt bleiben, solltest du immer noch diesen Glauben haben. Das wird dich letztendlich zu einer höheren Gebetsform führen, wo du um nichts mehr bittest. Du sagst einfach: „Warum sollte ich Dich bitten? Die Tatsache, daß ich Dich bitte, bedeutet, daß ich meine, Du wüßtest nicht, was ich brauche. Wie unwissend ich bin! Du weißt, was gut für mich ist. Du weißt aber auch, was nicht gut für mich ist. Tue, was immer Du willst! Warum bitte ich überhaupt um etwas? Vielleicht hast Du mich veranlaßt zu bitten. Selbst das Bitten scheint Deine Eingebung zu sein. Weil Du wolltest, daß ich bitte, bitte ich. Dennoch überlasse ich es Dir, ob Du die Bitte gewährst oder nicht. Vielleicht hast Du mich gebeten, Dich zu bitten. Danach wirst Du nein sagen, um zu sehen, ob ich es akzeptiere oder nicht. Gut, ich bin auch dazu bereit."

Je mehr du Gott vertraust, um so mehr wirst du geprüft. Vertrauen und Prüfungen gehen zusammen.

19. Februar

Was tue ich überhaupt?

Am einfachsten ist es, an Gott zu glauben. Eine Unze Glauben versetzt Berge. Der heilige Ramalinga Swamigal pflegte zu sagen: „Herr, Du fütterst mich, darum esse ich. Sonst wäre ich nicht einmal in der Lage, meine Nahrung zu mir zu nehmen. Glaubst Du, ich äße aus eigener Kraft? Nein. Du fütterst mich. Wenn Du willst, daß ich esse, esse ich. Wenn du willst, daß ich schlafe, schlafe ich. Wenn du willst, daß ich sehe, sehe ich. Ohne Dich kann ich nicht einmal sehen. Wenn Du willst, daß ich glücklich bin, machst Du mich glücklich. Du läßt mich tanzen, und so tanze ich. Ich bin nur eine Marionette, und Du ziehst am Faden. Du machst das mit jedem, nicht nur mit mir. Ich bin nicht der Einzige. Ich weiß, daß

Du alles bist. Viele mögen das nicht wissen. Wegen ihres Ich-Bewußtseins denken sie leider, daß sie sich durch eigenen Antrieb bewegen. Aber in Wirklichkeit bist Du es, der sie bewegt. Wenn das so ist, was tue ich dann? Alles bist Du."
Wenn du erst einmal diese Wahrheit verstehst, wird dein ganzes Leben anders. Du wirst nur noch Frieden und Freude empfinden.

20. Februar

Das Herz wird gewinnen

Das Herz sollte eine wichtige Rolle spielen, nicht nur im Eheleben, sondern bei all unseren Beziehungen: mit Freunden, Verwandten, Geschäftspartnern und selbst mit Fremden. Auch wenn die andere Person vom Verstand her handelt, solltest du mehr dein Herz gebrauchen. Denke daran, am Ende wird das Herz gewinnen! Es mag eine Weile dauern, aber es wird gewinnen. Wenn du wirklich dein Herz gebrauchen willst, wirst du in dieser Richtung geführt werden. Gottes Führung wird da sein. Bete mehr und vertraue dieser Höheren Macht!

21. Februar

Es gibt eine natürliche Schwerkraft

Frage: Warum ist Disziplin so schwer?

Sri Gurudev: Das ist ein Teil der Natur. Es gibt eine natürliche Schwerkraft, die es leicht macht, die Dinge nach unten zu ziehen, und schwer, sie hoch zu heben. Dieser Sog ist da. Aber wir haben die Fähigkeit bekommen, ihm entgegenzuwirken und uns darüber zu erheben. Das ist Disziplin.

22. Februar

Tue es!

Ein guter spiritueller Lehrer sollte sagen: „Das ist der Weg, den ich kenne. Er ist wirklich hilfreich. Wenn du willst, kannst du ihm gerne folgen."
Angenommen, du sagst: „Ich will diesen Weg nicht nehmen. Ich will in der entgegengesetzten Richtung gehen."
Der Lehrer wird sagen: „Gut, also tue es!"
Dann gehst du in der falschen Richtung, stößt gegen eine Wand und sagst: „Ich habe einen Fehler gemacht. Das ist die falsche Richtung. Ich werde den anderen Weg gehen." Das ist es, was Erfahrung beinhaltet. Die Natur selbst lehrt uns, erlaubt uns, Fehler zu machen.
Hat Gott Adam nicht erlaubt, die Frucht zu essen? Obwohl Er gesagt hatte: „Adam, iß den Apfel nicht!", hat Er Adam zurückgehalten, als er nach dem Apfel griff? Er hätte ihn bestimmt zurückhalten *können*. Stattdessen erlaubte Er Adam einfach, den Fehler zu machen, damit er die Lektion lernte.
Es sollte Freiheit im Lernen bestehen. Jeder lernt auf andere Weise. Die Aufgabe des Lehrers ist es, nach Hindernissen auf dem Weg Ausschau zu halten und sie zu entfernen, damit du weiterkommen kannst. Er sollte dir helfen, auf deine eigene Weise Erfahrungen zu machen. Wenn du hierhin und dorthin gehst und dich an Hindernissen stößt, wirst du sehr bald die Wahrheit verstehen: „Wo ich auch hingehe, am Schluß habe ich immer ein Problem. Jedes Mal, wenn ich etwas mit meinem Ego tue, bringt es mich in Schwierigkeiten. Bisher bin ich immer meinem Ego gefolgt. In Zukunft will ich ihm nicht mehr folgen. Ich gebe es auf.

23. Februar

Hab dieses vollkommene Vertrauen!

Frage: Wie weiß man, ob jemand die Wahrheit sagt?

Sri Gurudev: Solange du nicht genau weißt, daß er lügt, vertraue darauf, daß er dir die Wahrheit sagt. Wenn du immer voller Verdacht auf einen Menschen schaust, wird selbst die Wahrheit für dich wie eine Lüge aussehen, weil es das ist, wonach du Ausschau hältst. Wenn du dauernd Lügen erwartest, wird dir sogar die Wahrheit falsch erscheinen. Bringe dieses Vertrauen auf! Selbst wenn du plötzlich in eine Situation kommst, wo dich jemand anscheinend angelogen hat, ziehe nicht sofort diese Schlußfolgerung. Forsche gut nach! Die Dinge sind nicht notwendigerweise das, was sie scheinen. Sei sicher, daß du die Lage genau verstehst, bevor du eine Schlußfolgerung ziehst!

24. Februar

Du kannst es einfach anzapfen

Kenntnisse aus Büchern können nicht mit tieferem inneren Wissen verglichen werden. Es gibt einen Wissensvorrat in der Natur selbst. Wenn dein Verstand klar ist, kannst du ihn direkt anzapfen. Du kannst leicht für jedes Problem eine Lösung finden. Dies ist nicht das Monopol einiger weniger. Jeder kann es tun.

25. Februar

Die physische Hilfe ist begrenzt

Was du den spirituellen Meister, den Lehrer oder den Guru nennst, ist nicht die Person. Der Guru ist ewig. Des Gurus Eingebung, des Gurus Kraft, des Gurus göttliche Energie, des Gurus Schwingungen werden immer da sein und dich führen und leiten. Die Hilfe, die dir durch den physischen Körper gegeben werden kann, ist begrenzt. Auf der spirituellen Ebene kann der Guru dir viel mehr helfen. Versuche immer, auf dieser höheren Ebene mit ihm zu kommunizieren! In deiner Praxis, in deiner Meditation solltest du lernen, mit dem spirituellen Teil des Gurus in Verbindung zu treten.
Der Guru braucht dich nicht bewußt zu segnen und zu unterrichten. Wenn du bereit bist, das zu empfangen, kann selbst er es nicht aufhalten. Je mehr du seine Lehren befolgst, um so mehr bist du in des Gurus Gegenwart und stehst mit ihm in Verbindung. Die Lehren sind der Guru. Der Lehrer ist nur der Vermittler.
Wenn ich einen Vortrag halte, bin ich es, der spricht und nicht das Mikrophon. Aber du hörst den Vortrag durch die Lautsprecher. Der eigentliche Sprecher ist aber der spirituelle Teil, der sich einfach dieses Instruments bedient. Eine Zeitlang brauchst du vielleicht den Redner, aber du solltest nicht immer davon abhängig sein! Lerne die Botschaft ohne solch ein Instrument zu empfangen! Auf diese Weise kannst du den Guru immer bei dir haben.

26. Februar

Es wird lange andauern

Heiratest du, um von jemandem abhängig zu sein, dann ist es keine wahre Ehe. Eine Ehe ist gerechte Lebensteilung. Ihr beide geht gemeinsam auf ein Ziel zu und helft euch gegenseitig. Es sollte Hilfe und nicht Abhängigkeit sein. Wenn du vom anderen abhängig bist und nicht das bekommst, was du erwartest, wird es deine Ehe beeinträchtigen.
Wahre Ehe bedeutet, daß du nichts vom Partner erwartest. Du heiratest jemanden, um ihm zu geben, was dir möglich ist. Du brauchst nichts zurück zu erwarten, nicht einmal Liebe. Der wahre Sinn der Ehe ist, zu geben und nichts für sich selbst zu fordern. Eine solche Ehe ist eine spirituelle Ehe, eine, die nicht an materielle Abhängigkeit gebunden ist. Ihr seid zusammen im Geist. Das ist es, was man eine im Himmel geschlossene Ehe nennt. Und sie wird lange andauern.

27. Februar

Allein durch deine Gedanken

Deine Gedanken, Ideen und deine Energie können auf eine Person übertragen werden, ohne daß du sie siehst oder berührst. Allein durch deine Gedanken kannst du Energie und gedankliche Kräfte überall dorthin senden, wohin du möchtest. Berühren und Anschauen stellen gewissermaßen Grenzen dar. Bei der Berührung benutzt du nur deinen Körper. Das Anschauen ist auf das Sehvermögen begrenzt. Der Energiefluß jedoch ist durch nichts dergleichen beeinträchtigt. Er kann sich schnell fortbewegen. Gedankliche Kräfte sind sogar stärker als physische.

28. Februar

Warum solltest du dann surfen lernen?

Wenn du nur der Natur folgst und von den Wellen hin und hergeworfen wirst, warum solltest du dann surfen? Es liegt in der Natur des Ozeans, dich zu verschlingen. Du gehst dorthin, um surfen zu lernen, ohne unterzugehen.
Es liegt in der Natur der Gedanken und Gefühle, daß sie sich dauernd verändern. Du solltest auf ihren Wellen surfen lernen, statt von ihnen hin und her geworfen und überwältigt zu werden. Sage dir immer wieder, daß du nicht der Sklave deiner Gedanken und Gefühle bist! Du wirst sie be-herrschen. Übe Be-herrschung!
Wenn etwas Schreckliches passiert, denkst du: „Ich kann das nicht ertragen. Ich kann es keine Minute länger aushalten." Aber wenn du nur ein bißchen länger durchhältst, geht es vorbei. Dann bist du so erleichtert. Gut und Böse sind alles Dinge des Verstandes. Manchmal kommen weiße Wolken, manchmal schwarze. Warte ein bißchen! Alles geht vorüber. Gib nicht auf! Wenn eine ruhelose Wolke vorbeigezogen ist, bist du wieder friedlich.
Wenn du aufgibst und woanders hinläufst, wirst du auch dort einer schwierigen Situation gegenüberstehen. Wo immer du hingehst, deine Gedanken und Gefühle gehen mit dir. Sie werden dasselbe Problem schaffen, vielleicht in einer etwas anderen Form. Kannst du die Gedanken und Gefühle unter Kontrolle halten, wird für dich der Himmel auf Erden sein. Hast du diese Kontrolle nicht, wird für dich selbst der Himmel zur Hölle.

29. Februar

Du wirst über deinen eigenen Traum lachen

Frage: Wenn wir alle im Endeffekt das Absolute sind, warum und wie begann die Illusion?

Sri Gurudev: Stellst du diese Frage, während du noch in der Illusion lebst, oder von einem erleuchteten Standpunkt aus? Kommt die Frage selbst aus der Illusion, wird die Antwort mit derselben Illusion verstanden werden. Solange wir nicht erleuchtet sind, müssen wir die Illusion akzeptieren. Statt herauszufinden, wie sie entstand, ist es besser, an dem Herauskommen zu arbeiten. Wenigstens erkennst du, daß du in dieser Illusion lebst. Du bist im Dunkeln. Du schläfst. Du träumst. Wenn du aufwachst, wirst du erkennen, was für einen wilden Traum du gehabt hast. Während du noch träumst, wirst du weiterhin mit dem Kopfkissen ringen und Tränen vergießen, selbst wenn jemand dir immer wieder versichert, daß du träumst. Solange du träumst, erscheint dir dieser Traum sehr real. Sobald du aufwachst, ist alles klar. Wenn du aufwachst, wirst du über deinen eigenen Traum lachen, der nichts als eine Illusion war. Wirst du erst erleuchtet, werden alle Warums und Wiesos automatisch beantwortet. Bis dahin wird keine Antwort dich befriedigen.

März

1. März

Nichts bringt dir Freude!

Um das Leben vollständig zu genießen, hör auf, dir etwas zu wünschen! Wenn etwas kommt, laß es kommen! Wenn etwas geht, laß es gehen! Sei einfach zufrieden mit dem, was du hast! Selbst wenn du etwas von deinem Besitz verlierst, ist das gleichgültig. Akzeptiere es! Deine Einstellung sollte sein: „Gott gibt mir alles, was ich brauche, und Gott nimmt mir alles, was ich nicht brauche." Dann wirst du immer das zu schätzen wissen, was du hast, oder das, was du verlierst. Ja. Habe Freude am Kommen! Habe Freude am Gehen! Erfreue dich am Gewinn, erfreue dich am Verlust! Du solltest dich einfach nur an dem freuen, was du bist. Du wirst keine Freude daran haben, materielle Dinge zu bekommen. Freust du dich darüber, daß du sie bekommst, wirst du deprimiert sein, wenn du sie verlierst. Wahre Freude kommt nicht von außen. Nichts *bringt* dir Freude. Kein Mensch *bringt* dir Freude. Du selbst bist immer voller Freude. Darum genieße das! Das ist es, was man Glück nennt. Mache dich von nichts abhängig, denn nichts von außen kann dich glücklich machen!

2. März

Widerstand ist notwendig

Wir alle suchen nach dem Glück und dem Frieden, den wir einmal besaßen. Jetzt scheint beides zu fehlen. Natürlich wollen wir es

auf dem schnellsten Wege wiederfinden. Leider geht das nicht so einfach. Wir müssen viele Arten von Widerstand überwinden. Warum? Weil wir nur dadurch stärker werden, daß wir den Widerstand überwinden. Widerstand ist notwendig.
Ein Saatkorn braucht eine Art Widerstand. Darum gräbst du ein Loch, legst das Saatkorn hinein und bedeckst es mit Erde. Dann sagt es: „Oh, du glaubst, du könntest mich hier aufhalten? Ich werde nach oben kommen!" Es schiebt sich durch die Erde und wird stark.
Darum suche nicht nach dem Weg des geringsten Widerstandes. Gleichgültig, wie groß der Widerstand ist, stell dich der Situation! Deine eigene Kraft, dein eigener Mut wird dir viel dabei helfen. Wenn du erst einmal fühlst: „Ja, ich kann es schaffen!", wirst du es schaffen. Sag nicht: „Ach, ich weiß nicht. Ich will es versuchen." Nein. Mit dieser Einstellung hast du schon fünfundsiebzig Prozent deiner Kraft verloren. Sei mutig! Sei stark! „Ich *werde* es erreichen. Heute oder morgen werde ich es bekommen." Das ist sehr wichtig. Du brauchst diesen Willen, um das zu erreichen, was du im Leben wirklich willst.

3. März

Zu welcher Kategorie gehörst du?

Wir alle haben eine Verpflichtung gegenüber unseren Kindern, unseren Eltern, unseren Nachbarn, unseren Schwestern und Brüdern und allem, mit dem wir in Berührung kommen. Wir sind dem Boden verpflichtet, der uns die Nahrung gibt, dem Regen, der uns das Wasser bringt, und der Natur. Wir bekommen ständig Dinge von der Natur, und wir müssen der Natur – Gott – etwas in irgendeiner Form zurückerstatten.
Das ist es, was die Hindu-Schriften *yajña* oder Opfer nennen. Was ist eine Opfergabe? Wenigstens ein bißchen mehr zu geben, als

man bekommt. Es gibt verschiedene Menschentypen auf der Welt. Eine Gruppe bekommt immer etwas und gibt niemals etwas zurück. Sie werden Diebe genannt. Eine andere Gruppe bekommt viel und gibt wenig zurück. Sie sind Schuldner. Die dritte Gruppe bekommt hundert Prozent und gibt hundert Prozent zurück. Sie sind faire Geschäftsleute. Was immer du bekommst, du gibst es zurück. Dann bist du kein Schuldner, dann bist du kein Dieb. Du bist eine gerechte Geschäftsperson.
Es gibt noch eine andere Gruppe. Sie bekommt etwas, aber sie gibt viel mehr zurück. Das sind bessere Menschen.
Die letzte Gruppe bekommt nichts, sie gibt einfach. Diese Menschen geben alles, was sie haben. Sie kennen nur das Geben. Sie sind die besten Menschen. Die fünf Kategorien sind also: der Dieb, der Schuldner, der Geschäftsmann, der bessere Mensch und der beste oder der Supermensch. Zu welcher dieser fünf Kategorien gehörst du?

4. März

Sehe Gottes Hand!

Hast du vollkommenes Vertrauen zu Gott, lerne zu akzeptieren, was immer kommt! Da gibt es keine Forderung in deinem Leben, weil du weißt: „Was ich auch verdiene, Gott ist derjenige, der es mir gibt. Wenn ich etwas nicht verdiene, ist Gott derjenige, der es mir nimmt."
Aber Gott wird nicht persönlich kommen und es dir nehmen. Er wird sagen: „Du da! Nimm es ihr weg!" Gott wirkt durch jemanden, selbst wenn die Person es nicht weiß. Du brauchst nicht auf die Person zu schauen und zu brummen: „Wie wagt sie es, mir das anzutun!" Stattdessen erkenne, wie Gottes Hand durch jede andere Hand wirkt!

5. März

Kein Profit

Wahre Liebe kennt keinen Profit. Es ist eine Einbahnstraße: geben, geben, geben.

6. März

Der Grund ist, uns eine Lektion zu erteilen

Nichts geschieht ohne Grund. Der Grund ist, uns eine Lektion zu erteilen. Es gibt immer einen guten Grund für alles, was uns geschieht, selbst inmitten unserer Verluste. Ich denke nicht nur an materielle Verluste. Dies trifft auch auf die Verluste unserer Nächsten und Liebsten zu. Die ganze Welt ist eine Universität, und wir sind alle hier und lernen. Jeder einzelne sollte denken: „Ich bin der einzige Student. Alles und alle sind meine Lehrmeister."
Wie viele Familien haben wir gehabt? Wie viele Väter, wie viele Mütter, wie viele Ehefrauen und Ehemänner, wie viele Kinder? Denke nicht, dieses sei das einzige Leben, das du lebst! Du hast Hunderte von Leben vor diesem gehabt, und du wirst noch viele nach diesem haben. Aber es gibt nur einen ewigen Vater und eine Mutter, nämlich dieses kosmische Bewußtsein. Alle anderen helfen dir einfach, weiterzukommen. Gewissermaßen erziehen uns selbst unsere Blutsverwandten, unsere Nächsten und Liebsten zu dieser Wahrheit. Wir sollten lernen, das zu akzeptieren und zu verstehen.

7. März

Sende deine Gebete aus!

Glaube nicht, daß jemand geheilt wird, weil du betest. Nein. Gott läßt sich nicht so zum Narren halten. Er hat jemandem nicht deswegen ein Problem gegeben, weil du nicht gebetet hast. Er tat es, weil Er der Person eine Lektion erteilen wollte. Wenn du für jemanden betest, öffnest du dein Herz. Du wirst mitfühlender. Und natürlich werden deine Gedanken des Gebets denjenigen erreichen, für den du betest. Wenn die Person verdient, sie zu empfangen, werden sie ankommen. Selbst wenn das geschieht, glaube nicht, daß deine Gebete sie wirklich geheilt haben! Deine Gebete halfen ihr.
Friedliche und heilende Gedankenformen breiten sich aus, und die Person, die bereit ist, sie zu empfangen, wird geheilt werden. Das ist die Kraft des Gebets. Gebete bringen starke Gedanken. Wenn ein Kranker Gebete wirklich erwartet und wünscht, kann er sie nutzen. Du stellst diese Kraft einfach zur Verfügung. Aber du kannst sie ihm nicht aufzwingen. Wenn sein früheres Vergehen so schwer war, mag sein eigenes Schicksal ihn veranlassen, das Gebet zurückzuweisen. So jemandem kann nicht geholfen werden.
Glaube nicht, daß Gott dir einfach gehorcht, weil du Ihn anflehst! Das würde bedeuten, daß Gott diese Person nicht liebt und ihr nur hilft, weil du gebetet hast. Nein. Du solltest dich daran erinnern, daß jeder Mensch ein Kind Gottes ist! Gott wartet nicht auf deine Gebete, um sich um Seine Kinder zu kümmern. Deine Aufgabe ist es einfach, Gebete auszusenden. Wenn derjenige, für den du betest, bereit ist, wird er das Gebet empfangen. Wenn nicht, mag jemand anders den Nutzen daraus ziehen. Das ist der Grund, warum wir für die ganze Welt beten.
Schicke deine Gebete hinaus! Sende sie aus! Wer sich einschaltet, wird sie empfangen.

8. März

Der letzte Strohhalm

Man kann nicht genau sagen, was dir die Augen öffnen wird und wann es geschieht. Das wahre Wissen oder die Weisheit wird nicht langsam dämmern. Wenn du sie einmal bekommst, dann hast du sie. Wenn du sie nicht bekommst, dann hast du sie nicht. Die Erkenntnis kommt nicht Stück für Stück. Erkenntnis ist auf einmal da. Wann wird das sein? Niemand kann es dir sagen. Selbst eine ganz unbedeutende Begebenheit könnte sie auslösen. Ich will euch eine Geschichte von einem Heiligen namens Patinatar erzählen. Sein Vater war ein sehr reicher Mann, der viel Geld durch die Schiffahrt und andere Geschäfte verdient hatte. Er hatte zahlreiche Heilige und Weise gesehen und viel studiert, aber nichts hatte ihm die Augen für die Wahrheit geöffnet. Er wiederholte regelmäßig sein Mantra, verrichtete religiöse Rituale und alle spirituellen Praktiken, aber die Weisheit erkannte er nicht. Eines Tages bat er seinen Sohn Patinatar, sein Schiff zu nehmen und Ware zu kaufen. Patinatar fuhr auf eine Insel und sah dort die arme Bevölkerung. Er gab all sein Geld, Millionen von Dollar aus, um diesen Menschen zu helfen. Patinatar erkannte, daß er nicht mit einem leeren Schiff nach Hause fahren konnte. Darum belud er das ganze Schiff mit Kuhdungblöcken, die vermutlich hundert Dollar oder weniger wert waren. Dann segelte er heimwärts.

Kaum war das Schiff angekommen, liefen ein paar Männer der Besatzung zum Vater und erzählten ihm: „Dein Sohn ist verrückt geworden. Er hat dein ganzes Geld ausgegeben, und alles, was er zurückgebracht hat, ist Kuhdung." Der Vater war so wütend, daß er seinen Sohn einfach nicht sehen wollte. Als Patinatar zu Hause ankam, war sein Vater nicht einmal da, um ihn zu begrüßen.

Patinatar überreichte seiner Mutter ein kleines Päckchen und sagte: „Bitte gib das meinem Vater, wenn er kommt! Bis später!" Damit ging er weg. Als der Vater nach Hause kam, fragte er: „Wo ist mein Sohn?" Seine Frau erzählte ihm, daß Patinatar gekommen und wieder gegangen sei und gab ihm das Päckchen. Als der Vater es öffnete, fand er eine zerbrochene Nähnadel und einen Zettel darin. Auf dem Zettel stand: „Selbst das Öhr einer zerbrochenen Nadel wird auf deiner letzten Reise nicht mit dir kommen." Kaum hatte er diese Worte gelesen, zog er seine eleganten Kleider aus, gürtete sich mit einem Lendenschurz, verabschiedete sich im Haus und im Geschäft und ging fort. Die Erkenntnis war ihm gekommen. Vorher hatte er Hunderte von Geschichten gehört, hatte dicke Bücher gelesen, kannte die ganze Philosophie, aber nichts hatte ihm die Augen geöffnet, bis er diese wenigen Worte las.

Erkenntnis kann aus der kleinsten Sache entstehen. Es braucht kein großer Schlag zu sein. Diese winzige Begebenheit ist es, die man den letzten Strohhalm nennt. Weisheit erwacht so. In jedem Augenblick könnte irgendetwas für dich dieser letzte Strohhalm sein. Dann bist du erleuchtet. Bis dahin bereitest du dich noch vor. Du machst dich bereit für diesen Augenblick.

9. März

Tue es nicht halbherzig!

Willst du die Wahrheit erfahren, daß alles Geschehen Gottes Wille ist, dann mußt du das voll und ganz annehmen. Schläfst du, dann ist es Gottes Wille, der dich schlafen läßt. Überißt du dich, ist es Gottes Wille, der dich zu viel essen läßt. Wirst du krank, ist es ebenfalls Gottes Wille. Du mußt *alles* als Gottes Willen annehmen. Fühlst du, daß etwas von außen dich veranlaßt zu handeln, ist es Gottes Wille. Du brauchst dich deshalb niemals schuldig zu fühlen. Etwas mag dir von innen nahegelegt werden, und dein Ego mag sagen: „Tue es, los!" Wenn du wirklich fühlst, daß alles Gottes Wille ist, dann stammt selbst die Veranlassung durch dein Ego aus höherer Quelle.

Du magst dahingeführt werden, ein Leben zu retten. Das ist Gottes Wille. Dein Ego mag sagen: „Gehe und iß eine Menge Pizza!" Wenn du die Einstellung hast, über die ich hier spreche, wirst du wissen, daß auch das Gottes Wille ist. Hinterher solltest du dich nicht schuldig fühlen, denn es war Gottes Wille.
Tue das nicht halbherzig! Fühle entweder, daß *alles* Gottes Wille ist oder daß alles dein Wille ist!
Wenn du Gottes Willen vollkommen vertraust, wird es keinen Zwiespalt geben. Selbst wenn dein Ego dir nahelegt, etwas Falsches zu tun, wird Gott sagen: „Sie vertraut mir vollkommen. Ihr Ego legt ihr das nahe, aber sie tut es in Meinem Namen. Ich sollte es verhindern." Gott wird sich für dich um dein Ego kümmern.
Es ist leicht, darüber zu sprechen, aber sehr schwer, es zu verwirklichen. Bevor du diese höchste Hingabe realisierst, kannst du denken: „Was auch immer für Fehler ich mache, es kommt von meiner Schwäche. Es ist mein Ego, das mich diese Dinge tun läßt." Wenn alles gut geht: „Ah, Gott muß mir das eingegeben haben. Darum ist es gut gegangen." Auf diese Weise bist du immer sicher.

10. März

Lache darüber und sei tapfer!

Frage: Ich habe einen Sehfehler, der mich zusammen mit anderen Problemen zur Verzweiflung und zu dem Gefühl bringt, daß ich nur auf den Tod warte. Was kann ich tun?

Sri Gurudev: Wie traurig! Warum solltest du auf den Tod warten? Glaube nicht, daß das Sehen mit den Augen das Wichtigste ist. Glaubst du, daß Menschen, die gut sehen können, deswegen glücklich sind? In gewisser Weise hast du Glück. Das sage ich selbst zu Blinden. Wie viele Probleme werden dadurch hervorgerufen, daß die Menschen sehen. Die physischen Sinne können eine ungeheure Ablenkung sein. Hast du sie, pflege sie und gebrauche sie gut! Hast du sie nicht, mach dir deswegen keine Sorgen. Vergiß es einfach! Du hast noch deine schönen Gedanken und Gefühle und deine schöne Seele. Viele, viele Menschen, die schlechte Augen haben oder die überhaupt nicht mehr sehen können, tun große Dinge. Du solltest dich nicht entmutigen lassen. Wenn es eine Operation gibt, die dir helfen könnte, solltest du sie bestimmt versuchen. Gibt es keine Möglichkeit zur Korrektur, dann ist es nicht schlimm. Nimm es an als das, was Gott für dich vorgesehen hat! In dem Moment, in dem du etwas akzeptierst, ist es nicht mehr so schwer. Du kannst mit allem leben! Hast du nicht von Menschen gehört, die unter schlimmeren Bedingungen ein glückliches und nützliches Leben geführt haben? Das Problem ist der Verstand. Wenn du es ohne weiteres akzeptierst, wird es sehr einfach, sehr leicht.

Wenn du dich schlecht fühlen willst, hast du Hunderte von Entschuldigungen, aber wenn du glücklich sein willst, kannst du es ohne weiteres sein. Es ist sinnlos, dir deswegen Gedanken zu machen. Schließlich ist es nur der Körper. Die sogenannten Handicaps sollten dir nicht die Freude verderben. Erinnere dich daran: „Ich bin nicht der Körper, ich bin nicht einmal der Verstand. Ich bin der Geist." Lache darüber und sei tapfer!

11. März

Ein schönes Feld

Wenn du den Pfad der Ehe wählst, ist es ein schönes Feld, auf dem man die großen Tugenden des Teilens und Opferns lernen kann. Bevor du heiratest, frage dich: „Kann ich meine Liebe und mein Leben mit jemandem teilen? Kann ich diesem Menschen mein ganzes Leben widmen?"

Nach der Hochzeit wird euer Leben geteilt – ein bißchen für dich, ein bißchen für deinen Partner. Dann kommen ein oder zwei Kinder. Du teilst sogar noch mehr mit ihnen. Du teilst dich mehr und mehr auf, teilst dein Leben mit vielen anderen. Du lernst, dich um sie zu kümmern. Du hast mehr Verantwortung, und du wirst ständig geprüft. In der Schule wirst du geprüft. Warum? Es hilft dir zu sehen, ob du ordentlich gelernt hast oder nicht. Es hilft auch anderen zu wissen, ob du gut studiert hast oder nicht. So wirst du auch im Familienleben vor Prüfungen gestellt. Wenn du dort die Fragen nicht beantworten und die Probleme nicht lösen willst, wenn du vor dieser Prüfung einfach davonläufst und woanders hingehst, wirst du schließlich auch dort einen Prüfer vorfinden. Wo immer du hingehst, du kannst dem nicht entkommen.

12. März

Er ergreift niemals Partei

Gott ist neutral. Er ergreift niemals Partei. Genauso neutral und so rein solltest auch du sein! Behandle die Menschen niemals unterschiedlich! Schau nie auf irgend jemanden herab! Sieh, wie ein und derselbe Geist durch die verschiedenen Körper und Denkweisen wirkt!

13. März

Eine Pilgerfahrt

Wenn Gott will, daß du zu Ihm betest, schafft Er eine unerfreuliche Situation. Er veranlaßt, daß du kein Benzin mehr hast oder vielleicht etwas noch viel Schlimmeres. Darum sagt man: „In jedem Unglück liegt ein Segen." Wenn wir solchen Situationen ausgeliefert sind oder uns in einer Krise befinden, denken wir mehr an Gott. Zu anderen Zeiten denken wir zwar auch an Ihn, aber doch nur oberflächlich. Es ist nicht wirklich tief. Unser Gebet wird erst aufrichtig und tief, wenn uns in einer Krise bewußt wird, wie begrenzt wir sind. „Das ist alles. Mehr kann ich nicht tun. Jetzt überlasse ich es Dir. Ich vertraue Dir. Bitte tue etwas!" In gewisser Weise ist das Leben selbst eine Reise zu Gott, gewissermaßen eine Pilgerfahrt. Eine echte Pilgerfahrt ist es, wenn du mit leeren Händen losgehst und dich vollkommen von Gott abhängig machst.

14. März

Perfektion kommt nicht über Nacht

Sei dir bewußt, daß dein Leben perfekt sein sollte, aber auch, daß Perfektion nicht über Nacht kommt. Fehler sind ein Teil des Lernens, um perfekt zu werden. Wenn du also einen Fehler machst, ärgere dich nicht! Finde heraus, was der Grund für den Fehler war und was dich dazu gebracht hat, ihn zu begehen! Lerne aus deinen Fehlern, und dann wiederhole sie nicht! Es steht dir frei, einen anderen Fehler, aber nicht denselben zu begehen. Jeder Fehler, jeder Mißerfolg, ist ein Sprungbrett für zukünftige Erfolge.
Das Problem der sogenannten Perfektionisten besteht darin, daß sie keine Fehlleistung akzeptieren. Du *mußt* scheitern. Schau dir Olympiasieger, große Sprinter an. Rannten sie bei der Geburt aus dem Mutterschoß heraus? Begannen sie ihr Leben mit einem Sprint? Nein! Sie konnten den Körper nicht einmal viel bewegen. Wie lange dauerte es, bis die zukünftigen Sieger in der Lage waren zu stehen? Zu gehen? Zu sprinten? Wie oft fielen sie hin?
Das ist der Prozeß des Lernens. Habe keine Angst vor dem Hinfallen! Laß jeden Mißerfolg dir eine Hilfe sein, ein bißchen mehr zu

lernen, um eines Tages erfolgreich zu sein! Wenn du das im Gedächtnis behältst, wirst du nicht dem sogenannten Perfektionismus verfallen.
Jeder lernt auf diese Weise. Im Grunde ist niemand je hundertprozentig perfekt. Da bleibt immer noch eine kleine Unvollkommenheit. Wenn du vollkommen perfekt geworden bist, wirst du nicht einmal mehr auf dieser Welt sein.

15. März

Du kannst nicht wie ein Vogel fliegen

Im Endeffekt ist der Höhere Wille die letzte Instanz. Den Menschen wurde innerhalb gewisser Grenzen ein freier Wille gegeben. Du bist nicht frei, alles zu tun, was du willst. Du kannst nicht wie ein Vogel fliegen. Es gibt viele derartige Begrenzungen. Dein Wille ist begrenzt, aber innerhalb dieser Grenzen bist du befugt und frei, gewisse Dinge zu tun. Zum Beispiel kannst du anderen Menschen gegenüber hilfreich sein, kannst anderen dienen und ein harmonisches und nützliches Leben führen. Es steht dir frei, das zu tun. Andererseits steht es dir aber auch frei, nicht so zu leben. Durch deinen eigenen freien Willen wirst du dich dem Ergebnis deiner Taten gegenüber sehen. Man sagt dir sogar, was richtig und was falsch ist, aber niemand mischt sich in deinen freien Willen ein.
So ist es seit Menschengedenken gewesen. In der Bibel steht, Adam sollte die Frucht nicht essen. Aber Gott hatte ihm den freien Willen gegeben, und Adam entschied sich, die Frucht zu essen. Hat Gott ihn davon abgehalten? Nein. Das ist es, wo dein freier Wille einsetzt. Es steht dir frei, sogar etwas Falsches zu tun, aber du kannst der Schuld nicht entrinnen, so etwas getan zu haben. Darum fühlte Adam sich schuldig.
War es Gottes Absicht, daß er sich schuldig fühlte? Nein. Durch diese Schuld wollte Gott ihm eine Lektion erteilen. Eine Lektion zu

lernen ist wichtiger. Darum ist es dir erlaubt, einen Fehler zu machen, dich schuldig zu fühlen und daraus eine Lehre zu ziehen. Erfahrung ist der beste Lehrmeister. Darum wird dir der freie Wille gegeben. Diejenigen, die wirklich den freien Willen in der richtigen Weise gebrauchen wollen, entscheiden aus eben diesem freien Willen heraus, sich in die Hand des Höheren Willens zu begeben. Aus freiem Willen wirst du sagen: „Herr, Du hast mir den freien Willen gegeben. Ich weiß, daß es dafür Grenzen gibt. Ich kann nur ganz bestimmte Dinge tun. Und wenn ich diese Grenzen überschreite, dann kommt Dein Wille und bremst mich. Warum also mein freier Wille? Um Vergnügen zu haben? Es ist besser, meinen freien Willen nicht zu benutzen, denn im Endeffekt bist Du der Boss. Dein Wille ist die letzte Instanz, darum gebe ich meinen freien Willen in Deine Hand. Du gabst ihn mir, jetzt nimm ihn bitte zurück und tue, was Du willst!" Mit deinem eigenen freien Willen begibst du dich selbst in Gottes Hand. Wir verlieren niemals, wenn wir uns in diese Hand begeben. Wenn wir uns vollkommen hingeben, gewinnen wir mehr von Gott. Wir bekommen alles von Gott, wenn wir uns ganz hingeben. Dann gibt es kein Schicksal und keine Probleme mehr.

16. März

Die Bedeutung von OM

OM ist der Klang der kosmischen Schwingung. Der gesamte Kosmos vibriert. Jede Zelle vibriert. Tatsächlich ist das ganze Universum nichts als eine Klangschwingung. Die allem zugrunde liegende Schwingung ist ein Summen (hum), und die Gesamtsumme der kosmischen Schwingungen ist ebenfalls ein Summen. Dazwischen gibt es Fragmente. Alle Worte, alle Sprachen, all die verschiedenen Töne, die durch Menschen, Tiere oder selbst durch

Maschinen entstehen, sind kleinere Teile dieses kosmischen Summens. Es gibt nichts, das nicht aus diesem Summen hervorgegangen wäre. Um dieses kosmische Summen zu bezeichnen, war ein Wort nötig. OM ist das Wort, das dem kosmischen Summen am nächsten kommt. Das Wort OM selbst ist nicht das Summen. Es ist der Name für das Summen.

17. März

Was würden deine Hände tun?

Ein Freund ist nicht notwendigerweise jemand, der dich immer anlächelt und mit dir auf Parties geht. Ein echter Freund sollte in der Lage sein, dir zu helfen, ein besserer Mensch zu werden! Ein Freund in Not ist ein wahrer Freund. Worin besteht deine Not? Deinen Frieden, deine Gesundheit und dein Glück zu erhalten. Ein Freund sollte dazu ein guter Helfer sein! Oft ist es schwierig, allein zu reisen. Der Pfad ist steil. Es ist immer besser, jemanden zu haben, der dir helfen, der dich halten kann, damit du nicht ausrutschst. Wir sollten immer nach solchen Freunden Ausschau halten, und wenn wir sie erst einmal gefunden haben, sollten wir sie niemals verlieren.
Ein wahrer Freund wird nicht zögern, dir deine Fehler zu zeigen. Diejenigen, die zögern, wollen dich nur ausnutzen. Du bist ein angenehmer Mensch in ihrer Nähe, und sie können daraus einen Nutzen ziehen. Darum erhalten sie die Freundschaft mit dir zu ihrem eigenen Vorteil. Sie fürchten, sie könnten sie verlieren. Ein wahrer Freund wird an deinen und nicht an seinen eigenen Vorteil denken. Im Notfall wird dieser Freund sogar bereit sein, sein Leben für dich zu opfern.
Im Thirukkural beschreibt Sri Thiruvalluvar, was Freundschaft ist. In Südindien, wo er lebte, tragen die Männer *Dhotis*. Ein *Dhoti* ist ein langes Stück Stoff, das man sich um die Hüften wickelt. Stell

dir vor, du trägst einen *Dhoti* und sprichst vor einer Gruppe von Menschen. Und während du da stehst, rutscht der *Dhoti* plötzlich runter. Was würden deine Hände tun? Sofort würden sie ihn festhalten. Nicht eine Sekunde würden sie warten. Das ist es, was man Freundschaft nennt: die Hände, die dir helfen würden, deinen *Dhoti* festzuhalten, wenn er runterrutscht. Ein wahrer Freund würde nicht einmal einen Moment lang zögern. Sofort würde er einspringen und das Nötige tun, um dir zu helfen.
Wann wirst du wissen, ob jemand ein echter Freund ist oder nicht? Erst wenn du in Schwierigkeiten bist.

18. März

Ein Zustand von Glückseligkeit

Wie kann man das Kosmische Bewußtsein beschreiben? Es ist so, als wollte man versuchen, den Himmel mit einem Zollstock zu messen. Unsere Meßinstrumente – der Verstand und unser Vokabular – sind sehr, sehr begrenzt. Wir können höchstens sagen: „Es ist ein Zustand von Glückseligkeit." In diesem Zustand von Glückseligkeit empfindest du immerwährende Freude. Nichts bedrängt dich. Du fühlst weder Angst noch Sorge noch Furcht. In diesem Zustand des Kosmischen Bewußtseins gibt es überhaupt keine Furcht, weil du alles als ein und dasselbe siehst: eine Essenz, die sich in vielen Formen ausdrückt. Du lernst, alles unter verschiedenen Ausdrucksformen zu akzeptieren. In diesem Stadium gibt es keinen Freund und keinen Feind. Alles ist gleich.
Oft sehen wir Bilder von Gott mit erhobener Hand, wobei Er die Handfläche nach außen dreht. Das ist die Hand der Furchtlosigkeit. Die andere Hand zeigt nach unten. Auch hier ist die Handfläche nach außen gedreht. Was will Er uns damit sagen? „Wenn du dich selbst erniedrigst und zu meinen Füßen Zuflucht nimmst, brauchst du nichts zu befürchten."

Die Füße des Herrn zu erreichen, bedeutet Gottesbewußtsein erlangen. Wenn du dieses Gottesbewußtsein hast, weißt du, daß *alles* Gott ist, wie auch immer es aussieht. Wovor sollten wir dann Angst haben? Die Bhagavad Gita sagt sehr schön: „Wer ist ein großer Weiser? Derjenige, der niemandem Angst einflößt und der vor niemandem Angst hat." So jemand besitzt das allerhöchste und grenzenlose Gottesbewußtsein.

19. März

Verluste öffnen uns immer die Augen

Frage: Kürzlich wurde mir mein gesamter Besitz gestohlen. Was sollte ich aus dieser Erfahrung lernen?

Sri Gurudev: Diese Dinge haben dir lange genug gedient. Du brauchst sie nicht mehr. Und vermutlich braucht jemand anders sie dringender als du. Wenn du einiges davon noch benötigst, steht es dir frei, es zu ersetzen. Gott weiß das auch. Aber das Wichtigste ist, daß du dich selbst noch hast. Das kann dir niemand stehlen.
Eine solche Erfahrung ist Gottes Art, dich von deinem Verhaftetsein zu befreien. Es ist der Augenblick festzustellen, an wievielen Dingen du noch hängst. Leidest du, weil du deine Habe verloren hast? Oder bist du gelassen, glücklich und friedlich?
Das Leben ist voll von solchen Prüfungen. Aber nur Glückspilze werden auf diese Weise geprüft. Ohne diese Erfahrung hättest du vielleicht gedacht, daß du ein wunderbarer Yogi bist, weil nichts dich stören kann. Alles schien gut zu gehen. Erst wenn ein Unglück passiert, kannst du unter Beweis stellen, was du gelernt hast.
Verluste helfen uns, klar zu sehen. Vergnügen öffnet die Augen nie. Nur durch Schmerzen lernen wir unsere Schwächen kennen.

20. März

Immer mehr werden zu Dir kommen

Frage: Die heutige Geschäftswelt ist hart und wettbewerbsorientiert. Was würden Sie einem jungen Menschen raten, der ein Geschäft eröffnen will?

Sri Gurudev: Die Geschäftswelt *ist* wettbewerbsorientiert, und leider oder glücklicherweise scheinen alle effekthaschenden Gags sich auszuzahlen. Mit Effekthascherei, Manipulationen und Ähnlichem wird eine Menge Geld gemacht. Auch mit falscher Reklame. Darum ist es sehr schwer, ein ehrliches Geschäft zu haben und mit solchen Geschäften zu konkurrieren. Aber wenn die Leute erst einmal erkennen, daß du ein ehrliches Geschäft führst, werden sie bestimmt mehr zu dir kommen. Du wirst niemals Schwierigkeiten haben, genug Kunden zu finden. Mit der Zeit kommt die Wahrheit an den Tag. Wenn man Geschäfte macht, sollte man daran denken zu dienen. Denke an den Vorteil des Käufers. Deine Aufgabe ist es, ihm das richtige Produkt zu verkaufen oder den richtigen Dienst zum richtigen Preis zu erweisen, und das bei einem geringfügigen Gewinn für dich. Du mußt das Geschäft weiterführen, darum kann dein Gewinn etwas über den allgemeinen Unkosten liegen, um schwere Zeiten einzuplanen! Und die Geschäfte sind nicht immer die gleichen. Darum hast du das gute Recht, einen kleinen Gewinn zu machen. Aber nicht zu viel. Verkaufe so, als wärest du der Käufer!

21. März

Ein ehrlicher Wunsch ist ein Gebet

Durch ein aufrichtiges Gebet begibst du dich in eine rezeptive Haltung. Du wirst ein guter Empfänger. Du schaltest dein Herzradio ein. Das Gebet ist eine Art des Sich-Einstimmens. Sobald du dein Herz durch das Gebet eingestimmt hast, empfängst du alle im Kosmos vorhandenen Dinge. Was immer du erbittest, du bekommst es. Wenn du um Frieden bittest, stellst du dein Radio auf den Friedenssender ein. Wenn du um Schönheit bittest, stellst du dein Radio auf den Schönheitssender ein. Durch Gebet wird mehr erreicht, als die Welt sich erträumt. Wir kennen die Kraft der Gebete nicht. Sagen wir nicht: „Du wolltest es, du bekamst es"? Es ist tatsächlich so. Wenn du es wirklich willst, bekommst du es. Ein wahrer Wunsch, ein aufrichtiger Wunsch, ein ehrlicher Wunsch ist ein Gebet. Durch dieses aufrichtige Gebet stellst du dein Herz auf Gott ein.

22. März

Die oberste Pflicht

Die oberste Pflicht eines spirituell Suchenden ist eine gute Kontrolle über die Zunge. Ohne die Kontrolle über die Zunge können wir die Spiritualität vergessen. Kontrolle auf zweierlei Art und Weise: beim Essen und beim Sprechen. Alle Sinne sind unter Kontrolle, wenn die Zunge unter Kontrolle ist.

23. März

Du wirst nur Schönheit sehen!

Über andere zu urteilen, ist ein Akt des Egos. Es ist eine Art von Arroganz. Es bedeutet, du meinst, eine besondere Person zu sein, während alle anderen Dummköpfe sind. Andere mögen ein Problem haben, aber über sie zu urteilen bedeutet, daß *du* selbst zumindest eine Art von Problem hast, nämlich das Problem, andere ständig zu kritisieren. Du bist tatsächlich nicht anders als sie. Bevor du den Splitter in ihrem Auge siehst, sehe den Balken in deinem eigenen Auge!
Der Geier fliegt so hoch, höher als viele andere Vögel. Er kann unglaublich weit nach vorn und auch zur Seite sehen. Aber wohin gehen seine Augen? Irgendwo auf einen toten und verwesten Körper. Er schwingt sich wunderbar hoch in die Lüfte, doch wirft er seinen Blick nicht auf gute, heilige Dinge, sondern auf verweste Materie. Eine gewöhnliche Fliege hält Ausschau nach Schmutz, um sich darauf zu setzen, während eine Honigbiene an vielem vorbeifliegt, um nur ein kleines bißchen Nektar in einer Blume zu finden.
Du siehst gewisse Dinge bei anderen, weil du das Auge hast, sie zu sehen. Wenn du ein schönes Auge hast, wirst du nur Schönheit sehen. Sei dir bewußt, daß jeder irgendeine Schwäche hat. Jemand, der gar keine Schwäche hat, wäre nicht einmal auf dieser Erde.
Achte darauf, daß dein Auge keine Fehler bei anderen findet! Sei bescheiden und korrigiere deine eigenen Fehler!

24. März

Tue eine schmutzige Arbeit!

Wie lernen wir Demut? Nur wenn wir selber aufs Feld hinausgehen und ehrliche, harte Arbeit tun. Setze dich nicht einfach hin und meditiere ununterbrochen oder stehe anderthalb Stunden hintereinander auf dem Kopf! Dein Ego wird Auftrieb bekommen, wenn du so lange den Kopfstand machst. Erst wenn du deine Hand in Matsch und Schlamm steckst und eine schmutzige Arbeit verrichtest, wirst du lernen, demütig zu sein. Demut ist eine große Tugend. Sie zeigt die Reinheit der Gedanken und Gefühle.

25. März

Manchmal verlieren wir unsere innere Stärke

Frage: Einer unserer Angestellten hat einen Kunden von uns bestohlen. Ich habe ihm eine zweite Chance gegeben, aber andere zeigen sich ihm gegenüber mißtrauisch. Was soll ich tun?

Sri Gurudev: Finde heraus, ob der Angestellte bereit ist, sich offen zu entschuldigen und Reue für das zu empfinden, was er getan hat. Es wäre für ihn vermutlich am besten, wenn er es vor all den anderen Angestellten und nicht nur vor dem Arbeitgeber täte. Menschen *machen* Fehler. In einem schwachen Moment verlieren wir manchmal unsere innere Stärke und tun etwas, das nicht richtig ist. In dem Augenblick, in dem du feststellst, daß du etwas Falsches getan hast, solltest du es sofort offen zugeben: „Ja, ich habe einen Fehler gemacht, ich war schwach. Es tut mir leid, und ich will mein Bestes tun, damit es nicht wieder vorkommt. Bitte helfen Sie mir dabei!" Wenn du wirklich daran interessiert bist, dich zu bessern, solltest du die Hilfe von anderen suchen. Dieser

Angestellte sollte hervortreten, sich öffentlich entschuldigen und um Hilfe bitten. Ich glaube, wenn er das tut, werden nicht nur der Arbeitgeber, sondern auch die Angestellten Verständnis und Mitgefühl für ihn aufbringen und damit einverstanden sein, daß er weiterhin seinen Arbeitsplatz behält.
Wenn ich der Arbeitgeber wäre und einen solchen Arbeitnehmer hätte, würde ich mich so verhalten. Irren ist menschlich. Selbst ein Arbeitgeber hat vielleicht früher einmal dasselbe getan. Wir alle machen Fehler. Es ist immer besser zu vergeben und zu vergessen und die Person nicht dauernd wie einen Lügner oder einen Dieb zu behandeln. Wir sollten den Menschen immer wieder aufs neue Chancen geben zu wachsen.

26. März

Seitdem bin ich nie mehr allein

Frage: Es gibt Zeiten, da fühle ich mich unendlich einsam. Kein Freund, niemand aus meiner Familie, kein Geliebter kann mir dann helfen. Kennen Sie solche Einsamkeit?

Sri Gurudev: Es ist lange her, da *empfand* ich zuweilen diese Einsamkeit, bis ich erkannte, daß es einen Geliebten gibt, der immer in mir, mit mir, neben mir und mir näher ist als mein Herz. Das ist Gott oder das Selbst. Seitdem weiß ich, daß ich nie mehr allein bin.
Wenn du dich von etwas oder jemandem abhängig machst, das ständig bei dir sein soll, ereignen sich Situationen, wo es unmöglich sein wird. Selbst wenn eine andere Person immer bei dir sein möchte, kann sie es nicht. Wir kommen allein, und wir gehen allein. Mache dich nicht abhängig von äußerer Gesellschaft! Ob du kommst oder gehst, da ist immer jemand bei dir – dein eigener Geist, dein eigenes Selbst oder Gott in dir. Er ist in dir, außerhalb,

vor und hinter dir, rechts, links, über und unter dir. Sobald du das erkennst, wirst du dich niemals mehr einsam fühlen. Leider scheinen wir von äußeren Dingen und Menschen abhängig zu sein. Die äußere Gesellschaft ist gut, aber mache dich nicht davon *abhängig*! Sei unabhängig von allem! Wenn es kommt, gut. Wenn es geht, wunderbar.

Nur weil ich sage: „Sei nicht abhängig davon!", sollst du etwas, das zu dir kommt, nicht zurückweisen. Laß es kommen und gehen, wann es will! Gib allem diese Freiheit! Sobald du versuchst, dich an jemanden oder an etwas zu klammern, und sagst: „Ich möchte dich immer bei mir behalten", schaffst du große Schwierigkeiten. Niemand kann ständig bei dir sein außer diesem Gott in dir.

Nur weil du es hörst, wird es nicht über Nacht geschehen. Du mußt darüber nachsinnen! Mache dir Gedanken über das Für und Wider deiner Abhängigkeit von anderen Dingen und anderen Menschen, um glücklich zu sein! Je mehr du darüber nachdenkst, um so mehr wirst du erkennen: „Es ist wahr, ich sollte von nichts abhängig sein, nicht einmal von meinen Körper. Ich versorge ihn zur Zeit, aber jeden Tag wird er ein bißchen älter. Schönheit, Geld, Anerkennung, Freunde sind nicht von Dauer. Ruhm ist nicht von Dauer." Schau, ob du etwas nennen kannst, das von Dauer ist – außer Gott!

27. März

Wo sollte es beginnen?

Mantren haben große Kraft. Die moderne Wissenschaft hat das bewiesen. Mit Klangschwingungen kannst du etwas schaffen oder zerstören. Du kannst heilen oder Krankheiten hervorrufen. Mit deinem Ton kannst du jemanden zum Lachen oder zum Weinen bringen. Du kannst einen Menschen in ein kämpferisches Tier

verwandeln. Du kannst ein Baby beruhigen. Du kannst eine Kobra beschwören. Du kannst mit etwas Musik deine Kuh dazu bringen, mehr Milch zu geben. Pflanzen wachsen besser bei schöner Musik. Das alles ist wahr und ist heutzutage bewiesen.
Somit ist deine Mantra-Wiederholung nichts anderes. Gewisse Mantren können leicht all deine Probleme lösen – die physischen sowie die psychischen. Selbst wenn du *„OM Shanthi, OM Shanthi, OM Shanthi"* wiederholst. *Shanthi* bedeutet Frieden, aber es hat auch diese friedliche Schwingung. Es ist sehr stark. Wenn du deinen Körper mit dieser Vitalität, mit dieser Gesundheit und mit diesem Glück anfüllst, wirst du für andere ansteckend. Fülle dich randvoll mit Gesundheit und laß sie überfließen! Schon allein durch deine Gegenwart wirst du anderen Gesundheit bringen. Du kannst es an andere weitergeben. Du wirst dauernd diese Schwingungen aussenden. Das wird der Anfang von Weltgesundheit sein. Wo sollte sie beginnen? Genau bei dir.

28. März

Stell dich auf Gottes Frequenz ein!

Die beste Art, deinen Organismus zu reinigen, ist die Anwendung von Klängen. Wähle einfach einen beliebigen heiligen Namen, der dir gefällt, und wiederhole ihn andauernd! Laß deinen Körper mit dieser Frequenz vibrieren! Am Anfang mußt du dich auf diese Vibration in dir konzentrieren. Aber nach einiger Zeit wird jede Zelle in deinem Körper beginnen, dein Mantra oder dein Gebet zu wiederholen. Dann wird der ganze Organismus, die ganze Persönlichkeit, der Körper, die Gedanken und Gefühle, alles wird auf dieser Wellenlänge schwingen. Jedes heilige Wort schwingt in einer bestimmten Wellenlänge.
Wenn du ein Mantra bekommst, paßt du deine Persönlichkeit einer bestimmte Frequenz an. Es ist wie das Einstellen eines Ra-

dios. Die von Gott kommende kosmische Musik wird immer ausgesendet. Gott hört niemals auf, all die schönen Dinge auszusenden. Manche Menschen stellen ihr Herzradio einfach nicht auf die richtige Frequenz ein. Stattdessen wählen sie die falsche Frequenz und bekommen atmosphärische Störungen.
Durch Übung wirst du in der Lage sein, dein Herzradio einzustellen. Du wirst ein guter Empfänger werden. Nur dann ist die richtige Verständigung möglich. Verständigung bringt ein Gefühl der Verbundenheit mit sich. Wahre Verbundenheit ist nur möglich, wenn du deine ganze Persönlichkeit auf Gottes Frequenz einstellst.

29. März

Ein Tipi auf dem Mars

Die Gedanken sind rastlos. Sie lauern ständig auf Veränderung. Das ist ihre Natur. Sie können niemals zufriedengestellt werden. Sie können rebellieren und dich dazu veranlassen, in einem Tipi in den Bergen zu leben. Nach einiger Zeit gefällt ihnen dein Tipi in den Bergen nicht mehr, und sie machen dir weis, daß du nur glücklich wirst, wenn du dein Tipi im Tal aufstellst. Bist du dann im Tal, wollen sie ein Tipi auf dem Mars. Für die Rastlosigkeit der Gedanken gibt es keine Grenzen.
Du mußt die Gedanken erziehen. Frage sie: „Warum wollt ihr auf den Berg?" „Um dort Frieden zu finden." „Warum möchtet ihr wieder ins Tal zurück?" „Wir haben genug von da oben. Wir möchten da unten mit Menschen zusammensein."
Was bedeutet das alles? Daß du versuchst, dir Glück von außen zu borgen. Erkennst du erst einmal, daß Friede und Glück immer in dir sind, wirst du glücklich sein, wo du auch bist. Es ist dasselbe, ob du im Tal oder auf den Bergen bist. Es ist dasselbe, ob du auf der Erde oder auf dem Mars bist.

Wo auch immer du bist, du solltest einen Zweck damit verfolgen! Gehe auf den Berg mit einer bestimmten Absicht, komm herunter mit einer bestimmten Absicht! Und laß diese Absicht nicht selbstsüchtig sein! Die Absicht sollte zum Wohle anderer und zum Dienst an der Menschheit gereichen.

30. März

Ein Motto

Hab wenigstens ein Motto für dein Leben! Es kann irgend etwas sein, das dich an die höchste Wahrheit erinnert. Es braucht nicht für jeden dasselbe Wort zu sein. Wenn dich ein Satz inspiriert oder ein Wort dich besonders beeindruckt, dann ist das dein Motto. Denke an dieses Motto in jeder Situation, in der du dich etwas unsicher fühlst! Es wird dich sofort aufrichten und über dein Problem erheben.

31. März

Alles geht glatt

Frage: Wie kann ich wissen, ob ich Gottes Willen folge, wenn ich eine Entscheidung treffe?

Sri Gurudev: Du wirst es sehr schnell herausfinden. Es wird nicht lange dauern. Wenn es Gottes Wille ist, geht alles glatt. Wenn es dein egoistischer Wille ist, bekommst du umgehend einen Schlag versetzt. Gottes Wille zielt immer auf das Wohl aller Menschen, auch auf deines, ab. Dein egoistischer Gedanke ist selbstsüchtig. Er will als erstes dein eigenes Wohl. Das Ego will immer etwas für sich selber haben.

April

1. April

Unser Leben wird äußerst friedlich sein

Wenn du dich vollkommen in Gottes Hand begibst, wirst du dir sagen: „Gott, ich habe nicht geplant, hierher zu kommen. Du hast dafür einen Grund. Jedoch kenne ich diesen Grund nicht. Wenn ich Dich um etwas bitten könnte, wäre es folgendes: „Laß mich immer daran denken, daß Du durch mich wirkst. Ich bin für dies nicht verantwortlich. Bitte laß mich das nie vergessen!"
Wenn das unser Gebet ist, wird unser Leben äußerst friedlich sein. Hast du diesen Glauben, wird Seine Macht dich denken und handeln lassen. Selbst der Impuls zum Handeln kommt von Ihm. Wenn du ein gutes Instrument wirst, wird dir vieles einfallen. Die Ideen kommen und flüstern dir zu: „Gut, jetzt kannst du handeln!"
Deine Aufgabe ist es, das einfach zuzulassen.

2. April

Liebe selbst die Mücken, die dich stechen!

Allumfassende Liebe bedeutet, das Göttliche in allen und allem zu sehen. Unbegrenzte, vorbehaltlose Liebe ist allumfassend. Besitzt du diese Liebe, gibt es nichts, das du nicht magst. Du liebst alles, selbst die Mücken, die dich stechen. Du hast nichts gegen sie. Du sagst einfach: „Gut, liebe Mücke, zu diesem Zweck wurdest du geschaffen. Du erfüllst deine Aufgabe, wenn du mich stichst. Ich erfülle die meine und sage: ‚Bitte verschwinde'!" Du hörst nicht auf, die Mücke zu lieben. Aber die Mücke lieben, bedeutet nicht, ihr zu erlauben, dich zu stechen. Oft denken die Menschen: „Weil ich die Mücke liebe, kann ich sie nicht wegjagen." Dem ist nicht so. Du kannst das Gift *lieben*, aber du brauchst es nicht zu *schlucken*.

3. April

Gottes Klub

Wenn du ein Mitglied in Gottes Klub werden willst, beschaffe dir alle nötigen Voraussetzungen, die für ein Mitglied nötig sind! Nur ein Reicher kann in den Klub der Reichen eintreten. Nur ein spiritueller Mensch kann dem Klub der Spirituellen angehören.
Wenn du zu Gott willst, werde selbst zu Gott! Solange du nicht Gott bist, wirst du niemals verstehen, was Gott ist. Hast du Gott jemals krank oder schmutzig gesehen und wie Er das Falsche ißt? Nein! Darum solltest du das essen, was Gott ißt. Gottes Altar ist gepflegt, ordentlich und sauber, vollkommen rein, ohne ein einziges Staubkorn. Aber gehst du in dein Zimmer, ist es eine Rumpelkammer. Und du brauchst Gott! Laß dein eigenes Leben Gottes Reinheit widerspiegeln. Dein Haus, dein Körper und deine Gedanken und Gefühle sollten so rein sein wie Gott! Dann wirst du Gott schauen.
„Gesegnet, die reinen Herzens sind, denn sie sollen Gott schauen." Das bedeutet, du mußt dich zu dieser Größe erheben. Du solltest so rein sein! Sonst wird es dir nicht viel helfen, einfach nach Gott zu rufen. Denke nach, warum du Gott nicht erreichst, warum du Gott nicht erfährst? Was hindert dich daran? Rotte all diese Dinge aus! Reinige dich! Das ist es, was man *Tapasya* oder strenge Disziplin nennt. Feuer reinigt am besten. Es gibt nichts Besseres als Feuer, um allen Staub, alles Gerümpel zu verbren-

nen. Brenne selbst im Feuer des heiligen Namens! Dein eigenes Mantra ist ein Feuer. Entfache es! Laß es in dir lodern! Brenne all deine Sünden und Gifte aus! Und wenn du die Reinheit Gottes erlangst, brauche ich dir nicht zu sagen, was geschehen wird.

4. April

Versetze dich in seine Lage!

Frage: Oft sehe ich Menschen einen Fehler machen, und ich würde gern vorschlagen, die Dinge anders zu handhaben. Wie kann ich das tun, ohne den anderen in die Defensive zu treiben?

Sri Gurudev: Tue es auf freundliche Art und Weise! Die andere Person verteidigt sich, wenn du ihr gleich Vorwürfe machst. Das will sie nicht akzeptieren. Selbst wenn deine Bemerkung richtig ist, mag der andere nicht in der Lage sein, sie zu akzeptieren. Sein Ego wird es nicht zulassen. Darum wehrt es sich. Das ist Defensive.
Wenn du jemandem wirklich helfen willst, versuche, seinen Charakter zu erkennen! Wird er deinen Rat wirklich annehmen und schätzen? Wenn du noch unsicher bist, aber dennoch etwas sagen möchtest, laß dir einfach eine andere Art einfallen, wie du es ausdrücken kannst! Sage: „Weißt du, neulich habe ich dasselbe Problem gehabt, und ich hatte zwei Möglichkeiten zu handeln. Gott sei Dank bin ich diesen Weg gegangen. Hätte ich es anders gemacht, wäre ich bestimmt in Schwierigkeiten geraten. Glücklicherweise habe ich diesen Weg gewählt. Ich möchte dich das wissen lassen. Solltest du das hilfreich finden, handle ebenso!"
Versetze dich in die Lage des anderen! Es gibt eine freundliche Art, es zu sagen.
Wenn du die Dinge so darstellst, wird die andere Person sich nicht gleich in der Defensive fühlen. Du verletzt sie vielleicht, wenn du

die ganze Wahrheit zu direkt darlegst, und wirst selbst verletzt.
Wir müssen lernen, miteinander zu kommunizieren.

5. April

Du solltest wissen, wie man kommuniziert

Es war einmal ein König, der sich sehnlichst einen Sohn wünschte. Nach vielen, vielen Jahren gebar seine Frau endlich einen Jungen. Der König war glücklich. Sofort rief er alle Astrologen, um die Zukunft des Sohnes zu erfahren. Viele große Astrologen kamen zusammen, um dem Jungen das Horoskop zu stellen. Jeder studierte das Diagramm. Die Zeichen waren klar. „Majestät", sagten die Astrologen, „euer Sohn ist kein gutes Kind. Seinetwegen werdet Ihr kurz vor seinem zehnten Lebensjahr sterben. Er kam gewissermaßen, um euch zu töten."
Der König war wütend. „Ihr Teufel! Ihr wißt nicht einmal, wie man ein Horoskop stellt! Werft sie alle ins Gefängnis!"
Eines Tages kam ein Astrologe von weither in das Königreich. Der König bat ihn sogleich, sich das Diagramm des Sohnes anzusehen. Der Astrologe studierte das Horoskop sorgfältig und sagte: „Ich habe noch nie ein solches Horoskop gesehen. Es ist ein außergewöhnliches Horoskop. Euer Sohn wird lange leben und ein großer König werden. Er wird noch hundert Jahre nach eurem Tode leben." Dieser Astrologe war ein sehr kluger Mann. Er las dasselbe Diagramm wie die anderen, aber er legte die Daten völlig anders aus.
Der König war so glücklich. „Überschüttet diesen Mann mit Geschenken! Er ist ein großer Astrologe. Wenn du dir irgend etwas wünschst, sage es mir bitte!"
„Ich habe nur einen Wunsch", sagte der Astrologe.
„Gut, was ist es?"

„Bitte befreien Sie die armen Astrologen aus dem Gefängnis! Ihr einziges Verbrechen war, daß sie nicht sehr klug waren. Sie wissen, wie man rechnet, aber sie wissen nicht, wie man kommuniziert." Wegen dieses einen Mannes wurden alle anderen befreit.
Bildung allein ist nicht genug. Du solltest wissen, wie man mit Menschen umgeht, wie man kommuniziert, wie man mit anderen in Harmonie lebt. Das ist eine große Lektion, die nicht allein aus Büchern gelernt werden kann. Lerne, in Harmonie zu leben! Nur so findest du Frieden und wahre Freude.

6. April

Du brauchst vor nichts Angst zu haben

Sei unerschütterlich in deinem Glauben! Fürchte dich nie! Denk daran: Wenn etwas geschehen soll, wird es geschehen! Sage dir: „Gut, laß es geschehen. Ich bin mutig. Was nützt es, Angst davor zu haben. Ich werde nicht in der Lage sein, etwas aufzuhalten, das geschehen soll."
Wenn dein Glaube wirklich stark ist, brauchst du vor nichts Angst zu haben. Das heißt nicht, daß du nicht vorsichtig sein solltest. Sei vorsichtig, aber nicht ängstlich!

7. April

Das Geheimnis

Wie du denkst, so wirst du. Wenn du immer an Mißerfolge denkst, wirst du zusammenbrechen. Genieße einfach deine Arbeit! Wahre Freude entsteht, wenn du für andere und nicht für dich selber ar-

beitest. Wenn du für dich arbeitest, stellen sich Ängstlichkeit, Sorgen und Furcht ein. Arbeitest du für andere, entsteht Freude.
Das ist Karma-Yoga, selbstloser Dienst. Willst du wirklich Freude an deiner Arbeit haben, ist das die einzige Möglichkeit. Arbeite für andere oder arbeite für Gott, im Namen Gottes und Seiner Schöpfung! Nimm dich einfach aus dem Geschehen heraus: „Ich tue nichts für mich selbst. Ich brauche das nicht, und ich will es auch nicht. Ich bin hier, um anderen zu dienen." Du kümmerst dich um sie. Wenn die anderen einerseits deinen Dienst benötigen, ist es andererseits ihre Aufgabe, sich um *dich* zu kümmern. Du brauchst dir keine Sorgen um dich selbst zu machen!
Denke daran: Wenn du beschließt, dich um dich selbst zu kümmern, bist du der einzige Mensch, der sich um dich kümmert. Läßt du andere für dich sorgen, werden es sehr viele tun.
Das ist das Geheimnis. Kümmere dich nicht um dein eigenes Wohlergehen! Denke einfach an andere! Dann wird für dich gesorgt werden.

8. April

Ein Funken Glauben

Glaube und Furcht gehen nicht zusammen. Wenn dein Glaube wirklich stark ist, gibt es *nichts* zu befürchten. „Gott hat mich geschickt. Gott erhält mich am Leben. Was immer mir geschieht, Gott hat es getan. Was immer ich brauche, Gott wird es mir geben. Wenn ich etwas nicht brauche, wird Er es mir nicht geben. Selbst wenn ich jammere, wird Er es mir nicht geben, wenn es nicht notwendig ist. Warum? Weil es nicht gut für mich sein mag."
Darum glaube einfach an Gott! Ein Funken Glauben wird dich überglücklich machen.

9. April

Wenn du es willst, kannst du es tun

Wenn du etwas entwickeln willst, mußt du dich nach einer geeigneten Möglichkeit umsehen. Das gleiche gilt, wenn du Glauben entwickeln willst. Denke an all die Aussagen und all die großen Lehren und wende sie in deinem Leben an! Was tut ein Bauer, bevor er sein Feld bestellt? Zuerst bereitet er den Boden vor, entfernt alle Steine und Zweige, ebnet den Grund, lockert die Erde, düngt sie und hackt sie auf, und dann streut er guten Samen aus.
In unserem eigenen Leben müssen wir ähnliche Vorbereitungen treffen. Das Saatgut sind die guten Gedanken der heiligen Schriften und der großen Weisen und Heiligen. Setze sie ein und pflege sie! Laß sie in deinem Leben wachsen!
Wenn man etwas erreichen will, ist es nicht immer einfach. Es erfordert großen Einsatz. Wenn du es jedoch willst, kannst du es bestimmt erreichen. Um die kleinen Dinge im Leben zu verwirklichen, bedarf es harter Arbeit, aber um die spirituellen Ziele zu erreichen, brauchst du eigentlich nur diesen Glauben.
Versucht jemand, Glauben zu entwickeln, werden Hunderte von Dingen auftauchen und sein Vorhaben stören. Es werden Prüfungen kommen. Zweifel werden auftauchen. Jemand wird sagen, „Gott und Erleuchtung – warum sich darum scheren? Genieße das Leben! Du versäumst so viel Schönes, wenn du dich auf Spiritualität einläßt."
Es ist nicht nur in unserer Zeit so. Seit Millionen von Jahren geschieht dasselbe immer wieder. Es gibt so viele Versuchungen, um die Spiritualität zu vergessen. „Führe mich nicht in Versuchung!" ist eines der wichtigsten Gebete. „Führe mich auf die richtige Weide, wo ich grasen kann! Führe mich nicht dorthin, wo ich abgelenkt werde!" Sprich ein aufrichtiges, von Herzen kommendes Gebet! Es ist nicht leicht, einen starken Glauben zu entwickeln. Höre nicht auf zu beten: „Gott, bitte hilf mir! Laß mich immer die Wahrheit sehen!"

10. April

Dann versuchst du, den Pfosten zu bewegen

Selbst deine spirituelle Arbeit basiert auf dem Glauben. Hättest du keinen Glauben, würdest du auch keine spirituellen Übungen machen. Für alles braucht man Glauben. Darum heißt es in der Bibel, wenn du so viel Glauben wie ein Senfkorn hast, kannst du Berge versetzen.
Starke Überzeugung ist Glauben. Bist du überzeugt von etwas, ist es leicht, das Ziel zu erreichen, das du dir gesetzt hast. Aber bevor du beginnst, mußt du selbst überzeugt sein. Sonst denkst du einfach: „Gut, ich will versuchen, es zu tun." Denke nicht so! Du solltest denken: „Das ist es, was ich will, ganz gleich, was geschieht. Alles Übrige ist nichts. Ich werde nicht aufhören, bevor ich das Ziel nicht erreicht habe. Das ist das Wichtigste in meinem Leben."
Es wird Prüfungen geben, um zu sehen, ob du wirklich stark im Glauben bist. Weißt du, wie man einen Fahnenmast oder einen Telefonpfosten in den Boden rammt? Du gräbst ein Loch und setzt den Pfosten ein. Aber das reicht nicht. Du legst Steine um den Pfosten und klopfst ihn fest. Dann versuchst du, den Pfosten zu bewegen. Wenn er sich bewegt, klopfst du weiter. Solange er wackelt, klopfst du. Wann hörst du auf zu klopfen? Wenn er aufhört zu wackeln.
So ist das Leben. Solange du wankst, wirst du geklopft. Das ist wahr. Gott versucht, dich stark zu machen. Und nur durch das Klopfen kannst du stark und fest werden. Habe darum keine Angst vor dem Klopfen!

11. April

Die höchste Form des Glaubens

Wenn dein Glaube stark genug ist, brauchst du nichts zu tun. Du wirst alles annehmen, selbst wenn es dir manchmal töricht erscheint. „Bin ich dumm? Gut, Gott hat mich so geschaffen. Ich weiß nicht, warum Er das getan hat, aber Er muß einen Grund dafür gehabt haben. Wenn Er möchte, daß es sich ändert, wird Er dafür sorgen."
Das ist die höchste Form des Glaubens. Wenn du dich damit schwer tust, bete zu Gott: „Hilf mir, an Dich zu glauben! Laß mich erkennen, daß Du alles für mich tust! Du sorgst für mich. Bitte gib mir ein Bewußtsein, das sich immer an diese Wahrheit erinnert! Manchmal vergesse ich das. Ich weiß, daß das eine Prüfung ist. Selbst wenn ich das vergesse, bist Du dafür verantwortlich, daß es geschieht. Dennoch bitte ich Dich immer wieder, mich das nicht vergessen zu lassen."

12. April

Es ist alles zum Besten

Es war einmal ein König. Der hatte einen wunderbaren und weisen Minister. Der Minister war dem König sehr treu ergeben, und der König verließ den Palast niemals ohne den Minister.
Als der Monarch eines Tages eine Frucht schälte, schnitt er sich versehentlich in den Finger. Nachdem er behandelt worden war, fragte er den Minister, warum das passiert sei. „Ich war sehr vorsichtig", erklärte er, „aber das Messer schien einfach auszurutschen." Der Minister schaute ihn freundlich an und sagte: „Macht euch keine Sorgen, Majestät. Es ist alles zum Besten."

Der König wurde wütend. „Was für eine Philosophie ist das? Ich habe mich in den Finger geschnitten. Es blutet stark. Aber du stehst ruhig da und sagst: ‚Es ist alles zum Besten.' Wenn das alles ist, was du für mich übrig hast, will ich dich nicht mehr sehen." Er rief seine Leibwache und befahl, den Minister ins Gefängnis zu werfen. Der Minister blieb ganz ruhig. Als er abgeführt wurde, sagte er nur: „Auch das ist zum Besten."
Einige Tage später beschloß der König, auf die Jagd zu gehen. In Begleitung von vielen Jägern ritt er tief in den Wald. Auf einmal sah er einen wunderschönen Hirsch und setzte ihm nach. Natürlich besaß der König das schnellste Pferd und ließ bald die anderen hinter sich. Aber der Hirsch konnte entkommen. Als der König erkannte, wie weit er vorgedrungen war, war es zu spät. Er war tief im Dschungel und hatte sich verirrt.
Glücklicherweise hatte der König schon viele Abenteuer bestanden und blieb ruhig. Er war sehr müde und durstig. In der Nähe sah er einen großen Baum, an dem ein kleiner Bach vorbeifloß. Er löschte seinen Durst, lehnte sich an den Baum und schlief ein.
Kurz danach erwachte er von einem Rascheln. Langsam öffnete er die Augen. Was er sah, ließ ihn erstarren. Ein riesiger Löwe stand vor ihm und beschnupperte ihn. Was sollte er tun? Er blieb still sitzen und beobachtete den Löwen. Plötzlich jedoch, als der Löwe an der Hand des Königs roch, schnaubte er und lief davon. Der König war verblüfft über sein Glück, sprang auf und rief nach seinen Begleitern, die ihn alsbald fanden. „Stellt euch vor, als ich schlief, kam ein riesiger, wilder Löwe. Er war drauf und dran, mich zu fressen, als etwas ganz Unvorstellbares geschah. Plötzlich lief er einfach davon."
„Das ist ja wunderbar", riefen sie aus. Aber keiner konnte erklären, was passiert war. Als sie zum Palast zurückkehrten, ließ der König den Minister aus dem Gefängnis holen. Er erzählte ihm die Geschichte in allen Einzelheiten. Der Minister sagte einfach: „Es ist alles zum Besten, Majestät."
„Was meinst du mit ‚alles zum Besten?' Das erklärt nicht, warum der Löwe einfach weggelaufen ist und mich nicht einmal gebissen hat. Wie erklärst du das?"

„Majestät, der Löwe ist der König im Reich der Tiere, so wie Ihr der König in Eurem Reich seid. Wenn jemand Euch eine Frucht anbietet, sollte sie sauber und gesund sein. In dem Moment, wo der Löwe an Eurem verletzten Finger roch, wußte er, daß Ihr nicht unversehrt, nicht in Form wart. Als König der Tiere wollte er Euch nicht fressen. Ihr seht also, Majestät, daß der Schnitt im Finger Euer Leben gerettet hat. Versteht Ihr jetzt, daß alles zum Besten war?

Was meinen Gefängnisaufenthalt betrifft, so wißt Ihr, daß wir uns im allgemeinen niemals trennen. Sicher wäre ich mit Euch auf die Jagd gegangen und wäre Euch in den Dschungel gefolgt. Wir hätten beide unter dem Baum geschlafen, als der Löwe kam. Euch hätte er nicht gefressen, aber mich hätte er verschlungen. Weil Ihr mich ins Gefängnis geworfen hattet, wurde ich gerettet."

Oft ist es nicht leicht, sofort das Gute im Unglück zu erkennen. Bist du in einer schwierigen Situation, denke an die Geschichte des Königs und seines Ministers. Das Gute verstehst du vielleicht erst später, aber es ist da. Vertraue darauf und sage dir: „Es ist alles zum Besten!" Es ist gewissermaßen wie ein Mantra. Du kannst es immer wiederholen, um dir Mut zu machen.

13. April

Du begießt die Wurzel des Baumes

Bedenke nur einmal, wie viel wir allein dadurch gewinnen, daß wir auf dieser Erde sind, wieviel wir durch die Natur geschenkt bekommen, durch unsere Mitmenschen, mit denen wir uns zusammentun. Wir bekommen ständig etwas, gute Gedanken, gutes Essen, gute Luft, guten Regen. Selbst das Lächeln eines Babys ist ein Geschenk. Wenn dich das Lächeln des Babys beglückt, bekommst du etwas von diesem Kind. Und du mußt es erwidern, wenn auch nicht unbedingt demselben Baby gegenüber! Du brauchst es nicht derselben Person zurückzugeben. Wenn du zum Beispiel eine gute Frucht aus der Krone des Baumes bekommst, mußt du nicht die Krone des Baumes wässern sondern seine Wurzeln. Wenn du Wasser auf die Wurzeln gießt, bekommst du die Frucht aus der Krone. Wenn ein Baby dich angelächelt hat, kannst du auch einem armen Menschen auf der Straße oder einem Kranken helfen oder jemandem, der Unterstützung braucht. Das ist der Ausgleich. Du bekamst ein Lächeln von dem Baby, und du hast es zurückgezahlt, indem du einer anderen Person geholfen hast. Du brauchst es nicht direkt dem Baby zurückzugeben. Wir bekommen dauernd etwas. Jeder von uns sollte denken: „Wieviel bekomme ich, und wieviel gebe ich zurück?"

14. April

Entwickle den Willen!

Warum tun die Menschen Böses, wenn sie doch wissen, was richtig und was falsch ist? Aus Willensschwäche. Wir wissen, was falsch ist, aber wir haben nicht die Willenskraft, dem zu widerstehen. Wie kann man die Willenskraft entwickeln? Durch Disziplin und regelmäßiges Üben. Du entwickelst den Willen durch viele kleine Dinge. Beginne nicht mit etwas Großem, das du nicht leicht tun kannst! Wenn es dir mißlingt, verlierst du dein Selbstvertrauen, deine Zuversicht. Wenn dir kleine Dinge gelingen, steigert es dein Selbstvertrauen. Du bist glücklich: „Oh, ich habe das geschafft." Dann wird dir eines Tages selbst die größte Sache ganz leicht von der Hand gehen.
Für den Willen muß der Verstand angewandt werden, muß der Verstand trainiert werden, muß der Verstand im positiven Sinne eingesetzt werden. Das erreicht man nur langsam, ganz langsam. Es ist einfach zu sagen: „Ich bin dafür nicht geschaffen. Es ist zu

viel für mich. Nicht jeder kann das." Solche Entschuldigungen sind Selbsttäuschungen. Ohne Willen können wir nichts vollbringen.

15. April

Dein Glaube an Jesus hat dich von deinem Karma befreit

Frage: Ist es richtig zu sagen, daß Jesus das Karma der Menschen auf sich nahm? Ist es das Gleiche, wie wenn andere Meister das Karma ihrer Schüler auf sich nehmen?

Sri Gurudev: Meister oder Propheten oder Weise nehmen dein Karma nicht auf sich. Sie können es, aber normalerweise tun sie es nicht. Stattdessen geben sie dir die Kraft, dein Karma anzunehmen und es zu bereinigen. Es ist nicht richtig, wenn jemand dir dein Karma abnimmt. Du bist die Ursache deines Karmas. Du hast es gesät, und du mußt es ernten. Von dem, was du getan hast, kann niemand anders dich befreien.

Wenn du wirklich an die Bibel glaubst und sagst: „Jesus nahm mir mein Karma an dem Tag ab, als ich ihn als meinen Meister annahm." Warum machst du dir dann Sorgen? Das heißt, du hast gewisse Zweifel. Warum? Weil es nicht so einfach ist. Ein unreiner Verstand kann die Wahrheit nicht annehmen. Aber wenn du tatsächlich fühlst: „Ja, er hat mir mein Karma abgenommen, und so bin ich vollständig davon befreit", dann bist du frei. Das bedeutet nicht, daß er dir dein Karma abgenommen hat. Wie hast du dich selbst von dem Karma befreit? Durch deinen Glauben. Dein Glaube an Jesus hat dich von deinem Karma befreit. Hat er nicht selbst gesagt: „Dein Glaube hat dich gerettet. Dein Glaube hat dich geheilt"? Wenn du nicht glaubst, kann selbst Jesus das nicht tun, und er würde es auch nicht tun.

Und warum kannst du diesen Glauben nicht aufbringen? Weil dein Verstand noch unrein ist. Er kann diesen Glauben nicht aufbringen. Obwohl du den Glauben haben möchtest, bist du noch nicht bereit. Darum heißt es: „Gesegnet sind, die reinen Herzens sind, sie werden Gott schauen!" Du mußt vollkommen rein sein, um eine solche Art von Glauben zu besitzen.

16. April

Das Richtige

Wie weißt du, daß das, was du beschließt, auch richtig ist? Das ist sehr einfach. Das Richtige wird weder deine Gesundheit noch dein Glück beeinträchtigen. Alles, was dein körperliches Wohlbefinden, deinen inneren Frieden, deine Gesundheit und dein Glück stören könnte, ist falsch. Das wirft eine andere Frage auf: „Angenommen, ich möchte jemandem helfen, dem es schlecht geht, und das könnte mich negativ beeinflussen. Sollte ich es tun oder lieber lassen?" Wenn du freudig jemandem hilfst, dann leidest du vielleicht, aber es hat keinen negativen Einfluß auf dich. Du bist weiterhin glücklich. Du gebrauchst lediglich etwas von deiner Energie, um jemandem zu helfen. Das kann man nicht Unglück nennen. Manchmal bist du deprimiert, wenn du jemandem hilfst. Warum? Weil du Erwartungen hattest. „Ich helfe dieser Person. Sie sollte meine Hilfe annehmen und den Nutzen daraus ziehen." Wenn du nun siehst, daß die Person nicht von dem Vorteil profitiert, wie du es erwartet hast, irritiert dich das. Das bedeutet, daß es keine selbstlose, sondern eine selbstsüchtige Handlung war: „Ich tat etwas und wollte ein Ergebnis sehen."
Das bedeutet nicht, daß du mit deinen Handlungen nicht positive Absichten verfolgen solltest. Natürlich schickst du der Person deine Gebete und denkst an ihr Wohlergehen. Der Unterschied ist folgender: Freilich möchtest du sie glücklich sehen, aber du *forderst* es nicht. Du bist nicht von dem Ergebnis abhängig. Das überläßt du Gott.

Mit einfachen Worten würde ich sagen, daß eine Handlung ohne selbstsüchtige Erwartungen eine richtige Handlung ist. Eine solche Handlung wird sich niemals störend auf dein Denken oder auf deinen Körper auswirken.

17. April

Bleibe dabei!

Wenn du ein Gelübde ablegst, bleib dabei, was es auch immer sei! Dabei zu bleiben, ist sehr schwierig. Du wirst eine Menge Prüfungen zu bestehen haben, aber sei ausdauernd! Die Fähigkeit, weiterzumachen, wird dir beweisen, daß du Meister deiner Gedanken bist.

18. April

Wenn du „okay" sagst, laß es geschehen!

Vergeude deine Zeit nicht mit Gedanken an die Vergangenheit oder mit Sorgen um die Zukunft! Einige Astrologen mögen über diese Aussage nicht sehr glücklich sein. Sie haben eine Aufgabe zu erfüllen, und das ist in Ordnung. Auch sie werden gebraucht. Aber laß dich von diesen Dingen nicht bestimmen! Du kannst dich über deine Planeten erheben! Klammere dich nicht an solche Gedanken wie „Was ist dein Sternzeichen? Ich bin Wassermann. Bist du Stier? Oder Steinbock?" Du bist nichts von alledem. Du bist das reine Selbst. Dein Körper und dein Verstand sind begrenzt, das ist wahr. Aber du kannst dich darüber erheben.

Es hilft wirklich nicht viel, wenn man die Zukunft kennt. Hätte Gott gewollt, daß du die Zukunft kennst, wäre es für Ihn einfach gewesen, die Tür offen zu lassen. Er wußte, daß es für dich nutzlos ist. Darum hat Er die Tür verschlossen. Dasselbe gilt für die Vergangenheit. Es ist besser, wenn du dich nicht an all die vergangenen Leben erinnerst. Würdest du dich an alle erinnern, hättest du Hunderte von Feinden. Du könntest all deine Freunde vergessen, aber du würdest dich an deine Feinde erinnern. Ist es nicht besser, sie zu vergessen?
Laßt uns keine Zeit mit solchen Dingen verschwenden! Das einzige, was zählt, ist die Gegenwart. Freue dich an ihr! Nutze sie! Du magst dennoch fragen: „Glaubst du nicht, daß ich für meine nächste Zukunft wenigstens etwas planen muß?" Gut, mach deine Pläne, aber denk daran: Wenn du die Pläne gemacht hast, unterbreite sie Ihm: „Herr, wenn Du ‚okay' sagst, laß es geschehen! Wenn nicht, dann werde ich mir keine Sorgen machen.

19. April

Das größte Wunder

Siddhis oder übernatürliche Kräfte können mit der spirituellen Praxis entstehen. Aber denk daran, sie sind das größte Hindernis! Wer wollte eine *Siddhi* haben? Dein Ego. „Ich möchte dieses tun. Ich möchte jenes bekommen. Ich möchte einen großen Namen haben und berühmt werden. Ich möchte anderen überlegen sein. Ich möchte Wunder vollbringen."
Das größte Wunder ist, demütig zu werden. Spirituelles Wachstum erfolgt erst, wenn du dein Ego Demut lehrst. *Siddhis* werden dein Ego niemals demütig machen.

20. April

Nichts ist unmöglich für den Verstand

Die Natur schließt niemanden aus. Sie hält für jedermann gleichermaßen dasselbe Wissen bereit. Wenn der Verstand ruhig und klar ist, kann er alle Gedanken empfangen. Nichts ist für ihn unmöglich. Ist er völlig frei von Selbstsucht, dann ist er immer klar und ruhig und immer heiter. In diesem Zustand stellt sich das Wissen ganz von selbst ein.

21. April

Sie mischt die Karten

Frage: Wenn jemand für etwas betet, das gut und richtig zu sein scheint, und es nicht eintrifft, sollte er dann weiterhin beten oder es einfach sein lassen?

Sri Gurudev: Genau gesagt solltest du nicht beten, um etwas zu bekommen, in dem Sinne: „Ich bete, Du gibst." Das bedeutet nicht, daß du Gott nicht um etwas bitten solltest. Du kannst bitten, aber nicht fordern. Du kannst sagen: „Herr, ich weiß nicht, was am besten ist. Vielleicht bitte ich sogar um das Falsche. Wenn es also Dein Wille ist, wenn Du denkst, daß es gut für mich ist, dann gib es mir bitte!"
Wir sind nur Marionetten. Die Kraft, die wir die Kosmische Mutter nennen, wirkt durch dich, durch mich, durch alles, selbst durch ein Staubkorn oder durch ein Atom. Wir sagen das, aber es ist nicht genug. Wir müssen es fühlen. Wenn wir nur dieses Gefühl haben, dann wird das, was wir tun, zur spirituellen Praxis, weil *wir* es nicht tun. Wenn jemand dir etwas antut, solltest du sagen: „Was die Kosmische Mutter tut, ist ihre Angelegenheit. Sie mischt die Kar-

ten." Wer ist dann dein Freund, und wer ist dein Feind? Wir sind alle ein und dasselbe, und durch diese eine Kraft werden wir motiviert. Wenn du beten willst, bete zu Gott, damit Er dir hilft, dich stets an diese Wahrheit zu erinnern!

Wenn wir für andere beten, sollten wir dabei empfinden: „Mutter, Du legst mir den Wunsch nahe, für andere zu beten. Darum bete ich. Selbst der Gedanke, für jemanden zu beten, kommt von der Kosmischen Quelle. Wie könntest du sonst beten? Das positive Gefühl, anderen Gutes zu wünschen, kommt von dieser Mutter. Die Kraft zu beten, kommt von dieser Mutter. Die Worte für das Gebet kommen von dieser Mutter. Der Gedanke kommt von der Mutter. Selbst die Energie, mit der du betest, kommt von dieser Mutter. Wie kannst du sagen, „Ich bete dafür", als ob die Mutter auf dein Gebet warten würde, um eine Person zu heilen! Als ob diese Person ohne dein Gebet verloren wäre! Das ist eine andere subtile Form des Egos.

22. April

Was willst du noch mehr?

Unsere Auffassungsgabe ist wirklich sehr begrenzt. Dennoch versuchen wir zu verstehen, warum Gott dieses oder jenes tut. Das ist unmöglich. Jahrelang hatte ich auf meinem Briefpapier folgende Worte stehen: „Es ist alles Dein Name. Es ist alles Deine Form. Es ist alles Dein Tun. Und es ist alles zum Besten." Seit meiner Kindheit habe ich das geglaubt, und ich habe diesen Glauben niemals bereut. Es ist diese Erkenntnis, die mir meinen Frieden erhält. Ich ärgere mich nie über etwas, denn alles ist zum Besten.

Du wirst vielleicht sagen: „Das ist eine einfache Art der Flucht." Aber alles, was ich bekomme, ist Frieden. Das ist für mich wertvoller als alles andere auf der Welt. Du magst es Flucht oder blinden Glauben nennen. Was auch immer es ist, ich behalte meinen Frieden. Und das ist es, was ich brauche. Durch diesen Frieden bin ich immer fröhlich und glücklich. Ich brauche mich um nichts zu sorgen. Was willst du mehr als Frieden und Freude?

23. April

Es ist die Einstellung

Was ist ein echter Sklave? Es ist nicht einfach ein Mensch, der von einem anderen gekauft wird. Wenn du einen Menschen kaufst und ihn für dich arbeiten läßt, nennst du ihn einen Sklaven, nicht wahr? In diesem Sinne ist jeder ein Sklave, der für ein Entgelt arbeitet. „Ich gebe dir so und so viel Geld im Monat, und du arbeitest für mich!" Jeder, der für ein Entgelt arbeitet, ist ein Sklave, ungeachtet seines gesellschaftlichen Ranges oder seiner Stellung. Es ist die innere Haltung, die den wahren Sklaven ausmacht. Selbst diejenigen, die wir im allgemeinen Sklaven nennen, sind freie Menschen, wenn sie die richtige Einstellung haben. Das Selbst gehört niemandem, außer dir. Und es ist gleichgültig, was auf der physischen Ebene geschieht, du bist ewig frei.
Denke also daran: Wenn du arbeitest, weil du die damit verbundene Belohnung willst, bist du ein Sklave. Arbeite nicht mit dieser Einstellung! Verrichte deine Arbeit gut! Tue sie mit Freude, aber schiele nicht nach den Früchten deines Tuns! Sei nicht nachlässig, aber sei ohne Sorgen! Dann bist du immer dein eigener Herr.

24. April

Heiße die Störung willkommen!

Frage: Sie sagen oft: „Tue nichts, was deinen Frieden stören könnte!" Wenn jemand eine unbegründete Angst vor etwas hat, sollte er versuchen, diese Angst zu überwinden, und die gefürchtete Handlung ausführen, selbst wenn sie seinen inneren Frieden beeinträchtigen würde?

Sri Gurudev: In solch einem Fall versuchst du bewußt, eine Phobie zu überwinden. Stellst du dich der Sache, wird das zuerst dein Gleichgewicht stören. Aber du solltest diese Art der Störung begrüßen. Warum? Weil die Phobie dich die ganze Zeit beeinträchtigt, und diese andere Störung absichtlich von dir hervorgerufen wurde, um dich davon zu heilen. Es mag zwar schmerzhaft sein, doch wird es dir großen Gewinn bringen. Wenn du verstehst, daß du es im Endeffekt zu deinem Vorteil tust, wird dich die vorübergehende Beeinträchtigung deines Friedens nicht berühren. Der letzte Beweggrund ist wichtiger.
Obwohl du dich eine Zeitlang nach außen hin schlecht fühlen magst, bist du doch innerlich sehr froh darüber. Es ist nicht falsch, wenn man für eine gute Sache auf diese Weise aus dem Gleichgewicht gebracht wird.

25. April

Gedanken sind starke Kräfte

Wenn du für einen Kranken betest, kannst du denken: „Werde gesund!", aber du bittest Gott nicht darum, die Person zu heilen. Du schickst nur deine guten Gedanken zu ihr, die in Not ist. Gedanken sind starke Kräfte. Sie gehen hinaus und werden der Person helfen. Deine guten Gedanken, dein Wunschdenken wird direkt in ihr Herz dringen. Du kannst alle beliebigen Worte wählen, die für dich von Bedeutung sind. Wir benutzen oft das *Maha Mritunjaya Mantra*. Es bittet nicht einmal um Heilung für die Person, sondern besagt: „Laß sie sich über die sterblichen Begrenzungen erheben!" Es ist ein guter, positiver Gedanke, den du aussendest. Auf diese Weise wird die Person von deinen guten Gedanken gestärkt, und auch auf dich wirkt es sich positiv aus, weil du deine Liebe zeigst. Je mehr Liebe und Fürsorge du für andere übrig hast, um so reiner wird dein Herz.

26. April

Schöne, beruhigende Geschichten

Die Eltern sollten die Kinder ihre Sorgen vergessen lassen und ihnen schöne beruhigende Geschichten erzählen, etwas, mit dem sie einschlafen können, etwas, das ihnen zu friedlichen Träumen verhilft. Dafür sind die Gutenachtgeschichten da, damit die Kinder an nichts Beunruhigendes denken.
Die Geschichten sollten ungefähr so lauten: „Langsam begab sich das Kind in Gottes Hand. Gott setzte es auf seinen Schoß. Er wiegte es sanft und sang ihm ein wunderschönes Lied vor. Leise sagte Er: ‚Schlaf ein, mein Kind, schlaf ein!' Das Kind schlief bald ein und ..." Es sollte eine sanfte, liebevolle Geschichte sein. Dein Kind wird sich vorstellen, daß Gott ein Baby in Seinen Armen hält und es in den Schlaf wiegt. Das Kind wird der Geschichte zuhören und auch selbst bald einschlafen.

27. April

Das Kind wird dich verstehen

Es gibt ein schönes Schlaflied in Tamil: „Oh, mein schönes Baby, ich nenne dich mein Baby. Ich weiß nicht, wer du bist und wer ich bin. Ich weiß nicht, wie wir zusammengehören. Woher bist du gekommen? Wohin gehst du? Zufällig sind wir zusammengekommen. Du bist mein Baby, ich bin deine Mutter, darum laß uns unsere Aufgabe gut erfüllen! Du tust das Deine. Ich tue das Meine. Du hast das Deine für heute getan, und jetzt schläfst du!"
In diesem einfachen Schlaflied steckt eine spirituelle Philosophie. „Du bist rein, du bist vollkommen unverdorben, du bist durch nichts getrübt. Du bist das reine Selbst. Alles andere ist einfach eine Illusion." Du könntest dich fragen, ob das Kind das versteht. Sage es einfach! Das Kind wird dich verstehen. Das Kind versteht besser als viele von uns. Wenn wir das Kind nicht verstehen, meinen wir, das Kind könnte uns auch nicht verstehen. Selbst wenn es noch im Mutterleib ist, können wir es so erziehen. Statt also alle möglichen drolligen Dinge zu sagen, wie „Schlafe mein Kind. Im Baum säuselt der Wind" sing ihm ein schönes Lied des Friedens vor: *Hari OM* oder *OM Shanthi*. Laß alle Kinder einschlafen, während sie auf *OM Shanthi* lauschen!

28. April

Du läßt es noch stärker scheinen

Einst unterhielten sich zwei Kinder miteinander. Das eine Kind sagte: „Wenn du mir zeigst, wo Gott ist, gebe ich dir einen Apfel." Das andere Kind schaute um sich und sagte: „Ich gebe dir *zwei* Äpfel, wenn du mir zeigst, wo Gott nicht ist."

Als heilige Schwingung ist Gott überall. Das bedeutet nicht, daß du einen Platz mit dieser heiligen Schwingung anfüllst. Du machst sie nur sichtbar, du läßt sie intensiver scheinen. Nimm einen gewöhnlichen Stein! Reib ihn eine Weile, und er wird zu scheinen beginnen. Er wird Licht reflektieren. Wenn du ihn einfach unbearbeitet läßt, wird er niemals leuchten. Polierst du ihn noch mehr, läßt du ihn zum Ausdruck bringen, was schon immer in ihm war.
Es gibt an jedem Ort heilige Schwingungen. Es liegt jedoch bei uns, einen heiligen Ort daraus zu machen. Aber selbst wenn es ein heiliger Ort ist und wir die heiligen Schwingungen nicht verstärken, kann es vorkommen, daß der Ort langsam diese Schwingung verliert. Wenn man anfängt, dort Geschäfte zu machen und weltliche Angelegenheiten zu erledigen, wird am Ende diese hohe Schwingung nicht mehr spürbar sein. Die Schwingungen müssen sich verstärken und ausdehnen. Es sind die Menschen, die die bereits an den heiligen Orten bestehenden Schwingungen verstärken, wenn sie mit guten Absichten dorthin kommen und ihre spirituellen Praktiken verrichten. Im Grunde heiligen die Menschen den Ort, wenn sie zur Andacht kommen.
Manche Orte sind sogar schon heilig, bevor Menschen dorthin zur Andacht kommen. Das erklärt sich dadurch, daß dort ein Heiliger geboren wurde oder ein bedeutendes Ereignis im Leben des Heiligen stattfand. Viele heilige Plätze sind Orte, wo Heilige begraben sind. Da die ganze Persönlichkeit mit dieser heiligen Schwingung vibriert, sind ihre Körper nicht eingeäschert. Stattdessen ist der Körper so begraben, daß alles, was der Heilige zu berühren pflegte, und auch sein Körper noch dort ist und weiterhin diese Heiligkeit ausstrahlt. Es ist die Gegenwart des Heiligen, die dem Ort diese Ausstrahlung verleiht.

29. April

Heilige Objekte

Frage: Wenn jemand einen geweihten Gegenstand von einem heiligen Menschen besitzt, wird dieser Gegenstand die heiligen Schwingungen immer behalten?

Sri Gurudev: Das hängt davon ab, wie man ihn behandelt. Wenn man ihn in der richtigen Weise am richtigen Platz aufstellt und ihn nicht verunreinigt, wird er diese Heiligkeit für immer ausstrahlen. Wenn man ihn einfach irgendwohin legt, ohne ihn angemessen zu behandeln, wird er langsam seine Energie verlieren. All diese Gegenstände sind, bewußt oder unbewußt, dadurch aufgeladen, daß der Heilige sie berührt oder benutzt hat. Reliquien und andere Gegenstände haben *tatsächlich* diese Ausstrahlungen. Solange sie mit Ehrfurcht und Respekt behandelt werden, strahlen sie immer stärkere Schwingungen aus.

30. April

Das ist deine Prüfung

Wenn du ein Gelübde ablegst oder eine Entscheidung triffst, erwarte nicht, daß alles glattgeht! Geht alles glatt, wo ist dann der Test, um zu beweisen, daß du an deinem Gelübde festhältst? Du solltest im Gegenteil beunruhigt sein, wenn keine Prüfungen auf dich zukommen.
Wenn du gelobst, keine Süßigkeiten mehr zu essen, wird dich bald jemand zu der verlockendsten und ungewöhnlichsten Einladung auffordern. Wenn du gelobst, jeden Morgen um 4.30 Uhr für die Meditation aufzustehen, wirst du plötzlich so müde sein, und nur noch schlafen wollen.

Wenn du gelobst, deinen Ehepartner wie Gott zu behandeln, wird er oder sie dir am Anfang wie ein Gott erscheinen. Vielleicht wird er oder sie auch ein paar Tage lang wie Gott handeln. Und dann wird dieser selbe Gott sich plötzlich in etwas ganz Schreckliches verwandeln. Selbst dann wanke nicht in deinem Gelübde! Sieh weiterhin Gott in ihm oder in ihr! Das ist deine Prüfung. Wenn du die Prüfung bestehst, ist diese Situation für dich zu einem wichtigen Instrument für dein weiteres spirituelles Wachstum geworden.

Mai

1. Mai

Was ist das Kennzeichen eines gesunden Menschen?

Was zeichnet einen gesunden Menschen aus? Ein gesunder Mensch ist überall glücklich. Er ist überall entspannt – fühlt sich immer wohl und friedlich, innerlich wie äußerlich. Selbst in der Hölle fühlt er sich wohl. Ein gesunder Mensch haßt niemanden und hat gegen nichts eine Abneigung. Vollkommene, allumfassende Liebe kommt von innen. Da ist niemals Spannung, da ist kein Streß und keine Reibung. Das sind die Zeichen wahrer Gesundheit.
Ein Mensch, der gesund ist, verletzt niemanden. Er hat vor niemandem Angst. Er ist nicht nur furchtlos, sondern sieht, daß andere keine Angst vor ihm haben. Das gleiche gilt für Tiere, Pflanzen, einfach für alles. Ein gesunder Mensch hat immer und allein eine liebevolle und reine Ausstrahlung.
Ein wirklich gesunder Mensch betrachtet das Leben wie ein Spiel. Ob man gewinnt oder verliert, es bleibt ein Spiel. Oft vergessen die Menschen das. In gewisser Weise denke ich, daß Verlieren ein besseres Spiel ist. Warum? Wenn du verlierst, erlaubst du, daß der andere gewinnt. Was siehst du, wenn der andere gewinnt? Ein gewinnendes Gesicht. Wenn du gewinnst und der andere verliert? Ein verlierendes Gesicht. Im Verlieren liegt große Freude, wenn du den anderen gewinnen läßt und ein glückliches Gesicht siehst. Wer wird der glücklichste Mensch sein? Derjenige, der den anderen glücklich macht. Das bedeutet, daß unsere Gedanken und Gefühle unter allen Bedingungen gut ausgeglichen sein sollten. Das ist Yoga.

2. Mai

Gib alles, was du kannst!

Frage: Was ist die richtige Haltung eines Angestellten einem Arbeitgeber gegenüber?

Sri Gurudev: Dankbarkeit. Er oder sie beschäftigt dich. Er gibt dir die Gelegenheit zu dienen und kümmert sich um dein Wohlergehen, indem er dir einen Lohn auszahlt. Du brauchst diesen Arbeitgeber. Wenn du nicht da wärst, hätte der Arbeitgeber immer noch einen Betrieb, aber du hättest keine Arbeit. Darum sollte der Angestellte dem Arbeitgeber immer dankbar sein und ehrlich die Aufgaben erfüllen, die ihm übertragen wurden.
Denk nicht immer darüber nach, wieviel der Arbeitgeber dir gibt! Denk darüber nach, wieviel du geben solltest! Gib alles, was du geben kannst! Wenn du das ehrlich tust, wird er dir wohlgesinnt sein. Selbst ein hartherziger Arbeitgeber wird dir alles geben, was du brauchst und vielleicht sogar noch mehr als das, was du brauchst. Auf diese Weise gewinnst du den Arbeitgeber und verdienst nicht nur dein Geld.

3. Mai

Ich sorge für all diese Leute

Frage: Bitte sprechen Sie über die Beziehung zwischen Arbeitgeber und Arbeitnehmer.

Sri Gurudev: Gewissermaßen hängt einer vom anderen ab. Gibt es keinen Arbeitnehmer, so gibt es auch keinen Arbeitgeber. Gibt es keinen Arbeitgeber, so gibt es auch keinen Arbeitnehmer. Der einzige Unterschied besteht in „Geber" und „Nehmer". Darum sollte der Arbeitgeber wissen, daß er nicht überleben kann, wenn er nicht für den Arbeitnehmer sorgt. Seine Überlegung sollte sein: „Ja, es ist eine Gelegenheit für mich, den Menschen zu dienen. Gott hat mir Wohlstand und Intelligenz gegeben, und damit tue ich meine Arbeit. Durch diesen Betrieb sorge ich für all diese Leute." Er sollte spüren: „Ich diene ihnen", nicht „ich helfe ihnen". Gott ist der einzige, der uns allen helfen kann. So dient jeder von uns dem anderen. Und der Arbeitgeber sollte nicht alles Geld nehmen und nach Las Vegas fahren. Das Geld sollte zu den Arbeitnehmern zurückfließen und für ihr Wohlergehen sorgen, damit sie weiterhin arbeiten können. Es ist ein gegenseitiges Geben und Nehmen. Jeder von ihnen, der Arbeitgeber sowie der Arbeitnehmer, sollte an das Wohlergehen des anderen denken.

4. Mai

Steig in ihr Boot!

Frage: Wie erkenne ich den Unterschied zwischen dem „Mit-dem-Strom-Schwimmen" und „Bedingungslosem-Geschehenlassen"?

Sri Gurudev: Hier ist der rechte Maßstab entscheidend. Sei weder zu streng noch zu locker! Wenn du es selbst nicht herausfinden kannst, suche Hilfe bei jemandem, der dir helfen kann! Berate dich mit jemandem, der mehr Erfahrung hat! Jede Situation, in die du gerätst, wird anders sein.
Wenn du „Mit-dem-Strom-Schwimmen" sagst, meinst du den Strom der Welt? Wenn das der Fall ist, dann ist es keine gute Idee. Schwimme nicht einfach mit dem Strom der Welt! Schwimme mit dem Strom der Menschen, die in der richtigen Richtung schwimmen! Schließe dich ihnen an! Steig ein in ihr Boot! Die Gesellschaft, die du wählst, wird dir in vielfältiger Weise helfen.

Um etwas Geld zu verdienen oder um uns zu ernähren, begeben wir uns leider manchmal in eine schreckliche Lage oder in ein falsches Milieu. Wir glauben, unsere Ernährung und das Geldverdienen seien die wichtigsten Dinge im Leben. Das ist nicht der Fall. Sich zu erhalten, seine Maßtäbe höher zu schrauben, anderen zu dienen, den eigenen Frieden zu erhalten – das sind die wichtigsten Dinge im Leben. Um dieser Dinge willen solltest du lernen, alles aufzugeben, was nicht nötig ist, und nur das zu behalten, was nützlich ist.
Wenn du wirklich mit dem Strom Gottes gehen willst, dann tue es bedingungslos! Das erfordert wahren Mut. Sich Gott hingeben ist nicht einfach. Du mußt im positiven Sinne sagen: „Was immer mir geschieht, ist Gottes Wille. Ich bin bereit, es zu vertragen, bereit, es anzunehmen – was immer es ist – gut oder schlecht, wunderbar oder schrecklich.

5. Mai

Wäge deine Worte ab!

Ich empfehle immer, mit gemessenen Worten zu sprechen – und dabei die Extreme des vollkommenen Schweigens und des ununterbrochenen Redens zu vermeiden. Sprich nur, wenn es nötig ist, und selbst dann wäge deine Worte ab! Sprechen erfordert eine Menge Energie. Und unnötiges Sprechen schafft eine Menge Probleme. Du machst dir oft Feinde, wenn du zu viel sprichst.
Gelegentliches Schweigen für einen gewissen Zeitraum ist eine großartige Disziplin. Schweigen ist Gold. Schweigen ist schonend. Ich würde jedem diese Disziplin empfehlen.

6. Mai

Du mußt dich selbst erst festigen

Frage: Kann ein spirituell interessierter Mensch ein harmonisches Leben mit jemandem führen, der kein Interesse an Spiritualität hat? Der Mann, den ich liebe, versteht oder akzeptiert nicht, daß Gott für mich der Mittelpunkt meines Lebens ist.

Sri Gurudev: Du kannst diesen Mann weiterhin gerne haben. Mach dir aber klar, daß du dich selbst erst festigen mußt, bevor du jemandem helfen kannst. Idealerweise sollte dein Lebensgefährte eine ähnliche Denkweise haben wie du, aber wenn du stark genug bist und nicht von seinem Lebensstil beeinflußt wirst, kannst du gut mit ihm zusammenbleiben. Mit der Zeit kannst du ihm helfen. Wenn du aber ungünstig von ihm beeinflußt wirst, bist du noch nicht bereit, dem anderen zu helfen. In diesem Fall solltest du dich erst um dich selber kümmern. Du kannst für ihn beten, aber laß nicht zu, daß er deinen Frieden stört!

7. Mai

Sei unbesorgt!

Die Vorbereitung für den Schlaf ist wichtiger als der Schlaf selbst. Wenn du nach Hause kommst, gehe nicht sofort ins Bett und erwarte einen guten Schlaf für die Nacht! Entledige dich deiner Schuhe, nimm eine warme Dusche und ziehe bequeme Kleider an! So wie du deinen Körper entspannst, entspanne auch deine Gedanken und Gefühle! Sorge dich nicht um morgen! Sei dir bewußt, daß du dein Tagewerk erledigt hast, so gut du konntest! Sprich zu Gott: „Gott, durch Deine Gnade habe ich heute etwas getan, und ich denke, ich habe meinen Tag beendet! Wenn du willst, daß ich morgen etwas tue, dann wirst Du mich aufwecken. Wenn Du meinst, ich hätte meine Arbeit nicht gut erledigt und mehr Probleme geschaffen, dann laß mich länger schlafen! Merke dir, wenn Gott will, daß du am nächsten Tag aufstehst, dann wirst du am nächsten Tag aufstehen. Damit überlaß dich Ihm ganz, und entspanne dich einfach! Das wird nur geschehen, wenn du dich einer höheren Macht anvertraust. Gott schickte dich hierher. Er arbeitet durch dich. Er hat heute Seine Arbeit getan. Er mag dich morgen gebrauchen. Sei unbesorgt wie ein Kind! Lade dir nicht zu viel Verantwortung auf!

8. Mai

Was würden die Leute über dich sagen?

Was würden die Leute über dich sagen, wenn du in dieser Minute sterben würdest? Würden die meisten deinen Tod bedauern und empfinden, daß du ihnen viel geholfen und niemandem geschadet hast, wäre Gott sicher glücklich über dich, und die Himmelspforten stünden dir offen.
Gottes Wohlwollen zu erlangen bedeutet, das Wohlwollen deiner Nachbarn zu bekommen. Gott braucht nicht deine Verehrung und deinen Dienst. Verehre die Schöpfung, und du hast Gott verehrt! Diene der Schöpfung, und du hast Gott gedient!
Laß uns hierüber nachdenken und sehen, wie wir unser Leben ein bißchen besser, ein bißchen friedlicher, ein bißchen nützlicher gestalten können. Ist es nicht nützlich, dann lasse es wenigstens so sein, daß es niemandem schadet! Das Wesen aller Religionen ist folgendes: Sei einfach gut und tue Gutes! Dann wird Gott glücklich über dich sein, und du wirst wahren Frieden und Freude im Leben finden.

9. Mai

Deine einzige Verantwortung

Wenn wir Gottes Willen verstehen wollen, dann kann Gott auf Seine Weise helfen, unser Ego zu unterwerfen. In gewisser Weise hängt das Ego immer vom Geist ab. Wir sind in dieser Beziehung niemals unabhängig. Aber wenn wir uns diesem Geist ganz bewußt unterwerfen, dann sind wir unabhängig, denn dann übernimmt Gottes Wille die Führung. Statt dann zu sagen: „Ich tue es", wird das Ego sagen: „Ich bin ein Instrument. Ich werde von Seinem Willen gelenkt". Du erkennst, daß Er alles tut. Es gibt nichts für dich zu tun. Es gibt keine Verantwortung für dich. Deine einzige Verantwortung besteht darin, daß du dich in Seine Hand begibst und Ihm erlaubst, alles zu tun. Das bedeutet, erlaube dem göttlichen Bewußtsein, durch dich zu handeln!

10. Mai

Der König könnte dich sofort bestrafen

Es gibt ein Sprichwort: „Der König könnte dich sofort bestrafen, wenn du erwischt wirst. Wenn du entkommst, wird Gott dich im richtigen Zeitpunkt bestrafen."
Du kannst dem göttlichen Gesetz nie entkommen. Vergiß das niemals!

11. Mai

Gott ehrt dich

Frage: Wie kann ein Frommer Gott ehren?

Sri Gurudev: Der Herr erwartet keine Verehrung von dir. Wenn du Gott ehren willst, mache Ihn dadurch glücklich, daß du Sein Bild, diesen Teil von Ihm, der in dir wirkt, zum Ausdruck bringst. Begib dich in Seine Hand! Wie die Bhagavad Gita sagt: „Was auch immer du tust, was dich erfreut, welche Askese du auf dich nimmst – im Wesentlichen bringe alles, was du denkst, sprichst oder tust, als Opfer für Gott dar!" Sri Krishna sagt zu Arjuna: „Tue es als eine Opfergabe für mich." Gott fordert nicht von dir, daß du Ihm etwas opferst, was dir gehört. Wenn es dir gehört, warum sollte Er es haben wollen? Die Wahrheit ist, daß uns nichts gehört, nicht einmal unsere Gedanken und unsere Ideen. Alles geschieht dank Seiner ständigen Gegenwart in uns. Ohne Gottes Energie, ohne Gottes Willen kannst du nicht einmal denken. Die Intelligenz, die du zu besitzen scheinst, ist nicht die deine. Sie ist ein Teil der Intelligenz Gottes. Dein Atem ist Gottes Atem. Das Wasser, das du trinkst, gehört Gott. Die Nahrung, die du zu dir nimmst, gehört Gott. Alles gehört bereits Gott. Was kannst du Ihm also opfern? Warum sagte Krishna dann aber: „Tue es als ein Opfer für mich"? Er will damit sagen, „Wenn du *meinst*, daß sie dir gehören, opfere sie mir wenigstens." Aber es ist noch besser anzuerkennen, daß sie dir niemals gehört haben. Schließlich wird dir klar: „Es gibt für mich nichts zu opfern. Andererseits bist *Du* derjenige, der alles durch mich tut. Selbst das Opfer wird von Dir für Dich gebracht." Auf diese Weise ehren wir Gott wirklich. Wenn man die höchste Ebene erreicht, fühlt man: „Alles gehört Dir bereits. Was ist es, das ich Dir opfere? Die einzige Art, Dich zu ehren, ist zu *wissen*, daß Du mich ehrst, indem du mich als Dein Instrument benutzt. In jedem Augenblick kannst Du den Schalter abdrehen. Ich bin dankbar, daß Du mich noch benutzt, daß Du mich nicht wie ein stumpfes Werkzeug ausrangiert hast." Deine Sichtweise dreht sich um einhundertundachtzig Grad. Statt Gott zu ehren, erkennst du, daß Gott dich in jeder Minute ehrt.

12. Mai

Dasselbe für einen und alle

Erleuchtung bedeutet für jeden dasselbe. Scheint die Sonne in Australien anders als in Amerika? Sonne, Licht, Regen und Luft sind dort dieselben wie bei uns. Gibt es einen Schlaf für Männer und einen Schlaf für Frauen, einen Schlaf für Hunde und einen Schlaf für Katzen? Nein, der Schlaf ist immer derselbe. Der Tod ist derselbe. Auch die Erleuchtung ist dieselbe. Sie ist in keiner Weise verschieden von einer Person zur anderen. Der einzige Unterschied besteht darin, daß es beim einen länger dauert als beim anderen, bis sich diese Erfahrung einstellt. Aber die Erfahrung ist dieselbe. Wenigstens sind wir alle darin vereint.

13. Mai

Der schnellste Weg

Frage: Was ist der sicherste, zuverlässigste und schnellste Weg, Gott zu erkennen?

Sri Gurudev: Der sicherste, zuverlässigste und schnellste Weg ist zu erkennen, daß Gott durch dich handelt. In dem Augenblick, wo dir das klar wird, hast du Ihn bereits erkannt. Erkenne, daß du einfach ein Instrument in Gottes Hand bist! Dies ist eine unumstößliche Tatsache. Ich würde nicht einmal sagen, daß du dich selbst in Gottes Hand *begibst*. Wer bist du, daß du gibst? Du bist bereits Sein Instrument. Das solltest du wissen.

14. Mai

Ständig gewinnen ist langweilig

Das Leben ist ein Sport. Alles, was du tust, ist ein Spiel. Spiele jede Partie gut! Kümmere dich nicht um den Wettkampf, spiele einfach, so gut du kannst! Und versuche nicht, immer zu gewinnen! Ständig gewinnen ist langweilig. Behandle alles gleich: Sieg und Niederlage, Gewinn und Verlust! Genieße beides! Wenn du tausend Dollar gewinnst, sage: „Großartig! Ich habe tausend Dollar gewonnen." Und wenn du tausend Dollar verlierst, sage: „Da schau her! Ich habe tausend Dollar verloren. Großartig!" Auf diese Weise wirst du selbst bei einem Verlust von tausend Dollar nicht gleichzeitig den Kopf verlieren. Darum spiele gut, aber sei dir bewußt, daß alles nur ein Spiel ist!

15. Mai

Sauberes Geld

Denke bei der Arbeit nicht dauernd an dein Gehalt. Wenn Gott mit deiner Arbeit zufrieden ist, wird Er dir eine Menge geben. Du wirst dein Gehalt bekommen und noch mehr aus vielen anderen Quellen. Denke an deine Arbeit als an eine Gelegenheit zu dienen und nicht an eine Gelegenheit, Geld zu machen! Wenn du mit dieser dienstbeflissenen Haltung arbeitest, wirst du mit allem, was du tust, sauberes, wohlverdientes Geld bekommen, das dir sicherlich Gesundheit und Glück bringt. Es ist nicht entscheidend, *wieviel* Geld wir verdienen, sondern *wie* wir es verdienen.
Gott weiß die Dinge auszugleichen. Manchmal geraten wir in unerwartete Schwierigkeiten. Du verlierst etwas, zerbrichst etwas oder wirst krank und mußt den Ärzten Hunderte von Dollar geben. Warum? Weil das Geld, das du verdient hast, nicht sauber war,

mußte jemand es dir wegnehmen. Wenn wir sauberes Geld verdienen können, werden wir diese Probleme nicht haben.
Sauberes Geld kommt von ehrlicher Arbeit. Was du gibst, sollte mindestens ein bißchen mehr sein als das, was du bekommst. Das ist es, was man Karma-Yoga nennt. Es wird das Geld, das zu dir kommt, in sauberes Geld verwandeln.

16. Mai

Die Welt wird immer so sein

Erwarte nicht, daß die ganze Welt eines Tages erleuchtet ist! Das wäre so, als kämst du in Detroit in die Automobilfabrik und sähest nur fertige Autos. Wäre die Fabrik voller fertiger Autos, wäre sie keine Fabrik mehr, sie würde zu einem Ausstellungsraum. Genau so wenig würdest du an eine Universität gehen und fragen: „Wann wird es hier nur Menschen mit einem akademischen Grad geben?"
Das Universum selbst ist eine Universität. Die Menschen kommen als Studenten. Sie studieren und lernen. Einige bekommen ihr Diplom und verlassen die Universität. Die Welt wird immer so sein. Glaube nicht, daß eines Tages die ganze Welt erleuchtet ist! Das ist nicht möglich. Es wird immer Menschen geben, die noch lernen. Wenn du die Welt verstehst und deine eigene wahre Natur erkennst, bekommst du das Diplom. Wenn andere sehen, wie du den Frieden und die Freude genießt, weil du dieses Diplom bekommen hast, werden sie durch dich inspiriert und ebenfalls hart arbeiten, um das Diplom zu bekommen. So ist die Welt.

17. Mai

Ich glaube auch an die Medizin

Frage: Greift das Einnehmen von Medikamenten in unser Karma ein?

Sri Gurudev: Ich glaube an das Gebet, aber ich glaube auch an die Medizin. Medizin ist ebenfalls eine Gabe Gottes. Gebet, Medizin und eine bestimmte strenge Diät können gleichzeitig angewandt werden. Selbst die Nahrung könnte als Medizin gegen die durch Hunger verursachten Schmerzen betrachtet werden. Wenn du an das Gebet glaubst, sollte der Hunger einfach verschwinden. Wenn du ißt, warum kannst du dann nicht auch Medizin einnehmen? Gebet ist eine Art des Heilens. Wir können alle möglichen Arten anwenden.

Es ist wichtig, daß du nicht andere alles für dein Wohl tun läßt. Du solltest auch selbst etwas dafür tun. Wenn die Menschen ihre Bittgesuche hierher schicken, fordern wir sie auf, gleichzeitig selbst zu beten. Es ist nicht so, daß „Du tust, was du willst, ich werde für dich beten, und du wirst gesund". Das ist nicht richtig. *Das ist* ein Eingreifen in unser Karma. Die Betroffenen sollten auch eine gewisse Disziplin im Leben befolgen. Die Schmerzen treten auf, um dich an einen höheren Geist, eine höhere Macht glauben zu lassen.

Es ist nicht falsch, eine Arznei für ein Problem zu suchen. Wenn dein Karma so stark ist, wird es selbst mit allen Medikamenten nicht geheilt werden. Dann weißt du, ja, dein Karma ist stärker. Akzeptiere es! Aber wenn jemand kommt und dich fragt: „Soll ich dir helfen?", dann schickt dein Karma dir jemanden zu Hilfe. Akzeptiere es!

18. Mai

Du mußt überzeugt sein

Was du denkst, das wirst du. Darum ist es wichtig, positiv zu denken. Aber wenn du einfach etwas ohne ein Gefühl wiederholst, dann ist es rein mechanisch. Du mußt eine gewisse Überzeugungskraft besitzen: „Ich *werde* fröhlich. Ich *werde* tapfer. Ich werde Tag für Tag besser und besser." Umgekehrt, wenn du sagst: „Oh, ich glaube nicht, daß ich es tun kann. Ich werde schwächer. Ich bin zu nichts gut," dann bleibst du bei den negativen Gedanken. Denke daher darüber nach, mit welcher Art von Nahrung du deine Gedanken fütterst! Gib ihnen gute, kräftigende Nahrung! Gib ihnen kein Gift! Dann werden sie starke Instrumente für das Gute in der Welt.

19. Mai

Gib acht auf die ganz, ganz kleinen Dinge!

Oft meint man, Spiritualität bezöge sich nur auf Großes, und ein Mensch, der den spirituellen Weg beschreitet, müßte Großartiges vollbringen. Er sollte das Singen von Mantren und Kirtans perfekt beherrschen, eine halbe Stunde auf dem Kopf stehen und dreimal täglich meditieren. Das alles ist wunderbar, aber es ist nutzlos, wenn du dich nicht auch um die ganz, ganz kleinen Dinge kümmerst. Spiritualität sollte jede deiner täglichen Handlungen durchdringen. Wenn man das Zimmer eines Menschen betritt und sieht, in welchem Zustand es sich befindet, kann man feststellen, wieviel Unordnung in seinem Kopf herrscht.

20. Mai

Es ist eine starke Saat

In der heutigen Zeit ist die einfachste und beste Praxis die Mantra-Wiederholung. Das ist sehr einfach, aber gleichzeitig sehr stark – stärker als jede andere Praxis. Dein Körper ist vielleicht noch nicht in der Lage, alle Hatha-Yoga-Stellungen auszuführen oder strenge Enthaltsamkeit zu üben. Du magst nicht genug Geld haben, um eine Pilgerfahrt zu unternehmen. Du hast vielleicht keinen großen Altar oder gehst nicht jeden Sonntag in die Kirche, aber du kannst immer ein Mantra wiederholen. Wo du auch bist, was du auch tust, ob du reich oder arm bist – das alles ist gleichgültig. Die Mantra-Wiederholung ist wie das Pflegen von Saatgut. Es ist eine starke Saat, die, wenn sie einmal gesät ist, langsam Wurzeln schlagen und in dir wachsen wird. Am Anfang mußt du sie sorgfältig gießen und düngen. Dann wird daraus ein schöner, großer, göttlicher Baum, der viele Früchte trägt. Bestimmt wird die ganze Welt sich an diesen Früchten erfreuen.

21. Mai

Das Beste, was wir tun können

Mache dich nie und nimmer selber schlecht! Du hast hier eine Aufgabe, und du bist großartig an deinem Platz. Vielleicht weißt du nicht, was diese Aufgabe ist. Es ist gleichgültig, wie du aussiehst, welche Behinderung, welche Statur oder welche Farbe du hast – die Tatsache, daß du hier bist, genügt. Gott hat etwas für dich zu tun. Laßt uns immer in diesem Bewußtsein leben! Laßt uns demütige Werkzeuge in der Hand des Allmächtigen werden! Das ist das Beste, was wir tun können. Um alles Übrige wird Er sich kümmern.

22. Mai

Warum tue ich es?

Sei einfach glücklich, amüsiere dich, genieße das Leben und laß dich in nichts hineinziehen! Wenn ich sage: „Laß dich in nichts hineinziehen!", meine ich damit nicht, daß *jemand anders* dich in etwas hineinzieht. Ich spreche von deiner eigenen Denkweise. Wähle die Art des Vergnügens, die dich nicht bindet! Wenn eine gewisse Art des Vergnügens dir später Unglück bringt, dann ist es überhaupt kein Vergnügen. Unser Ziel ist Freude *ohne Ende*.
Manchmal denken die Leute, daß ein spirituell Suchender oder ein guter religiöser Mensch immer sehr ernst sein müßte. Sie denken, solche Leute könnten keinen Spaß haben und nicht lachen. Das ist keine Lebensart. Leben bedeutet, immer fröhlich, immer glücklich, überglücklich zu sein. Jede Minute sollte ein Vergnügen, ein Fest sein. Das ist nur möglich, wenn du dein Denken diszipliniert und deinen Gedanken nicht erlaubst, Unheil anzurichten.
Sei dir all deiner Handlungen bewußt! Bevor du etwas tust, frage dich: „Wofür tue ich es? Um glücklich zu sein und um Spaß zu haben. Wird der Spaß immer anhalten oder wird er nur kurze Zeit dauern und dann Probleme schaffen? Wird er jemandem schaden? Wie lange kann ich glücklich sein? Wird das Glück ein Ende nehmen? Was ist der Preis, den ich zahlen muß?" Wenn nach all diesen Fragen deine Antwort lautet: „Ja, ich werde immer glücklich sein. Ich werde mich von nichts belästigen und in nichts verstricken lassen!", dann tue es. Denke daran, daß es unsere Absicht ist, das Leben zu genießen und immer glücklich zu sein – nichts weniger als das!

23. Mai

Du bist Geist

Deine wahre Persönlichkeit ist Glück. Sie ist Friede und Liebe. In dem Moment, wo du das vergißt, erwartest du, daß die Dinge von außen kommen. Leider hat das schon ganz am Anfang begonnen. Als Gott Adam schuf, sagte Er zu ihm: „Adam, ich habe dich nach Meinem Bild geschaffen." Das bedeutet, du bist Ich, Ich bin du. Da gibt es überhaupt keinen Unterschied. Hast du Mich jemals unglücklich gesehen? Nein. Genau so wenig wirst du jemals unglücklich sein. Du bist personifizierte Glückseligkeit. Hast du Mich jemals hungrig oder durstig gesehen? Nein. Genauso wirst du niemals hungrig oder durstig sein, denn du bist Geist. Hunger und Durst sind physische Erscheinungen. Der Körper hat diese Erfahrung. *Du* bist nicht der Körper. Du bist nicht einmal der Verstand. Du bist der Geist. Du *bist* Glück, und du kannst dieses Glück immer behalten, wenn du das nicht vergißt."

24. Mai

Betrachte es als eine Herausforderung

Frage: Was sollte jemand tun, dessen Familie gegen seine spirituelle Neigung ist?

Sri Gurudev: Betrachte es als eine Herausforderung und sei dir im klaren, daß Gott auf deiner Seite ist. Du brauchst sie nicht zu hassen. Du solltest es stattdessen als ein gutes Omen ansehen. Gott hat dir einen Prüfer direkt zur Seite gestellt, um zu testen, wie stark du in deiner Überzeugung bist. Er hat natürlich erkannt, daß es dich nach einem spirituellen Leben dürstet, und Er will sicher sein, daß es dir tatsächlich ernst damit ist.

Mußt du nicht am Ende deines Studiums eine schwere Prüfung ablegen? Das ist wahr. Denke darum nicht schlecht von den Menschen! Ein Prüfer ist kein schlechter Mensch. Deine Familie liebt dich so sehr. Wenn sie dir gegenüber negativ zu sein scheint, sei du ihr gegenüber nicht auch negativ. Nur weil ihr zusammen seid, bedeutet das nicht, daß ihr den gleichen Entwicklungstand im Verständnis für das Leben habt. Jede Seele wächst auf ihre eigene Art und Weise. Die anderen mögen in ihrer Entwicklung noch jung sein. Alles, was du tun kannst, ist, Geduld zu haben und anderen durch dein Beispiel zu zeigen, welchen Nutzen du aus deiner spirituellen Arbeit ziehst.

Schließlich werden die anderen dich fragen: „Wie kommt es, daß du so friedlich und glücklich bist, selbst wenn wir häßlich zu dir sind?" Dann kannst du sagen: „Nun, ein bißchen spirituelle Arbeit hilft mir dabei." Das ist genug. Laß es dabei bewenden! Bedränge sie nicht! Laß sie wachsen! Eines Tages könnten sie dich sogar übertreffen. Das passiert sehr häufig.

Setze durch dein positives Vorbild ein gutes Beispiel! Diskutiere nicht! Lasse sie stattdessen sehen, daß dir durch das, was du tust, geholfen wird! Sie werden dich beobachten. Wenn dein eigenes Leben die wunderbaren Früchte deiner Arbeit zeigt, werden sie sagen: „Wir haben dich falsch verstanden. Es tut uns leid. Wir sehen, wie gesund und glücklich dich das gemacht hat." Bis dahin habe Geduld! Als spiritueller Mensch solltest du darauf achten, daß in allen Situationen Harmonie in der Familie herrscht.

25. Mai

Was du gewinnst, solltest du nicht verlieren

Gib niemals auf! Sei dir bewußt, daß dein spirituelles Ziel etwas Großartiges ist. Du bist vom Gipfel heruntergefallen, und du bist zurück auf dem Weg nach oben. Es ist noch großartiger als das

Besteigen des Mount Everest. Sobald die Bergsteiger den Gipfel des Everest erreichen, müssen sie wieder hinuntersteigen. Sie ruhen sich dort niemals aus. Aber bei dem spirituellen Aufstieg bleibst du immer oben, wenn du einmal dort angekommen bist. Das ist der höchste Gipfel. Mache einfach weiter, steige stetig weiter! Wenn du müde wirst, wenn dunkle Wolken kommen, wenn die Sicht schlecht ist, schlage ein Zelt auf! Aber gehe nicht zurück zum Ausgangspunkt! Jedes Mal, wenn du anhalten mußt, schlage ein Zelt auf! Wenn die Bergsteiger nicht weiterkönnen, glaubst du, sie gehen wieder zurück ins Tal und starten am nächsten Tag von neuem? Nein. Was du gewinnst, solltest du nicht verlieren! Wann immer es nötig ist, bleibe stehen, stärke dich, finde deine Kraft zurück, und wenn der Sturm vorbei ist, geh weiter!
Auch der Verstand hat seine Stürme. Manchmal ist der Sturm so heftig, daß nichts zu helfen scheint – nicht einmal das Lesen in den heiligen Schriften oder das Wiederholen des Mantras. Das macht nichts. Gib nur nicht auf! Bleibe im Zelt und warte, bis der Sturm vorüber ist! Fasse einen Beschluß! „Ich werde – egal wie langsam – Schritt für Schritt vorwärts gehen. Ich werde niemals zurückgehen. Selbst wenn ich in diesem Leben nichts erreiche, ist das nicht schlimm. Ich werde im nächsten Leben weitergehen und in dem Leben danach und in dem danach. Nie und nimmer werde ich umkehren!" Diese Art von Mut ist notwendig. Es ist eine große Aufgabe. Das Schwerste auf der Welt ist das Trainieren der eigenen Gedanken und Gefühle.

26. Mai

Eines Tages wird sich die Größe in dir offenbaren

Es lohnt sich um jeden Preis, die Gedanken und Gefühle zu trainieren. Das ist äußerst schwierig. Darum sieht man nicht sehr viele Heilige. Wenn es so leicht wäre, würde man Tausende sehen. Wieviele solcher Heiligen gab es bisher? Du kannst sie leicht zählen.

Sei nicht entmutigt! Glaube nicht, daß du es nicht versuchen solltest. Woher weißt du, ob du nicht eines Tages ein Buddha wirst? Wie weißt du, ob in dir nicht eine Christenheit oder eine Buddhaheit verborgen ist? Eines Tages wird sich ganz plötzlich die Größe in dir offenbaren! Gib nicht auf! Verliere niemals die Hoffnung!

27. Mai

Er hilft dir immer

Durch beides – Freud und Leid – versucht Gott, dich in der richtigen Richtung wachsen zu lassen. Denke immer daran, daß Er hinter allem steht! Er hilft dir immer. Wenn du dein volles Vertrauen in Gott setzt, werden nicht einmal Wünsche in dir wach werden, die dir unnötig schaden könnten.

28. Mai

Erwarte nicht, daß jemand anders alle Arbeit tut!

Frage: Brauchen wir im Krankheitsfall Medikamente, wenn wir an Gott glauben?

Sri Gurudev: Medikamente sind auch eine Gabe Gottes. Gebet, Medizin und eine gewisse Disziplin in der Diät können gleichzeitig angewandt werden. Selbst die Nahrung dient als Medizin gegen den Schmerz, der mit Hunger verbunden ist. Wenn du an das Gebet glaubst, sagst du, daß du keinen Hunger fühlen solltest?

Nein. Wenn du ißt, um den Hunger zu stillen, kannst du auch nötigenfalls einen Vorteil aus der medizinischen Wissenschaft ziehen. Wir können all die Dinge nutzen, die Gott uns gegeben hat, solange wir sie richtig anwenden. Welche Heilmethode du auch wählst, erwarte nicht, daß jemand anders alle Arbeit für dich erledigt! Ein Arzt sollte nicht einfach eine Pille verschreiben und sagen: „Mache weiter wie bisher – rauche, soviel du willst, iß weiterhin zu viel, trinke so viel Alkohol, wie du willst, und mache keine Übungen! Mit dieser Pille wird alles besser werden!" Nein. Wenn nötig, kann der Patient ein Medikament bekommen, aber er sollte die für eine gute Gesundheit notwendigen Veränderungen vornehmen. Wenn die Menschen darum bitten, daß hier für sie gebetet wird, fordern wir sie auf, gleichzeitig selber zu beten. Es ist nicht so, daß „Du tust, was du willst, ich werde für dich beten, und du wirst gesund". Das ist nicht richtig. Das *ist* ein Eingreifen in eines Menschen Karma. Die Betroffenen sollten auch eine gewisse Disziplin im Leben befolgen.
Es ist nicht falsch, eine Arznei für ein Problem zu suchen. Wenn dein Karma so stark ist, wird es selbst mit allen Medikamenten nicht geheilt werden. Wenn das so ist, dann weißt du, ja, dein Karma ist stärker. Akzeptiere es! Aber wenn jemand kommt und dich fragt: „Soll ich dir helfen?", dann schickt dein Karma dir jemanden zu Hilfe. Akzeptiere es!

29. Mai

Es ist eine große Anforderung

Wenn du auf eine Pilgerreise gehst, hängst du vollkommen von Gott ab. Du hängst nicht von deiner Kreditkarte, von deiner Hotelreservierung, von deinen Taxis ab. Von nichts. Du begibst dich in die Hand Gottes. „Gott, ich komme mit völlig leeren Händen zu Dir. Du tust alles, was du willst." Das hat einen großen Vorteil. Erst

jetzt erkennst du, daß Er jede Minute bei dir ist. Du fühlst Gott wie deinen eigenen Atem, deinen eigenen Herzschlag, und die kleinste Ablenkung genügt, um dir das Gefühl Seiner Gegenwart zu nehmen.
Der Heilige Ramakrishna gab dafür ein schönes, sehr einfaches Beispiel. Wenn du eine Nadel einfädeln willst, mußt du alle Fasern des Fadens gleichzeitig einfädeln. Wenn sich auch nur eine kleine Faser widersetzt, wird der Faden nicht durch das Öhr gehen. Alle Fasern müssen gut gedreht und konzentriert sein. Dann ist es leicht, die Nadel einzufädeln.
Wird also auch nur eine kleine Faser von deiner Konzentration abgelenkt oder getrennt, wird sie dich daran hindern, Gott zu erreichen. Es ist sehr schwer, diese Art von Konzentration zu erlangen. Darum sieht man nicht viele große Weise und Heilige auf dieser Welt. Wieviele sind bereit, diese kleinen Ablenkungen für Gott aufzugeben?

30. Mai

Wenigstens solltet ihr wissen, warum ihr Gott nicht schaut

Einst kam ein junger Mann zu Sri Ramakrishna und sagte: „Herr, ich möchte Gott sofort schauen!"
Sri Ramakrishna sagte: „Bevor du Gott schaust, werden wir zum Ganges gehen, und du kannst ein Bad nehmen." Er führte den jungen Mann zum Ganges und sprach: „Gut, tauche unter Wasser!" Aber als er untertauchte, hielt Sri Ramakrishna ihn unter Wasser fest. Sofort begann der Schüler, um Atem zu ringen. Als der Heilige erkannte, daß er nicht mehr länger unter Wasser bleiben konnte, ließ er ihn los.
Wie der junge Mann so keuchend am Ufer stand, fragte Sri Ramakrishna ihn: „An was hast du gedacht, als du unter Wasser

warst? An dein Geld, deine Frau, deinen Sohn, deinen Namen, deine Ehre, deinen Beruf?"
„Alles, was ich gedacht habe, war ein bißchen Luft."
„Aha. Wenn du so an Gott denken könntest, wirst du Ihn sofort schauen."
Jetzt wißt ihr, was für ein konzentriertes Verlangen für Gott erforderlich ist. Ich erwarte nicht, daß jeder direkt diesen Punkt erreicht, aber wenigstens solltet ihr wissen, warum ihr Gott nicht schaut. Ihr könnt niemand anders dafür verantwortlich machen, obwohl die Menschen es manchmal versuchen. Sie beschuldigen die Methode, den Lehrer oder das Mantra. Eigentlich braucht man weder eine Methode noch ein Mantra noch sonst etwas, wenn man diese Art des konzentrierten Denkens hat.

31. Mai

Einheit in der Vielfalt

In Wirklichkeit sind wir alle ein einziges, in der Nichtwirklichkeit sind wir viele. Wir brauchen Wirklichkeit und Unwirklichkeit.* Das Leben besteht zum Spaß, sonst hätte Gott einfach jedermann mit den gleichen Gedanken erschaffen können. Alles ist Gottes Wille. Nichts geschieht ohne Seinen Willen. Er erlaubt dieses Chaos. Warum? Er muß gedacht haben: „Erst durch diese chaotische Situation werden sie wirklich nach Frieden verlangen. Wenn Ich ihnen dann den Frieden gebe, werden sie ihn auch tatsächlich schätzen können."

*Wirklich ist im spirituellen Denken Indiens nur das Ewige, Unveränderliche. Alles, was sich verändert, d.h. sowohl körperliche, materielle, physische Dinge, wie auch die Gedanken und Gefühle, sind unwirklich, weil vergänglich – nicht ewig (Anm. d. Übersetzerin).

Darum suchen wir nach Frieden. Wir haben genug Kämpfe und Probleme erlebt. Wenn dir das klar wird, kannst du direkt bei dir zu Hause anfangen. Liebe deine Familie, deine Tiere, deine Pflanzen! Behandle sie nicht als etwas von dir Verschiedenes! Sie haben dieselbe Essenz, denselben Geist.

Wollen wir die Einheit in der Vielfalt aufzeigen, können wir gleich hier Zuhause mit unseren Töpfen und Pfannen beginnen. Du magst dich über deinen Mann oder deine Frau ärgern, aber knall nicht den Topf auf den Tisch! Sei freundlich! Sieh denselben Geist in allem! Das ist die Einheit in der Vielfalt. Es gibt auf dieser Welt nichts ohne Leben. Sei freundlich, sei nett, sei liebevoll! Sieh dein eigenes Selbst in allem, und behandle alles korrekt! So zeigt man die Einheit in der Vielfalt auf sichtbare und kraftvolle Weise. Eine wahre spirituelle Erfahrung bedeutet, die Einheit in der Vielfalt zu sehen.

Juni

1. Juni

Friede ist Gott

In der Bhagavad Gita sagt Krishna: „Denke immer an Mich!" Wenn Er sagt, „Denke an Mich", sollte es als „Denke an Gott" verstanden werden, denn es ist Gott, der im Namen Krishnas spricht. Also „Denke an Gott"; aber wie kannst du an Gott denken, ohne zu wissen, was Gott ist? Wir wissen nicht, was Gott ist. Alles, was wir *über* Gott wissen, ist nicht wirklich Gott. Wir denken nur in Begriffen, die dem entsprechen, was wir gehört oder gelesen haben, und was wir vermuten. Was ist Gott nach der Auffassung des Yoga? Friede. Gott ist Friede. Darum denke immer an den Frieden! Das bedeutet, du sollst daran denken, daß immer Friede in dir ist. Denke an dein positives Wesen! Versichere dir immer: „Ich bin friedlich, ich bin fröhlich!" und handle dementsprechend! Wenn du stets so denkst, wirst du nicht hinter materiellen Dingen herlaufen, um glücklich zu sein. Das ist der Gedanke, an den wir uns ständig erinnern sollten. Alle anderen Gedanken beruhen darauf, daß wir diese Wahrheit vergessen haben.

2. Juni

Du bist, was du denkst

Du bist, was du denkst. Denke immer daran! Hast du unlautere Gedanken, dann ist dein Körper krank, dann sind deine Gedanken und Gefühle krank, dann ist dein Leben krank. Du magst alle Arten von Medikamenten im Hause haben, Hunderte von Ärzten mögen sich um dich kümmern. Aber sie können dir nicht helfen, wenn du deinen Körper mit falschen Gedanken vergiftest. Wie du denkst, so wirst du. Gedanken sind äußerst wichtig.

3. Juni

Was ist ein Gelübde?

Was ist ein Gelübde? Ein Engagement oder die Verpflichtung, die du selbst eingehst. Du beschließt, etwas zu tun, gewissen Grundsätzen zu folgen, und das wird dein Gelübde. Du legst ein Gelübde ab. Ein Eheversprechen ist eine Verpflichtung. Ein Ordensgelübde ist eine Verpflichtung. Sogar Freundschaft ist eine Verpflichtung. Das Leben selbst ist eine Verpflichtung.

Wenn du ein Gelübde ablegst und ehrlich versuchst, es zu halten, und merkst, daß du es nicht kannst, brauchst du dich deswegen nicht schuldig zu fühlen. Denn fühlst du dich schuldig, verlierst du den Mut, und die Kraft deiner Gedanken wird geschwächt. Wenn du aber jemandem ein Versprechen gibst und das Versprechen nicht hältst und dadurch das Leben eines anderen beeinträchtigst, wirst du dich sicherlich schuldig fühlen, und es wird sich auf dein Karma auswirken.

Ohne Verpflichtung im Leben können wir niemals wachsen. Eine Verpflichtung gibt dir die Möglichkeit, dein Denken zu üben und deine Gedanken zu beherrschen. Du wirst Herr über deine Gedanken und Gefühle. Wer möchte die Verpflichtung brechen? Der Verstand. Der Verstand begehrt auf. „Ich will das nicht tun!" und folglich gibst du auf. Wo immer du hingehst, was immer du tust, der Verstand wird immer dieselbe Neigung haben. Denke, bevor du springst! Dann spring, und das war's. Bleibe dabei, was auch immer es ist! Du solltest deinen dynamischen Willen einsetzen: „Ja, ich habe beschlossen, es zu tun. Ich werde es tun. Ich werde niemals aufgeben!" Die dynamische Entscheidung selbst wird dir helfen, Erfolg zu haben.

4. Juni

In der Einheit sein, bedeutet Furchtlosigkeit

Ein furchtloser Mensch ist jemand, der Gott fürchtet. Was bedeutet „Furcht vor Gott"? Furcht vor Gottes Gesetz oder dem Kosmischen Gesetz. Das besagt, du kennst das Kosmische Gesetz, du weißt, welche Handlungen welche Folgen nach sich ziehen, und du hast Angst, eine falsche Handlung zu begehen. Furcht ist für diesen Zweck geschaffen. Wenn du immer das Rechte tust, wirst du feststellen, daß du vor nichts Angst zu haben brauchst. Du wirst furchtlos. Darum beginne mit der Furcht und werde schließlich furchtlos!
Die Furcht ist notwendig. Wenn du in die Nähe einer Flamme kommst, weißt du, daß sie dich verbrennen kann, und du bist vorsichtig. Das ist es, was man Furcht nennt. Das Falsche kennen und es vermeiden, das nennt man Furcht. Wenn du in jedem dein eigenes Selbst siehst, ist das der wahre furchtlose Zustand. Siehst du dein Selbst in anderen, hast du keine Angst vor ihnen. Verwirklichst du diese Einheit, erhebst du dich vollkommen über die Furcht. Solange die Dualität besteht, hast du Angst. Manchmal hast du Angst vor deinem eigenen Körper oder deinen eigenen Gedanken und Gefühlen, denn du siehst sie als etwas von dir

Verschiedenes an. Dualität, zwei bedeutet Furcht. Eins bedeutet keine Furcht. Diese spirituelle Einheit gilt es zu erkennen. Bis dahin leben wir in der Angst.

5. Juni

Gebete und positive Gedanken helfen immer

Frage: Wie sollen wir beten? Es scheint ein Widerspruch zwischen vollem Vertrauen in Gottes Willen und dem Gebet für einen Menschen oder für eine Situation zu bestehen.

Sri Gurudev: Es ist dasselbe. Da besteht kein Widerspruch. Aber du solltest den Zweck deines Gebets verstehen. Du sagst nicht zu Gott: „Gib mir das!" Wenn du fühlst, daß du um etwas bitten mußt, sprich: „Bitte gib mir das rechte Verständnis. Gib, daß ich immer daran denke, daß Du alles lenkst, daß Du mir das gibst, was ich verdiene, und daß Du mir niemals etwas geben wirst, das ich nicht verdiene." Gibt dir Gott nur etwas, wenn du es gefordert hast, was für ein Gott ist das? „Nur weil zehn Menschen für dich beten, weil ich zehntausend Unterschriften bekommen habe, darum gebe Ich dir das." Nein. Aber wenn zehntausend Menschen Mitleid mit einer Person haben und für sie beten, werden all diese Wunschgedanken ihr helfen.
Gute Gedanken und Gefühle erreichen immer diejenigen, die sie aus tiefster Seele erflehen. Diejenigen, die tatsächlich diese guten Gedanken auch verdienen, werden sie empfangen. Wir streuen nur die Saat aus. Wenn die Menschen wissen, daß so viele für sie beten, gibt es ihnen Kraft, und ihnen wird geholfen. „So viele Menschen beten für mich. Ich sollte wirklich geheilt werden. Sie alle schicken mir gute Gedanken." Gebete und positive Gedanken helfen immer.

6. Juni

Ich habe keine Angst, ich habe keine Angst, ich habe keine Angst

Frage: Stehen der Welt große Katastrophen, vielleicht sogar ein Atomkrieg bevor? Und wenn ja, was geschieht mit jeder einzelnen, sich entfaltenden Seele?

Sri Gurudev: Kommen wir zuerst zu der Frage: „Stehen uns Katastrophen bevor?" Die Antwort lautet: „Vielleicht!" Du wolltest das Jahr und das Datum wissen? Gut: „Vielleicht morgen." Denke daran, was Gott geschaffen hat, kann auch zerstört werden! Vergiß das niemals! Was zusammengefügt wurde, wird eines Tages getrennt werden. Aber mach *du* nicht den ersten Schnitt. Wenn er jemals gemacht werden muß, laß den Einen, der es zusammengefügt hat, diesen Schnitt tun. Und mache dir keine Gedanken wegen der Katastrophen! Wenn etwas geschehen muß, laß es geschehen! Es ist alles in Seiner Macht.
„Ich habe keine Angst, ich habe keine Angst, ich habe keine Angst. Selbst wenn die ganze Milchstraße zusammenbricht und mir auf den Kopf fällt, habe ich keine Angst." Das war der Gesang eines großen heiligen Dichters namens Bharati. Sorge dich nicht um morgen! Heute gibt es keine Katastrophe. Warum sich darum Sorgen machen? Genieße die goldene Gegenwart!

7. Juni

Wenn du mit Gott kommunizieren willst

Der erste erschaffene Ton ist OM. Gewissermaßen manifestiert sich der unmanifestierte Gott zuerst als OM. Wenn du also mit Gott, der als der Ton OM vibriert, in Verbindung treten willst, solltest du in der Lage sein, diese Schwingung zu empfangen, indem du dein Herzradio auf dieselbe Frequenz einstellst. Das Radio sollte auf dieselbe Frequenz eingestellt werden wie die Sendestation. Gott überträgt Seine Energie, Seine Schönheit, Seine Liebe, Seine Gnade, alles über diese OM-Frequenz. Wenn du sie empfangen willst, wie solltest du dein Radio einstellen? Auf dieses OM! Darum ist die Mantra-Meditation eine sehr wichtige Praxis. Alle anderen Praktiken sind zweitrangig verglichen mit der Mantra-Wiederholung. Die Mantra-Wiederholung ist der direkte Weg, sich auf diese kosmische Schwingung einzustellen. Selbst wenn du keine andere Praxis befolgst, solltest du die Mantra-Wiederholung nicht vernachlässigen. Das allein wird dir viel helfen. Jeden Tag solltest du wenigstens dreimal – morgens, mittags und abends – wenn nicht öfter, diesen Ton durch dein Mantra wiederholen. Dann stellst du dein Radio immer so ein, daß es auf einer bestimmten Wellenlänge bleibt.

8. Juni

Was ist Reinheit des Herzens?

Was ist Reinheit des Herzens? Ein Herz voller Ruhe, voller Frieden. Ruhige und ausgeglichene Gedanken und Gefühle sind das, was man Reinheit des Herzens nennt. Ausgeglichen sein zwischen den Dualitäten, zwischen dem Auf und Ab, zwischen Freud und Leid, zwischen Gewinn und Verlust. Sind die Gedanken und Gefühle frei von Hektik und Turbulenz, kann der Seher seine eigene Natur erkennen. Ist dein Herz rein und ruhig, kannst du Gott in diesem ruhigen Herzen reflektiert sehen.

9. Juni

Du brauchst gegen nichts allergisch zu sein

Wenn du den Körper gesund erhältst, kann er sich an jedes Wetter anpassen. Du brauchst nicht vom Wetter abhängig zu sein. Viele Menschen beklagen sich über Allergien. Dauernd sagen sie: „Ich bin allergisch gegen dieses, ich bin allergisch gegen jenes." Allergie ist nichts, was von außen kommt. Allergie kommt von schlechter Gesundheit. Wenn dein Körper stark genug ist, brauchst du gegen nichts allergisch zu sein.
Denke an all die Menschen, die in tropischem Klima leben, wo es heiß und feucht ist! Glücklicherweise ist der Körper in der Lage, jede Situation anzunehmen, ihr standzuhalten und sich ihr anzupassen, weil er so beschaffen ist. Wieviele Menschen vergiften ihren Organismus, und ihr Körper verkraftet es? Der Körper verträgt selbst Rauchen und Alkohol.
Halte den Körper in gutem Zustand! Das bedeutet, trainiere den Körper und iß die richtige Nahrung in der richtigen Menge! Vor allem aber übe dich in positiven Gedanken!
Wenn du dich dauernd über Krankheiten beklagst, wirst du krank werden. Wie du denkst, so wirst du. Denkst du „ich bin schwach, ich bin schwach, ich bin schwach", wirst du bestimmt schwach werden. Erlaube deinem Denken niemals, sich über etwas Sorgen zu machen!

10. Juni

Darum kann er den Elefanten anhalten

Es war einmal ein König, der hatte einen schönen Elefanten. Der Wärter führte den Elefanten jeden Tag zum Baden an den Fluß. Als er ihn eines Tages zum Palast zurückbrachte, kam ihnen ein

kleiner Junge entgegen. Er hielt den Rüssel des Elefanten fest und sagte: „Halt! Schau auf den Weg, auf dem du gehst!" Der Elefant hielt an. „Gehe langsam und vorsichtig!", sagte der Junge zu dem Elefanten. Er ließ den Rüssel los, und der Elefant ging weiter. Als der Elefant am nächsten Tag an der selben Stelle vorbeikam, lief der Junge herbei, hielt ihn wieder an und tadelte ihn. Das geschah mehrere Tage hintereinander.
Der Wärter konnte nicht verstehen, was sich da ereignete. Er erzählte es dem König, der einen Minister aussandte, um den Jungen zu prüfen. Nach ein paar Tagen kam der Minister zurück, um dem König Bericht zu erstatten. „Majestät, ich habe den Jungen beobachtet. Er lebt bei seiner Großmutter. Er ist einfach ein verspielter kleiner Junge. Er scheint völlig normal zu sein, aber er hat vor nichts Angst. Darum kann er Euren Elefanten anhalten. „Das kann ich nicht glauben," sagte der König. „Was meinst du damit?"
„Majestät, jemand, der vor nichts Angst hat und sich um nichts Sorgen macht, kann alles erreichen."
Der König wollte, daß der Minister ihm einen Beweis für diese Ansicht lieferte. Es gab nur eine Möglichkeit, das zu beweisen: der Junge mußte sich wegen irgendetwas Sorgen machen. Der Minister ging zu der Großmutter des Jungen. Nachdem er gehört hatte, daß der Junge alles tun durfte, was er wollte, fragte er sie: „Hat er dich jemals um etwas gebeten und es nicht bekommen?"
„Nein, ich habe ihm alles gegeben, was er haben wollte. Er ist einfach ein unbekümmerter Junge."
„Hat er vor irgend etwas Angst?"
„Nein, vor gar nichts."
Der Minister mußte dem König seine Theorie beweisen. Darum sagte er: „Gut, wenn er heute nach Hause kommt, gib ihm wie gewohnt sein Essen, aber salze es etwas weniger! Stellt der Junge dir deswegen eine Frage, sage ihm, du hättest nicht genug Geld, um Salz zu kaufen. Darum wärest du sparsam mit dem umgegangen, was dir noch geblieben wäre."
Die Großmutter sagte: „Wenn der König möchte, daß ich das sage, werde ich es tun."
Als der Junge abends nach Hause kam, setzte sie ihm sofort sein

Abendessen vor. Nach ein paar Bissen sagte der Junge: „Großmama, was ist das? Es schmeckt heute nicht." Die Großmutter wiederholte, was der Minister ihr gesagt hatte, und der Junge antwortete: „Gut, Großmutter, ich werde dir etwas Salz besorgen." Er lief ins Geschäft und bat den Verkäufer, ihm etwas Salz zu geben. Der Verkäufer erklärte ihm, daß er ihm kein Salz geben könne, wenn er dafür kein Geld bekäme.
„Und wo kann ich Geld bekommen?" fragte der Junge:
„Du mußt dafür arbeiten."
„Ich weiß nicht, wie man arbeitet."
„Dann kannst du auch kein Salz bekommen."
Der Junge war etwas deprimiert. Er ging nach Hause: „Großmama, ich weiß nicht, was ich tun soll. Er will, daß ich arbeite und Geld verdiene, damit ich das Salz bezahlen kann. Ich weiß nicht, wie man arbeitet."
„Gut, mein Junge," sagte die Großmutter. „Das macht nichts. Geh schlafen! Wir werden morgen darüber sprechen."
Der Junge ging zu Bett, aber er konnte die ganze Nacht nicht schlafen. Am nächsten Morgen kam der Elefant wie gewöhnlich, und wie gewöhnlich versuchte der Junge, ihn anzuhalten, aber er konnte es nicht. Der Elefant stieß ihn beiseite und ging weiter. Alles, woran der Junge dachte, war: „Ich konnte kein Salz für mein Essen bekommen." Diese kleine Sorge hatte ihn seiner ganzen Kraft beraubt.

11. Juni

Hunderte von Sorgen

Wieviele Wünsche hast du? Um wieviele Dinge machst du dir Sorgen? „Ich habe dieses nicht." „Ich habe jenes nicht bekommen." „Ich habe nicht so ein schönes Büro." „Ich bekam nicht das Auto, das ich haben wollte." „Ich habe keine Klimaanlage." „Ich

bekam das Essen nicht, das ich bestellt hatte." Es gibt alle möglichen Arten von überflüssigen Ärgernissen. Hunderte und Aberhunderte von Sorgen. Wie kannst du mit solch einer Einstellung selbst einen kleinen Grashalm aufheben?
Die Gedanken und Gefühle sind die Hauptquelle für Gesundheit und Glück. Sie sind aber auch in der Lage, dich deiner Gesundheit und deines ganzen Glücks zu berauben, wenn du sie nicht richtig trainierst. Hitze, Nässe, Kälte, Hunger – all diese Zustände sind unbedeutend, wenn du ruhig und ausgeglichen bist.

12. Juni

Es ist Gottes Kind, das dir anvertraut wurde

Die erste und oberste Pflicht einer Mutter ist ihr Kind. Alles andere kommt danach. Eine schöne Seele wurde dir anvertraut. Du solltest alles für das Wohl des Kindes opfern. Vernachlässige das Kind nicht, um anderen Verpflichtungen nachzukommen! Alles andere ist nichts verglichen damit. Alle anderen Verpflichtungen sollten zur Erfüllung dieser Pflicht führen; du vernachlässigst diese Pflicht auf keinen Fall, um anderes zu tun! Die Welt kann warten. Das Kind braucht dich. Die Welt braucht dich vielleicht gar nicht. Kümmere dich um das Kind! Und wenn du deine Verantwortung kennst und denkst: „Ja, Gott hat mir diese Gelegenheit gegeben. Ich muß es tun, und ich werde es tun!", dann wirst du Kraft bekommen. Gott gab das Kind in deine Obhut, und Er wird dir genug Kraft geben, um diese Pflicht auch zu erfüllen. Er ist kein Dummkopf, der das Kind schwachen Händen anvertrauen würde. Du magst deine eigene Stärke nicht kennen. Gott wird ein Kind niemals einer Mutter oder einem Vater überlassen, wenn sie nicht für das Kind sorgen können. Darum mache dir klar, daß du die Kraft hast. Glaube daran, gehe und kümmere dich um den kleinen Engel! Erziehe das Kind zu einem schönen, geistigen Kind Gottes!

13. Juni

Schrei um Hilfe!

Wenn du Gottes Hilfe brauchst, sei ganz spontan. Wenn dir nach Schreien zumute ist, dann schrei! Schreie um Hilfe! Alle Gebete der großen Heiligen waren im wahrsten Sinne des Wortes Hilferufe an Gott: „Gott, sei mir gnädig!"
Wenn du das auch nur einmal aus ganzem Herzen sagst, kannst du sicher sein, daß du Seine Hilfe sofort bekommst. Gott weiß, ob du ehrlich um Hilfe rufst oder nicht. Wenn du Gott suchst, solltest du wissen, daß nichts anderes dir helfen wird. Aufrichtiges Gebet kommt erst, wenn du alles andere aufgegeben hast, wenn du genau weißt, daß nichts außer Gott dich retten wird. Solange du dich auch nur ein bißchen auf dich selbst verläßt, wird Gott abwarten.

14. Juni

Langsam löst sich der Griff

In Indien trinken die Leute im Sommer viel Kokosnußwasser. Sie machen einfach ein kleines Loch in die Kokosnuß und trinken die Flüssigkeit, die sich im Inneren befindet. Im Inneren gibt es auch noch einen guten, schmackhaften Gallert, den weichen Kern der Nuß, bevor er hart wird. Aber man braucht ein großes Buschmesser, um die Schale zu öffnen. Manchmal haben die Leute nicht so ein Messer. Darum trinken sie nur das Wasser und werfen den Rest der Kokosnuß weg.
Wenn die Affen so eine weggeworfene Kokosnuß sehen, wissen sie, daß im Innern etwas Gutes zu finden ist. Einer von ihnen steckt langsam die Hand hinein und greift nach dem weichen Kern. Aber wenn er versucht, die Hand herauszuziehen, steckt sie fest. Merkt ihr was? Die Hand ist jetzt eine Faust, die den Kern

umklammert, und sie ist größer als in dem Augenblick, als sie hineinfaßte. Der Affe schreit und rennt herum, aber er hält immer noch den Kern fest. Manchmal wird sein Handgelenk sogar verletzt und blutet. Trotzdem gibt er nicht nach, weil er so darauf versessen ist, die Köstlichkeit zu genießen. Er hält den Kern immer noch fest, läuft weiter herum und schreit und schreit.
Schließlich wird der Affe müde und hört auf zu rennen, aber er hält den Kern immer noch fest. Am Ende, wenn er so erschöpft ist, daß er nichts mehr tun kann, löst sich der Griff langsam, und die Hand rutscht heraus.
Viele von uns sind wie diese Affen. Sie halten an etwas Gewohntem fest und sagen: „Ich will nicht, ich will nicht, ich habe genug davon, ich möchte weg!" Wenn du wirklich einer Sache müde bist, wirst du sie loslassen.

15. Juni

Der Tag wird zur Nacht, die Nacht wird zum Tag

Habe niemals vor etwas Angst! Jemand, der Angst hat, stirbt in jeder Minute. Behalte das im Gedächtnis! Sei dir bewußt, daß Veränderung ein Teil der Natur ist! Die Dinge werden immer kommen und gehen, sich verbinden und sich trennen, neu entstehen und wieder zerbrechen. Das sieht man jeden Tag. Die Sonne geht auf und geht wieder unter. Der Tag wird zur Nacht, und die Nacht wird zum Tag. Erinnere dich daran, daß selbst nach Katastrophen das Leben weitergegangen ist! Und es geht immer noch weiter.
Wie groß ist deine Welt? Denkst du, es sei eine große Welt? Wenn du deine Welt mit dem gesamten Kosmos vergleichst, sei dir bewußt, daß sie nicht einmal dem Hundertstel eines Senfkorns entspricht. Weißt du, wieviele Welten wie diese irgendwo auf der Milchstraße zerfallen, während ich deine Frage beantworte? In

jeder Minute fallen Sterne vom Himmel, werden Planeten zerstört und wieder neu geschaffen. Ich erinnere mich daran, daß einmal jemand einen Wissenschaftler fragte: „Wie groß ist unsere Welt? Wieviele Galaxien gibt es im ganzen Kosmos.?" Weißt du, was er geantwortet hat? In der Nähe saß ein schöner großer, zottiger Hund mit langen Haaren, und der Gelehrte sagte: „Wenn du den Hund bis auf die Haut scherst und dann die Haare in winzig kleine Stücke zerschneidest und diese Stücke zählst, wirst du ein Hundertstel der gesamten Galaxien im Kosmos gezählt haben." Kannst du dir eine solche Zahl vorstellen? Der Verstand kann das nicht einmal im Ansatz begreifen.
Darum mache dir keine Sorgen um diese Veränderungen! Heute bist du glücklich, und es geht dir gut. Und wenn du etwas tun kannst, damit es einem anderen Menschen auch gut geht und er glücklich ist, dann tue es! Kannst du es nicht, mache andere wenigstens nicht unglücklich durch Gedanken an Katastrophen und dies und jenes. Selbst wenn alles zerschellt, wirst *du* bleiben. Was ist dieses „du"? Das unvergänglich Eine, die Seele, dein Bewußtsein, das man das Selbst nennt. Das bleibt immer, weil das Bewußtsein sich niemals verändert. Das Bewußtsein ist immer da, aber es drückt sich auf verschiedene Weise aus und gebraucht verschiedene Formen, die mit verschiedenen Namen benannt werden. Genau wie das Selbst bist auch du unsterblich. Habe vor nichts Angst! *Du* bist ewig.

16. Juni

Alles hängt davon ab, ob du es glaubst oder nicht

Frage: Wie wissen wir, ob es Gottes Wille ist, wenn wir eine Münze werfen, um eine Entscheidung zu treffen?

Sri Gurudev: Du wirfst nur die Münze. Du läßt sie nicht auf diese oder jene Seite fallen. Die Münze fällt von allein auf die Kopf- oder auf die Zahlseite. Denke einfach, daß das Herabfallen in Gottes Hand liegt! Das Werfen der Münze ist deine Sache. Das Auf-die-richtige-Seite-Fallen ist Seine Sache. Das gesamte Leben ist ein Spiel. Wenn du wissen willst, auf welche Seite du dich bei einem Spiel schlagen sollst, was tust du? Du wirfst eine Münze, um zu entscheiden, wer in welcher Gruppe ist. Tennisspieler drehen ihren Schläger. Selbst in diesem sogenannten modernen, wissenschaftlichen Weltraumzeitalter werfen wir immer noch Münzen. Was bedeutet das? Es bedeutet, daß es eine unsichtbare Kraft gibt. Die Dinge ereignen sich nicht einfach in einer unkontrollierten Art und Weise. Jemand kontrolliert sie. Darum hängt es davon ab, ob du daran glaubst, daß jegliche Bewegung von einem höheren Willen kontrolliert wird oder nicht. Wenn du es glaubst, dann ist es Gottes Wille. Wenn du es nicht glaubst, ist es der Deine.

17. Juni

Die leichteste Lehre

Ob du ein guter Schüler oder ein geistiger Mensch bist, hängt weder davon ab, ob du über ein großes Wissen verfügst, ob du deine Asanas beherrschst oder ob du gut Mantren oder Kirtan singen kannst. Diese Dinge sind zweifellos alle gut, aber darauf kommt es nicht an. Hast du sie – gut. Aber das wahre Zeichen des geistigen Lebens ist dein Wissensdurst. Du schreist nach Gott.
In den Upanishaden steht: „Nicht durch viele Taten, nicht durch Buchwissen, nicht einmal durch Wohltätigkeit oder Nachkommenschaft, nicht durch all das können wir diese große Wahrheit, das unsterbliche Prinzip, erlangen, sondern nur durch völlige und totale Entsagung, durch absolute Hingabe." Ein Verstand, der vollkommen frei ist von jeglichem „ich, mir, mein" ist die eine und ein-

zige Voraussetzung. „*Tyagat shantir anantaram.*" Das bedeutet, daß Gott in der Form von *shanti* – Friede – immer in dir wohnen wird. Und du kannst das nur erfahren, wenn du in deinem Leben *tyaga* – Hingabe – besitzt. Entsage der Selbstsucht! Das ist die Lehre. Alles andere ist nur da, um den Schüler zu beschäftigen. Wenn du eines Tages kommst, und Ich sage: „Das ist alles. Gib die Selbstsucht auf, und du wirst das Selbst erkennen!", dann wirst du antworten, „Was soll das? Ich ging zu ihm, und ich wollte etwas lernen. Er sagte nichts anderes zu mir und schickte mich fort. Er lehrte mich weder die Heiligen Schriften noch Hatha-Yoga. Ich lernte niemals den Kopfstand." All diese Dinge bestehen nur, um dich mit etwas zu beschäftigen, damit du nicht in schlimme Umstände gerätst. Aber nichts davon wird dir helfen, die höchste Wahrheit zu erkennen, solange du nicht die Selbstsucht aufgibst.

18. Juni

Es ist besser, schnell zu lernen

Selbst wenn du durch deinen Egoismus die ganze Welt gewinnst, wirst du nicht glücklich sein. Du kannst es nicht sein. Egoismus kann dich niemals glücklich machen. Manchmal magst du bekommen, was du willst, aber deine Selbstsucht wird es verderben. Gewissermaßen ist es das, was wir aus all den Enttäuschungen im Leben lernen. Jedes Mal, wenn du dich an eine Sache, an einen Menschen oder an eine Handlung mit einem egoistischen Motiv heranmachst, bekommst du im wahrsten Sinne des Wortes einen Schlag auf den Kopf. Leider lernen viele Leute nichts aus einem einzigen Schlag und selbst nicht aus hundert Schlägen. Andererseits lernen sensible Menschen ihre Lektion, wenn sie sehen, wie andere geschlagen werden.
Glaube nie, daß es dich nicht treffen wird! Du wirst die Lektion lernen müssen. Solange du sie nicht gelernt hast, wird es immer

und immer wieder passieren. Mutter Natur hat einen großen Stock, um dich anzutreiben: „Komm her, lerne dieses, lerne jenes!" Schließlich wirst du sagen: „Ja, ja, ich lerne, ich lerne."
Du solltest daran denken, daß es die Hand von Mutter Natur ist, die hinter all diesen Enttäuschungen steht. Darum ist es besser, schnell zu lernen – je früher, desto besser – damit du den Rest deines Lebens in Freude und Frieden verbringen kannst.

19. Juni

Die beste Art der Hingabe

Am besten tritt man mit dem höheren Selbst oder Gott in Kontakt, wenn man sagt: „Ich denke an Dich, ich wiederhole Deinen heiligen Namen. Ich versuche, die heiligen Schwingungen in mir zu entwickeln. Das ist alles, was ich weiß. Und mir ist klar, daß Du alles andere weißt. Ich bitte um nichts. Ich weiß nicht einmal, um was ich bitten sollte. Ich könnte sogar um etwas Falsches bitten, um etwas, das mir nicht hilfreich wäre. Oder ich könnte um zu wenig bitten, und Du würdest sagen: „Das ist also alles, was du haben willst? Selbst wenn Du mir mehr geben möchtest und ich bitte um wenig, wirst Du mir nur das geben. Darum überlasse ich es Dir. Du weißt, was das Beste ist. Wenn Du denkst, daß ich etwas richtig oder falsch mache, wirst Du es mich wissen lassen. Du bist wirklich der Vater der Väter, und der Vater weiß alles am besten. Ich putze mein Haus und bereite es auf Dein Kommen vor, damit Du Dich darin niederlassen kannst. Bitte komm und gib, was immer Du möchtest, wann immer Du möchtest und wie immer Du es möchtest! Ich überlasse all das Dir."
Das ist die beste Form der Kommunikation. Wir sollten nichts fordern, nichts erwarten und selbst nichts erträumen. Sage einfach: „Ich tue meine Arbeit. Ich weiß, Du tust die Deine." Das ist die beste Art der Hingabe.

20. Juni

Wer umarmt sie jetzt?

Einst wurde ein hübsches junges Mädchen von einem Skorpion gestochen. Das geschah abends auf einem Berg. Die Klinik lag tausend Stufen tiefer im Tal. Auf dem Berg waren vor allem Mönche und Menschen, die ein spirituelles Leben anstrebten, und sie versuchten, herauszufinden, was zu tun sei. Das Mädchen lag auf dem Boden und weinte. Und ihre Mutter weinte auch. Ein Mann, der der Welt entsagt hat, darf kein Mädchen berühren. Darum wollten die Mönche eine Bahre oder etwas Ähnliches holen, um sie zu befördern. Wie sie so überlegten und planten, sagte ich: „Das ist alles Unsinn." Ich ergriff sie, legte sie auf meine Schulter und rannte den Hügel hinunter in die Klinik. Der Doktor gab ihr sofort eine Spritze, worauf sie sich beruhigte und einschlief. Aber alle Anwesenden begannen zu lästern: „Seht mal, dieser Swami. Wie konnte er das Mädchen so tragen? Schaut nur, wie er sie an sich preßte." Vier oder fünf Tage lang dauerte das Gerede und erreichte schließlich meinen Gurudev, Swami Sivanandaji. Bei seiner nächsten Ansprache sah er die *Sannyasis* an und sagte: „Wer umarmt das Mädchen jetzt? Ihr oder er? Es ist wahr, er trug sie den Hügel hinunter und brachte sie in die Klinik. Aber ihr alle tragt sie jetzt noch immer."

21. Juni

Er gibt dir, was du willst

Kürzlich las ich einen guten weisen Spruch: „Wenn Gott dich strafen will, gibt Er dir alles, was du erbittest." Er gibt dir, was *du* haben möchtest, selbst wenn es nicht gut für dich sein mag. Leider wissen wir immer noch nicht, was wir erbitten sollten. Wir wollen viele, viele Dinge. Wir wollen all die Dinge, die uns Probleme schaffen. Darum sind wir die Ursache unserer Probleme. Wenn jemand ein Problem hat, sagt man: „Das Problem hat er sich selber angelacht." Wir wissen nicht einmal, um was wir bitten sollen. Das beste Gebet wäre: „Gott, ich weiß nicht, um was ich bitten soll. Ich kann sogar um etwas Falsches bitten. Ich bin noch ein Kind. Als guter Vater und gute Mutter weißt du, was für mich nützlich ist. Du gibst mir, was ich brauche. Bitte gib mir nicht, was ich haben will! Ich werde alles akzeptieren, was du mir gibst. Und ich werde akzeptieren, was du mir wegnimmst. Du bist der Gebende, und Du bist der Nehmende." Wenn du zuläßt, daß Gott dir die Dinge nimmt, wenn es Ihm gefällt, wirst du im Leben nie einen Fehler machen.

Was ist Gottes Aufgabe? Dir das angemessene Ergebnis für deine Handlungen vor Augen zu führen. Das ist das Gesetz der Natur. Warum erlaubt Gott dann, daß Menschen, die Gutes tun, leiden müssen und solche, die Schlechtes tun, das bekommen, was sie wollen? Jene Menschen sind jetzt gut, aber vorher waren sie es nicht. Und die anderen haben einmal etwas getan, um das zu verdienen, was sie jetzt bekommen, obwohl es vielleicht schon sehr lange her ist. Das ist ein wichtiger Punkt, den wir im Westen übersehen. Wir fangen aber langsam an zu verstehen: „Ja, wir haben vorher gelebt, und wir werden auch danach noch leben. Vor der Geburt gab es Leben, und auch nach dem Tod wird es weitergehen. Die Seele ist unsterblich. Sie geht einfach durch verschiedene Körper, um mehr Erfahrungen zu sammeln. Du trägst all deine vergangenen Handlungen und ihre Folgen in dir.

22. Juni

Deine guten Taten werden später gute Folgen haben

Was wir im letzten Leben verdient haben, bringen wir mit in dieses Leben. Und in diesem Leben verdienen wir mehr. Haben wir vorher viel Schlechtes getan und unter den Folgen gelitten, dann haben wir gelernt: „Ich sollte nichts Schlechtes tun." Jetzt bist du ein guter Mensch, aber das bedeutet nicht, daß all die schlechten Dinge, die du vorher getan hast, in Zukunft vergessen sind. Nein. Du mußt dich ihnen stellen. Du bist jetzt gut, du warst vorher schlecht. Darum sind deine Leiden das Ergebnis deiner früheren schlechten Taten. Deine guten Taten werden später gute Folgen haben. Aber wenn du nicht daran glaubst, wirst du sagen: „Warum denn muß ein guter Mensch so leiden? Schau, der schlechte genießt sein Leben." Er war vorher gut, darum genießt er all das jetzt. Wenn er nicht die Zeit hat, sich den Folgen seiner jetzigen Taten in diesem Leben zu stellen, wird er sich ihnen bestimmt im nächsten Leben stellen. Das ist das Gesetz des Karma. Niemand kann dem entgehen.

Gott ist also nicht für das Karma verantwortlich. Gottes Verantwortung besteht lediglich darin, zu sehen, daß du das erntest, was du säst. Das ist alles. Wenn du den Finger ins Feuer hältst, wird es dich verbrennen. Das Feuer ist dafür nicht verantwortlich. Es ist die Bestimmung des Feuers zu brennen. Du kannst das Feuer für einen guten oder einen schlechten Zweck gebrauchen. Das liegt bei dir. Darum laßt uns Gott nicht die Schuld für alles geben! Gott ist eine neutrale Energie, genau wie die Elektrizität. Schließe eine Lampe an, und du bekommst Licht. Halte deinen Finger in den Stecker, und du bekommst einen Schlag. Du kannst die Elektrizität nicht als gut oder schlecht bezeichnen. Man kann sie für viele Zwecke gebrauchen.

23. Juni

Diene einem und allen!

Frage: Was ist die beste Art, Gott zu dienen, wenn man ein weltliches Leben führt?

Sri Gurudev: Diene einem und allen! Damit wirst du Gott gedient haben. Verliere nicht eine einzige Gelegenheit, anderen zu dienen! Diene, diene, diene, und du wirst sehen, daß man auch dir dient!

24. Juni

Das wird dir viele Probleme ersparen

Kannst du gewisse Dinge nicht ändern, dann beruhigst du dein Herz am schnellsten, wenn du sie sofort akzeptierst. *„Kita dayin, vetana mara"* ist ein schöner Spruch in Tamil, der besagt, „Wenn du es nicht bekommen kannst, vergiß es sofort!" Behältst du das im Gedächtnis, wird es dir viele Probleme ersparen. Wenn du etwas verdienst, laß es kommen! Akzeptiere, was immer dir von Gott gegeben wird, und akzeptiere, was immer dir von Gott genommen wird!

25. Juni

Was ist der Himmel?

Der Himmel ist ein Ort, wo Liebe, nichts als Liebe herrscht. Wahre, kosmische, allumfassende Liebe. Die Menschen lieben einander, wie sie sich selber lieben. Sie lieben die Tiere, die Pflanzen und alle Dinge um sie herum. Sie lieben sogar ihre Abfalleimer. Das ist es, was der Himmel ist. Jeder lebt wie in einer großen Familie, ohne ein „Mein" oder ein „Dein", sondern nur mit einem „Unser". Es ist Gottes Heim, und alle fühlen, daß sie Kinder dieses Heimes sind. Alles gehört allen. Jeder kümmert sich um alles. Es ist ein kollektives Leben. Ist auch nur eine Person unglücklich, kümmert sich jeder um sie und sorgt dafür, daß sie bald wieder glücklich wird. Unser Besitz gehört allen, unser Geld gehört allen, unsere Küche gehört allen, unsere Schule gehört allen. In gewisser Weise gehört jedem alles. So leben die Menschen im Himmel. Wenn wir so leben könnten, hätten wir hier bestimmt den Himmel auf Erden. Und das ist genau das, was ein Leben in Yoga bedeutet. Ein gemeinschaftliches Leben führen. Über jegliche Selbstsucht erhaben sein. Jedermanns Freud und Leid teilen. Natürlich kann so etwas nicht über Nacht geschehen. Es würde großer Anstrengung bedürfen, weil wir erzogen sind in dem Bewußtsein des „Ich, mir, mein, das gehört mir, das gehört dir". Wir müssen all das langsam aufgeben.

Wir haben unsere Unabhängigkeit, unsere Individualität, aber unsere Unabhängigkeit sollte nicht die Unabhängigkeit anderer behindern. Verschiedene Individuen leben zusammen wie Blumen in einem Strauß. Sie sind anscheinend verschieden, aber sie haben ein gemeinsames Bestreben: einander zu dienen und gemeinsam der Menschheit zu dienen. Das ist unser Ziel. Was immer wir tun, es sollte in diesem Licht erscheinen.

26. Juni

Wir können immer glückselig sein

Was immer du bist, sei zufrieden! Das klingt gut, ist aber nicht leicht. Wenn du zufrieden bist, wird alles einfach von selbst geschehen. Du brauchst gar nichts zu *tun*. Jemand tut alles durch dich. Du brauchst dich wegen nichts zu beunruhigen, selbst wenn du einen Fehler machst. Stell dir vor, *du* tust dein Bestes und machst dabei dennoch einen Fehler. Dann machst du eben einen Fehler. Wenn du denkst: „Nicht ich habe *mein* Bestes getan, sondern jemand anders tat es durch mich, und jemand anders machte den Fehler", dann bist du nicht verantwortlich für das Gute oder das Schlechte, das du getan hast.

Genau gesagt, niemand hier tut etwas. Es gibt nur einen Handelnden, die Kosmische Intelligenz, die alles tut und durch jedermann wirkt. Sie ist es, die mich hierher brachte und euch mir zuhören läßt – einfach weil die Vorstellung weitergehen muß. Wenn wir das verstehen können, wird das Leben ein wahrer Himmel für uns, und wir werden immer glückselig sein.

27. Juni

Ein Esel ist ein Esel

Unsere wichtigste Aufgabe ist, anderen zu dienen. Wenn du beim Helfen denkst, daß du dich etwas ausruhen müsstest, um besser helfen zu können, dann gehe und ruhe dich aus! Du machst diese Ruhepause doch mit der Absicht zu helfen. So solltest du essen, schlafen, ruhen, baden und alles andere tun. Du nimmst ein Bad mit guter Seife nicht nur, um dich zu reinigen. Du mußt mit einem sauberen Körper hierher kommen, damit du andere nicht durch schlechten Geruch störst. Es ist zum Wohl der anderen, daß du deinen Körper reinhältst. Es ist zum Dienst an anderen, daß du zu Mittag ißt. Es ist, um anderen morgen zu helfen, daß du dich heute abend ausruhst. Wir sollten denken: „Alles, was ich tue, zielt darauf ab, anderen zu helfen. Mein *Alles* ist für andere." Können wir das in unserem täglichen Leben beherzigen, brauchen wir uns um uns selbst keine Sorgen zu machen. Das übernehmen bereits die anderen.

Selbst wenn man übereifrig noch mehr helfen möchte, ist das eine falsche Einstellung. Das ist Egoismus. Du solltest nur in der Weise helfen, in der es dir möglich ist. Versuche nicht, dich aufzuspielen! Gib nicht vor, mehr leisten zu können als es dir möglich ist! Ein Papagei kann zu dir sprechen, aber ein Esel kann das nicht. Ärgert sich der Esel darüber? Nein. Er ist glücklich als Esel. Er braucht den Papagei nicht nachzumachen und dann zu jammern: „Ich kann nicht einmal singen oder etwas aufsagen." Wenn du als Esel geschaffen wurdest, sei glücklich als Esel, denn du hast eine Aufgabe. Wenn du als etwas anderes geschaffen wurdest, sei glücklich damit!

28. Juni

Du wirst deine wahre Natur erkennen

Sei dir bewußt, daß du bereits jetzt frei bist! Du bist niemals gebunden. Es ist Unwissenheit, wenn du glaubst, du seiest gebunden. Als reines Selbst bist du niemals gebunden. Das wahre Selbst ist ewig rein, unveränderlich, unsterblich und kann nicht verunreinigt werden. Es ist immer friedlich. Aber du siehst nicht dein wahres Selbst. Du siehst das Bild deines wahren Selbst im Spiegel deiner Gedanken und Gefühle. Wenn sie durcheinander geraten, wird das Bild verzerrt. Durch sie nimmt das Bild, das wir uns von unserem Selbst machen, bestimmte Eigenschaften an. Eine davon ist scheinbar unsere Unfreiheit. Du schaust dieses Bild an und sagst: „Siehst du, ich bin nicht frei." In Wirklichkeit aber bist *du* immer frei. Wenn du dennoch das Gefühl hast, du müßtest dich befreien, dann solltest du deinen Verstand von der Selbstsucht befreien, welche alle diese Verzerrungen hervorruft. Befreie dich von deinem Ego, von dem Ich-Gefühl, das dir das Haben-Wollen einredet: „Ich will diese Dinge." „Ich muß alles haben." Befreie dich davon! Dann wirst du immer friedlich sein. Du wirst das wahre Wesen deines eigenen Selbst erkennen.

29. Juni

Du kannst ihn flüstern hören

Wenn dein Glaube und deine Hingabe groß genug sind, kann Gott zu dir sprechen, und du kannst Seine leise Stimme in dir vernehmen. Das ist nichts Außergewöhnliches. Aber du mußt dich einer Sache vergewissern: Gott ist nicht der einzige, der zu dir spricht. Da ist noch eine andere Stimme in dir, die dir auch etwas zuflüstert. Dies ist dein Ego. Du kannst die Stimme deines Egos hören. Nun stellt sich natürlich die Frage: „Wie kann ich die beiden voneinander unterscheiden?" Dafür gibt es einen Prüfstein. Wenn Gott dir etwas sagt, ist es zu deinem Nutzen und ebenfalls zum Nutzen der anderen. Wenn Gott dich bittet, etwas zu tun, wird niemand Schaden nehmen. Es ist gut für alle. Wenn aber dein Ego etwas sagt, ist immer etwas Unaufrichtiges, eine Spur von Selbstsucht dabei. Zuerst mußt *du* etwas bekommen. „Kümmere dich nicht um die anderen. Nimm es!" Ja. Das ist der Prüfstein. „Ist es selbstsüchtig, oder ist es selbstlos? Ist es zum Nutzen oder zum Nachteil der anderen?" Wenn es jemandem schadet, würde Gott es niemals zu dir sagen. Gott liebt alle gleichermaßen. Er hat kein Interesse daran, jemanden zu verletzen, um dich glücklich zu machen. Behalte das im Gedächtnis!
Gott spricht zu dir auch durch dein Gewissen. Das Gewissen in dir, in mir und in jedem anderen wird sich nicht voneinander unterscheiden, da es bei jedem von demselben Gott kommt. Wenn du manchmal nicht weißt, welche Stimme die richtige ist, kannst du daher zu jemandem gehen, von dem du glaubst, daß er Gottes inneren Rat beherzigt. Aber vorher vergewissere dich, daß diese Person die Führung Gottes aufrichtig befolgt.

30. Juni

Wir haben Gefallen an der weißen Schrift, weil dahinter eine schwarze Tafel ist

Gib vorübergehenden Depressionen keinen Raum! Die Dinge kommen und gehen. Nichts ist von Dauer auf dieser Welt. Selbst unser Körper kommt und geht. Früher hattest du einen jungen Körper, jetzt hast du einen erwachsenen Körper. Eines Tages wirst du einen alten Körper und am Ende sogar einen toten Körper haben. Aber jetzt *hast* du noch einen Körper. Es ist der Körper, der all diese Wandlungen durchmacht. *Du* bist unsterblich. Identifiziere dich mit diesem wahren Du, dem wahren „Ich"!

Wenn du Fußball spielst, schießt du den Ball durch die Gegend. Der Ball bewegt sich in alle Richtungen, aber du spielst das Spiel. Du freust dich über seine Bewegung. Halte es mit deinen Gedanken genau so wie mit dem Ball! In welche Richtung sie sich auch bewegen, freue dich daran!

Damit wir uns auch an der schönen Schrift auf einer Tafel erfreuen können, sollte die Tafel schwarz und die Kreide weiß sein. Du kannst dich an der weißen Schrift erfreuen, weil der Hintergrund schwarz ist. Vergiß das nicht! Nur weil du Schmerzen kennst, kannst du auch Freude empfinden.

Wir wissen und erkennen dies. Sei dir dieser Wahrheit immer bewußt! Denke daran, wann immer du deprimiert bist! Spring auf und schüttle die Depression ab und sage: „Ich bin stark wie ein Löwe! Das geht alles wieder vorbei. Ich habe das früher durchgemacht, und ich weiß, es wird vorübergehen." Du kannst dich selbst heilen. Es gibt im Verstand eine herrlich, mächtige Instanz, die dich von jedem Problem befreien kann. Nütze diese Instanz, diese brillante, hell leuchtende Instanz! Laß dich nicht von der anderen Seite des Verstandes unterkriegen!

Juli

1. Juli

Lebe wie ein Lotus im Wasser!

Der Lotus gilt als eine besonders heilige und göttliche Blume, und das nicht nur wegen seiner Schönheit, sondern auch wegen seiner Eigenschaften. Die Lotusblume wächst in sehr flachen Gewässern, meist in sumpfigen Gegenden. Obwohl sie aus dem Schlamm und Sumpf kommt, erhebt sie sich als eine schöne Blume, die im Wasser lebt, ohne davon berührt zu werden. Die Lotusblume wird auch als Beispiel für Menschen angeführt, die in der Welt ein spirituelles Leben führen möchten. Man sagt: „Lebe wie eine Lotusblume im Wasser!" Das Lotusblatt befindet sich im Wasser, aber es wird nicht vom Wasser benetzt. Wenn du es abpflückst, ist es vollkommen trocken. Es wird niemals naß. Läßt du etwas Wasser darauf fallen, läuft es in kleinen Perlen ab.
Der Mensch sollte wie ein Lotus leben: in der Welt sein, ohne von ihr beeinflußt zu werden. Du solltest stets deine natürliche Schönheit zum Ausdruck bringen, selbst wenn du an einem unreinen, schmutzigen Ort lebst. Nichts von außen sollte dich in Mitleidenschaft ziehen.
Der Lotus ist ein Symbol der Liebe und auch der Hingabe. Wenn du ein Bild der Göttinnen Lakshmi oder Saraswati siehst, stehen sie immer auf einem Lotus. Dort, wo Buddha seinen Fuß hinsetzte, erschien ein Lotus, und er hatte festen Boden unter den Füßen. Die Füße eines Heiligen werden „Lotus-Füße" genannt.
Die Lotusblume dreht ihre Blüte immer der Sonne entgegen. Das bedeutet, daß sie sich stets dem Licht zuwendet und ständig Licht empfängt. So kann man sagen, daß sie eine erleuchtete Blume ist.

2. Juli

Brachten sie uns die Freiheit?

Im Endeffekt suchen wir alle das Glück, und das kann nicht ohne Freiheit erfahren werden. Wir betrachten Glück als Gott. Jeder Mensch und jedes Ding sucht das Glück. Aber das ist nicht etwas, das von außen kommt. Das Glück ist schon in uns und muß erfahren werden. Niemand kann uns die Freiheit, kann uns das Glück bringen. Die Gründerväter Amerikas verfaßten die Unabhängigkeitserklärung, aber brachten sie uns die Freiheit? Brachten sie uns das Glück? Sie konnten es nicht. Sie konnten uns nur führen, so wie alle großen Männer und Frauen es tun. Wir müssen dieser Führung folgen. Die Erklärung ist ein schöner Ausdruck uralter religiöser Wahrheit. Wir sind alle nach dem Bilde Gottes geschaffen, sagt die Bibel. Wenn wir diese innere Freude erfahren wollen, müssen wir uns aus unserer selbstgeschaffenen Knechtschaft befreien.

Niemand auf der Welt ist daran interessiert, dich zu binden. Selbst wenn jemand daran Interesse hätte, er *könnte* es nicht. Es ist völlig in deiner Hand, ob du abhängig oder frei bist. Abhängigkeit ist keine Realität. Wenn du glaubst, du wärst gebunden, bist du gebunden. Wenn du glaubst, du wärst in diesem Augenblick frei und daß du von Urzeiten nie gebunden warst, *bist* du frei. Du fühlst diese Freiheit. Darum muß die Freiheit oder die Freude an der Freiheit aus deinem klaren Denken kommen – nicht aus dem Denken, daß du gebunden bist. Wer ist ein freier Mensch? Derjenige, der ein Interesse daran hat, sich von selbstgeschaffener Abhängigkeit zu befreien.

3. Juli

Hisse deine Flagge!

In gewisser Weise wollten die Gründerväter Amerikas, daß das ganze Land wie Yogaville wäre. Das war ihre Absicht. Und natürlich wollten die Gründerväter das *hier* in Amerika. Die weisen und heiligen Gründer aller großen Religionen wollten diese Art von Freiheit und Unabhängigkeit oder die Befreiung des ganzen Universums. Sie forderten nicht einmal: „Laßt die Amerikaner frei sein!", sondern sagten: „Laßt *alle* frei sein. Möge jeder und alles sich der Freiheit erfreuen!" Aber da wir natürlich nicht in dieser Größenordnung vorgehen können, sollten wir zunächst im Kleinen beginnen und uns dann immer weiter ausdehnen. Das ist es, was wir hier zu erreichen versuchen.

Jeder einzelne ist Yogaville. Jeder hat im Inneren Probleme. Jeder muß im Inneren Besprechungen abhalten. Alle äußeren Besprechungen erfolgen schließlich im Inneren. Genau wie die Mitglieder des Komitees zusammensitzen und die Probleme analysieren, analysiert jeder seine eigenen Probleme. Aus diesem Grund sollten eure Energien wirklich angehoben werden. Darum ist die erste und wichtigste Aufgabe das Hissen der Flagge. Die Flagge ist nichts anderes als die Gesamtheit des Bewußtseins, wo die *Kundalini* zum *Kronenchakra* aufsteigt. Ihr erweckt die *Kundalini*, laßt sie sich entfalten und durch euren Fahnenmast – eure Wirbelsäule – aufsteigen! Die Schnur, an der ihr zieht, um die Flagge hochzuziehen, ist euer Atem. Eine Schnur geht nach unten, die andere geht nach oben: es ist der ein- und ausströmende Atem. Hebt eure Energien an! Ihr könnt nichts analysieren und keine Lösungen finden, wenn eure Energien niedrig sind.

4. Juli

Faßt einen Entschluß an diesem besonderen Tag*!

Ihr wollt alle hoch hinaus. Ihr wollt die Unabhängigkeit, die Freiheit, das Glück, aber ihr wollt nichts dafür tun. Wenigstens an einem Tag wie diesem solltet ihr euer Interesse und euren einst gefaßten Entschluß neu bekräftigen und wissen, daß niemand im Leben etwas erreicht, ohne sich dafür einzusetzen! Selbstloser Dienst ist gut. Aber sogar um den Dienst mit der richtigen Einstellung und mit der richtigen physischen Energie zu verrichten, müßt ihr euch auch körperlich und gedanklich darauf einstellen! Wenn die Batterie schwach ist, läuft eure Quarzuhr nicht genau. Ihr müßt eure Batterie aufladen! Hier setzt die persönliche Arbeit ein. Nehmt euch Zeit, um eure Uhr aufzuziehen, und dann könnt ihr sie den Tag über ablaufen lassen. Es scheint, das Gegenteil ist der Fall. Durch eure Aktivitäten werdet ihr aufgezogen. Ihr solltet ablaufen. Faßt einen neuen Entschluß: „Ja, ich werde meine Flagge wehen lassen. Laß sie meine Fahnenstange entlang nach oben gelangen – und das durch meine tägliche Yoga-Praxis!" Haltet die Stange gerade durch die Yoga-Stellungen. Zieht an den Schnüren durch die richtige Atmung! Hißt die Flagge des Bewußtseins! Dann braucht ihr nichts anderes mehr zu tun. Das Ergebnis wird sich einstellen.
An diesem schönen Tag ist es mein aufrichtiger Wunsch und mein Gebet, daß ihr euch alle wirklich bemüht, diese Freude der Freiheit zu erfahren!

*4. Juli = Unabhängigkeitstag Amerikas (Anm. d. Übersetzerin)

5. Juli

Wir empfangen entsprechend unserer Einstellung

Alle Gedanken, die die gesamte Welt denkt und früher gedacht hat, sind bereits im kosmischen Gedankengut enthalten und warten darauf, von dir angezapft zu werden. Wenn du an etwas denkst, wirst du im wahrsten Sinne des Wortes eine Empfangsstation. Alle gleichartigen Gedanken kommen zu dir. Es ist nicht so, daß du etwas Neues schaffst. In Wirklichkeit gibt es nichts Neues. Nichts kann geschaffen und nichts kann zerstört werden. Niemals hat jemand etwas Neues gedacht. Wir empfangen dauernd. Und wir empfangen entsprechend unserer Einstellung. Die Musik ist da, aber wenn du den falschen Sender einstellst, wirst du atmosphärische Störungen bekommen. Beides ist da. Du nennst es „Störung", weil du es nicht haben willst, aber es ist da. Die Musik ist auch da. Darum stellen wir einfach auf Empfang. Es geschieht manchmal, daß sich auch ohne unser bewußtes Zutun der Empfänger auf eine bestimmte Station einstellt, und dann sagst du: „Oh, ich erfahre etwas Neues. Ich habe noch niemals daran gedacht!" Es kommt einfach zu dir, selbst ohne deine bewußte Bemühung, weil dein Denken auf diese Frequenz stößt und sie zufällig empfängt. Deine Gedanken sind nichts anderes als ein Teil des kosmischen Gedankenguts, und ein Teil dieses Gedankenguts wird durch dich aktiviert.

6. Juli

Du hast vor nichts Angst

Es ist nicht möglich, eine allumfassende Antwort auf die verschiedenen Arten der Angst zu geben. Aber der wesentliche Grund für die Angst ist das ungenügende Wissen um unser wahres Selbst, das unvergänglich und unsterblich ist. Wird das erkannt, besteht keine Angst mehr vor dem Tod. Und hast du erst einmal die Angst vor dem Tod überwunden, hast du vor nichts mehr Angst.

7. Juli

Ihr solltet glücklich darüber sein!

Wenn alles, was von außen kommt – Geld, Freunde, Familie, Name, Ansehen –, euch glücklich machen würde, brauchte man keine Kirchen, Synagogen, spirituelle Zentren oder Religionen. Niemand brauchte die Bibel zu lesen. Warum? Ihr wäret glücklich mit eurem Geld und auch mit euren Freunden. Warum hättet ihr etwas anderes nötig? Darum sollte all das euch unglücklich machen! Es tut mir leid, das zu sagen. Es ist etwas hartherzig. Alles muß euch schließlich betrügen und enttäuschen und so schwer schlagen, daß ihr zu Gott zurückkehrt. Und das ist es, was mit einem ernsthaft Suchenden geschieht. Das ist Gottes Wille.
Gewissermaßen werden Menschen, die nicht bereit sind, Gott zu erkennen, sogar versucht sein, materiellen Dingen nachzujagen. Und sie werden hier und da ein Stückchen Glück erfahren. Wenn die Menschen echte Freude an der Außenwelt finden, ist das ein Beweis dafür, daß Gott es nicht eilig mit ihnen hat. Das ist wahr. Hat Gott es mit euch eilig, wird Er bald euer Mißfallen an allen Äußerlichkeiten erregen. Wenn ihr die Lebensgeschichte von Heiligen verfolgt, werdet ihr sehen, daß sie in dem Augenblick, in dem sie das Gottesbewußtsein erlangten, in alle Arten von Problemen gerieten, in Leiden auf Leiden. Warum? Gott sagt: „Du hast Mich gewollt, du sollst schnell zu Mir kommen, darum laß Ich dich von jedermann verletzen, damit du bald zu Mir kommst." Fühlt euch darum nicht schlecht, wenn euch das passiert. Ihr solltet glücklich darüber sein!

8. Juli

Sage mindestens ein gutes Wort!

Der große heilige Dichter, Subramuniya Bharati, sagte einmal: „Kommt, ihr Leute! Laßt uns einen Tempel bauen! Alle, die viel Geld haben, bringen haufenweise Geld oder Gold. Diejenigen, die wenig Geld haben, bringen kleine Münzen. Und diejenigen, die nicht einmal eine Münze haben, sollten mindestens ein gutes Wort sagen." Nicht jeder kann es sich leisten, große Geldbeträge zu spenden. Wenn du nicht einmal eine Münze geben kannst, sitze nicht herum und sage etwas Negatives, wie „Ach, das ist ja alles Unsinn!" Schon dadurch, daß du nichts Negatives sagst, kannst du deinen Beitrag zu etwas leisten.

9. Juli

Ihr solltet einen Tag der Erinnerung einhalten*!

Nur eine Kerze, die angezündet ist und brennt, kann andere Kerzen entzünden und Licht abgeben. Wenn ihr nur dasitzt wie nicht brennende Kerzen und euch stundenlang Vorträge über das Licht anhört, wird in euch kein Licht entzündet. Ihr müßt kommen, die Lampe berühren, und es muß ein Funke auf euch überspringen, bevor euer Licht brennt! Das ist die Aufgabe der Schüler. Nachdem ihr eine brennende Kerze gesehen habt, solltet ihr hingehen, euch verbeugen und dann die Verbindung herstellen! Sobald ihr das erreicht habt, arbeitet an euch und macht euer Leben heller! Da ihr euch daran erinnert, daß ihr das Licht von einer anderen Kerze erhalten habt, werdet ihr diesem Licht natürlich dankbar sein.

* Der Vollmond im Juli ist der Gedenktag aller Heiligen und Gurus (Anm. d. Übersetzerin)

Darum widmen wir jedes Jahr einen besonderen Tag der Erinnerung an die großen Meister, Weisen und Heiligen. Sie sind lodernde Fackeln. Wir berühren sie in der ein oder anderen Weise und erhalten einen kleinen Funken. Wir verbeugen uns vor diesen großen Weisen und Heiligen, bringen ihnen unsere Dankbarkeit zum Ausdruck und können dadurch noch mehr bekommen. Wir erweisen unserer Mutter unsere Dankbarkeit am Muttertag und unserem Vater am Vatertag. Ebenso zeigen wir unsere Dankbarkeit dem spirituellen Lehrer oder dem Guru, der uns schließlich hilft, das letzte Ziel zu erreichen: die Wahrheit oder Gott oder das innere Licht.

Darum ist Guru Poornima oder der Tag aller Propheten nicht nur ein Feiertag. Er ist ein Tag der Erinnerung, und er ist unbedingt einzuhalten. Haltet diesen Tag der Erinnerung ein, und er wird Früchte tragen! Möge der Segen aller großen Weisen, Heiligen und Meister euch begleiten, um euer Leben heller, friedlicher, gesünder und glücklicher zu machen! Möget ihr eurerseits diesen Segen mit allen anderen Lebewesen teilen, so daß wir eines Tages einen wahrhaft gesegneten Himmel auf dieser Erde schaffen!

10. Juli

Nichts ist unmöglich

Frage: Manchmal können Krankheiten nicht durch eine Behandlung gelindert werden. Sind wir für eine bestimmte Zeit krank, weil es unser Karma ist? Wie wissen wir in diesem Fall, wann die Zeit vorüber ist?

Sri Gurudev: Ist deine Krankheit vorbei, weißt du, daß deine Karma-Periode vorüber ist. Dauert sie an, solltest du verstehen, daß das Karma noch anhält. Das ist einfach, nicht wahr? Aber schiebe nicht immer alles auf das Karma! Karma wurde dir nicht von jemand anderem gegeben. Niemand schafft für dich Karma. Du hast die Fähigkeit, es zu tilgen und zu läutern. Sei dir grundsätzlich darüber im klaren: „Es ist mein Karma. Ich habe es erworben, und ich kann es beseitigen. Ich kann damit fertig werden. Niemand anders ist für mein Karma verantwortlich." Dann kannst du ruhig daran arbeiten. Hier entsteht die Herausforderung. Was ist stärker, das Karma oder du? Wenn du mehr Energie aufbringst als dein Karma, kannst du es sicher überwinden. Wenn deine Energie aber nicht ausreicht, scheint das Karma zu gewinnen. Dennoch hat es seine eigene Zeitspanne. Nachdem du deinen Lohn erhalten hast, ob er nun angenehm oder schmerzlich war, wird es gelöscht und verschwindet. Habe daher Vertrauen und arbeite daran.

Im Falle schlechter Gesundheit denke darüber nach! Was hast du getan, um deiner Gesundheit zu schaden? Nimm die nötigen Veränderungen vor! Es kann lange dauern. Brauchtest du Jahre, um diesen Zustand zu erreichen, dann kannst du nicht erwarten, daß das Problem in ein paar Tagen gelöst ist.

Nimm dir Zeit und sei geduldig! Nichts ist unmöglich. Du kannst dich selbst heilen, weil *du* die Krankheit geschaffen hast. Jetzt kannst du deine Gesundheit schaffen. Du bist ihr Meister. Gib niemals auf! Faste! Verändere deine Diät! Bete! Die beste Form der Heilung ist das Gebet. Die physische Behandlung allein reicht nicht aus. Habe glückliche und zufriedene Gedanken und Gefühle! Die beste Medizin für jede Krankheit ist das Lachen.

11. Juli

Du bist schon mit deinem Frieden und deiner Freude vermählt

Beziehungen müssen nicht schwierig sein. Hast du keine egoistischen Absichten, dann erwartest und verlierst du nichts. Ihr seid einfach zusammen. Wenn ihr euch trennt, seid ihr getrennt. Du bist nicht von dieser Beziehung abhängig.

Sei dir darüber im klaren, daß du keine Beziehung brauchst, um glücklich zu sein. Du bist schon mit deinem Frieden und deiner Freude vermählt. Wenn du verheiratet bist, sehen die äußeren Dinge attraktiver aus. Daheim hast du das hübscheste Mädchen oder den bestaussehenden Burschen, aber du schätzt das nicht. Das ist natürlich. Darum sagt Gott: „Gut, wenn du das willst, geh, versuche, glücklich zu sein!" Aber wenn du von all dem genug hast, dann sagst du: „Nein, nein, ich glaube nicht, daß ich auf diese Weise glücklich werde. Dann sagt Gott: „Gut, dann lebe mit mir!" Das ist wahr. Das bedeutet, du erkennst deine eigene wahre Natur - Glück. In dem Moment, wo du erkennst, daß du immer glücklich, immer friedlich bist, ob du nun eine äußere Beziehung hast oder nicht und daß du eine dauernde Beziehung in dir hast, brauchst du dich nicht mehr um die äußere Beziehung zu kümmern. Kommt sie, gut, kommt sie nicht, wundervoll. Du wirst unabhängig. Du bist von nichts und niemandem abhängig für dein Glück.

12. Juli

Bemühe dich darum, das Gute in allem zu sehen!

„Wie du denkst, so wirst du." Denke gut, und es geht dir gut. Denke schlecht, und es geht dir schlecht. Es ist alles dein Denken. Manchmal denkst du vielleicht nicht schlecht über dich selber, aber du denkst schlecht über andere. Das ist immer noch schlechtes Denken. Ob es über dich oder über jemand anderes ist, das ist es eben, was du denkst. Wenn du das denkst, wirst du das werden. Darum sagen wir: „Sieh nichts Böses, höre nichts Böses, sprich nichts Böses!" Wenn du Böses siehst, hörst oder sprichst, wirst du selbst böse werden. Nicht um andere zu retten, verlangt man von dir, daß du nichts Schlechtes denkst und sprichst. Du wirst nicht ihnen, sondern dir selbst schaden. Wir sollten im Leben immer positiv denken. Bemühe dich darum, Gutes in allem zu sehen!

13. Juli

Eine perfekte Handlung

Keine Handlung ist schlecht, solange sie für alle Beteiligten und auch für dich gewinnbringend ist. Das kann man eine perfekte Handlung nennen. Die Definition einer perfekten Handlung ist eine Handlung, die weder dir noch sonst jemandem schadet. Gleichzeitig sollte sie wenigstens irgend jemandem einen gewissen Gewinn bringen. Auf Grund früherer Lebenserfahrungen oder weil der Verstand nicht richtig erzogen wurde, möchte er manchmal Dinge tun, die niemandem nützen. Lenke den Verstand behutsam, erziehe ihn! Das ist Yoga. Das entscheidende Ziel all deiner spirituellen Arbeit ist zu lernen, wie du deine Gedanken und Handlungen zu einem guten Ziel anleiten kannst.

14. Juli

Du kannst es machen, du kannst es ungeschehen machen, und du kannst es anders machen

Deine Erziehung hatte bestimmt einen Einfluß auf dein Temperament. Aber wenn du heranwächst, wird dein wahres Temperament stärker hervortreten. Du wirst dich dazu hingezogen fühlen, etwas zu tun – vielleicht etwas ganz anderes.

Wenn dein wahres Temperament in Erscheinung tritt, wirst du wissen, daß es wirklich du bist. Setze dich hin und frage dich: „Woran bin ich von Natur aus interessiert?" Die Bhagavad Gita nennt es *Swadharma* – die natürliche Neigung oder das natürliche Temperament. Manchmal magst du auf eine Art natürliches Temperament treffen, das deiner Entwicklung nicht dient. Du magst dich bisher in der falschen Richtung entwickelt haben. Aber denke daran, auch dein natürliches Temperament wurde dir nicht von jemand anderem gegeben. Es ist deines. Du hast es zu einem früheren Zeitpunkt entwickelt und hast es mitgebracht. Jetzt, wo du mehr gelernt und studiert hast und mehr weißt, magst du denken: „Das ist für mich nicht die richtige Art, die ich entwickeln sollte. Das habe ich vielleicht mitgebracht, aber das hilft mir jetzt nicht weiter. Darum werde ich es ändern." Das ist es, wo du Meisterschaft erlangen kannst.

Bist du stark genug, kannst du alles vollkommen ausmerzen und ein neues Kapitel in deinem Leben beginnen. Du bist der Meister deines Schicksals. Du kannst es machen, du kannst es ungeschehen machen, und du kannst es anders machen. Nie und nimmer schiebe die Schuld auf einen Menschen oder auf deine Umgebung: „Mein Vater hat es immer so gemacht, meine Mutter hat es so gemacht, darum bin ich so geworden." Sie taten es vermutlich, weil sie es nicht anders wußten. Du brauchst dich nicht davon beeinflussen zu lassen.

Handle immer entsprechend deiner natürlichen Veranlagung, wenn du etwas Gutes tust, etwas, das der ganzen Menschheit zugute kommt! Es sollte nicht auf dich allein oder auf deine Familie oder eine kleine Gruppe begrenzt sein. Denke groß! Immer! Darum beten wir: „Mögen *alle* glücklich sein!" Wenn du „alle" sagst, ist automatisch auch ein kleiner Teil von dir mit einbegriffen.

15. Juli

Wo immer die Menschen etwas verehren, bin ich da

Frage: Die Bibel spricht von „falschen Göttern". Was ist ein falscher Gott?

Sri Gurudev: Wenn Gott allmächtig ist, was könnte man einen falschen Gott nennen? Gott ist gegenwärtig in Namen, Ruhm und Geld. Die Bhagavad Gita sagt: „Wo immer Menschen etwas verherrlichen, bin Ich gegenwärtig." Was wäre dann ein falscher Gott? Alles, was du nicht als den Ausdruck Gottes ansiehst. Der Fehler liegt bei deiner Einstellung. In der Art, wie du die Dinge siehst. Wenn du in allem einen Ausdruck Gottes siehst, ist alles Gott. Das ist der Unterschied zwischen einem echten und einem falschen Gott. Gott ist überall. Aber oft vergessen wir das.
Was macht einen falschen Gott aus? Nicht, weil jemand anders Gott in einer anderen Form anbetet, wird er für dich zum falschen Gott. Wenn du in der anderen Form nicht Gott siehst, ist es immer noch ein Ausdruck Gottes, aber durch Oberflächlichkeit siehst du es nicht so. Dann wird es für dich ein falscher Gott. Die Menschen sollten in allem einen Ausdruck Gottes sehen. Sie sollten alles in dieser Weise verehren, anbeten, lieben und respektieren.

16. Juli

In gewisser Weise ist alles selbstsüchtig

Egoismus bedeutet, daß du das Gefühl hast: „Ich *muß* es um jeden Preis haben." Gebrauche dein Unterscheidungsvermögen! Analysiere deine Beweggründe! Warum bin ich egoistisch? Was gewinne ich dabei?" Bist du egoistisch, wirst du keineswegs glücklich sein. Egoismus macht dich unglücklich. Jedes Mal, wenn du unglücklich bist und nach dem Grund dafür suchst, wirst du feststellen, daß du Dinge selbstsüchtig getan, geplant oder bedacht hast. Darum kann ein Egoist nie und nimmer glücklich werden. In gewisser Weise ist zweifellos alles selbstsüchtig. Sogar der Wunsch, immer friedlich zu sein, ist egoistisch. Du wünschst dir Frieden und Gesundheit, damit du spirituell wachsen kannst. Das klingt selbstsüchtig. Aber diese Art von Egoismus ist nicht falsch. Findest du den Frieden in dir, werden alle Menschen in deiner Nähe von deiner friedlichen Art profitieren. Selbst wenn du bewußt nichts für sie tust oder etwas zu ihnen sagst, wirst du ihnen ein gutes Beispiel sein, und sie werden daraus nichts lernen. Darum ist das eine Art von selbstlosem Egoismus.

17. Juli

Jeden Morgen hast du zwei, drei Gottheiten zu schmücken

Frage: Ich glaube an die Lehren und versuche, sie anzuwenden, aber ich bin nicht sehr regelmäßig in meinen Übungen. Das ist schmerzlich für mich. Sollte ich mich mehr anstrengen, um *Sadhanas* zu verrichten, oder sollte ich den Schmerz als Teil meiner spirituellen Arbeit sehen?

Sri Gurudev: Nun, er ist Teil deines *Sadhana*. Für fast alle Verehrer Gottes war es schmerzlich, daß sie nicht genug taten, um zu Ihm zu gelangen. Dieser Schmerz ist hilfreich. Er erinnert dich daran, wo du stehst. Wenn du dich deswegen nicht schlecht fühlst und einfach sagst: „Gut, Swamiji meint, ich sollte mir nichts daraus machen, es wäre nicht schlimm, wenn ich nicht meditiere", dann wirst du nicht wachsen. Wenn du nicht das Rechte tust, solltest du wirklich Schmerz empfinden. Das wird dir helfen, dich zu verändern.

Gleichzeitig solltest du deine Lebenslage anerkennen. Bist du Hausfrau und Mutter von drei Kindern, dann hast du auch eine gewisse Verantwortung für deine Familie. Kannst du deshalb nicht alle Übungen befolgen, zum Beispiel um eine bestimmte Zeit aufstehen, eine Stunde lang meditieren und alles andere verrichten, dann solltest du dich nicht schlecht fühlen. Erlauben dir deine Verpflichtungen nicht, alles zu tun, dann bist du dafür entschuldigt, denn deine erste und oberste Pflicht ist die einer Ehefrau und Mutter! Du mußt für die Kinder sorgen! Das ist auch ein Teil des Yoga. Darum solltest du dich fragen: „Befolge ich nicht alles, weil ich faul bin oder weil ich andere Verpflichtungen habe?" Dann mache die anderen Verpflichtungen ebenfalls zum Teil deiner spirituellen Übungen! Lebst du zum Beispiel allein, kannst du deinen Altar und deinen Meditationsraum reinigen und alles ausschmücken, dich hinsetzen und meditieren. Aber als Mutter hast du zwei, drei Gottheiten zu schmücken. Hole sie aus dem Bett, wasche sie, gib ihnen ein warmes Bad, ziehe sie schön an und gib ihnen zu essen! Das ist die Gabe, die du Gott darbringst. Sie sind lebende Gottheiten in deinem Haus, bis du sie in die Schule bringst. Wenn du sie ignorierst, dich hinsetzt, die Augen schließt und meditierst, dann sagt Gott: „Was ist das? Du legst eine Frucht auf den Altar, aber Ich bin hier in deinem Haus in der Form deines Kindes, und du ignorierst mich!"

18. Juli

Wohlverdientes Geld wird niemals gestohlen

Wenn du ganz plötzlich Geld verlierst, mache dir klar, daß es unehrlich verdientes Geld war! Ehrlich verdientes Geld wird niemals gestohlen. Ich will dir dafür ein kleines Beispiel geben.
Es war einmal ein Mann, der lebte in einem Dorf und hatte ein paar Kühe. Er melkte sie täglich und brachte die Milch in das

nächste Dorf, wo er sie an den Besitzer eines Restaurants verkaufte. Mit der Zeit wurde er geldgierig und begann, der Milch Wasser hinzuzufügen. Am Ende verdoppelte er die Menge. Hatte er einen Liter Milch, fügte er einen Liter Wasser hinzu und verkaufte das als zwei Liter Milch. Das tat er lange Zeit hindurch.
Als er eines Tages nach Hause ging, begann es zu regnen. Er mußte den Fluß überqueren, aber der Fluß hatte Hochwasser. Darum bündelte er das Geld, das er gespart hatte – es waren tausend Dollar – und watete langsam durch den Fluß. Auf halbem Wege fiel er ins Wasser. Er war jedoch ein guter Schwimmer, und irgendwie erreichte er das andere Ufer. Sobald er aus dem Wasser kam, zählte er sein Geld. Das Bündel war noch da, aber es war ganz durcheinander. Er wollte sicher sein, daß er noch alles Geld hatte, und begann, es zu zählen. Es waren fünfhundert Dollar. Er hatte fünfhundert verloren. Er setzte sich hin und weinte.
Ein weiser Mann kam vorbei und fragte den Milchmann, was ihm fehle. Als er hörte, was geschehen war, sagte er: „Gut, du bist ein Milchmann, nicht wahr?" „Ja, das bin ich." „Rege dich nicht auf! Du hast noch dein Milchgeld. Das Wassergeld wurde mit dem Wasser fortgeschwemmt. Das Milchgeld blieb bei dir. Jedes Mal, wenn du den Fluß überquertest, schüttetest du einen Liter Wasser in deine Milch. Du nahmst das Wasser aus dem Fluß, darum nahm dir der Fluß diese fünfhundert Dollar."
Es gibt eine Bauernregel: „Milchgeld ist in der Milch, Wassergeld ist im Wasser." Denke stets daran! Es ist nicht wichtig, wieviel du verdienst, sondern *wie* du es verdienst. Dein Geld sollte ganz ehrliches, sauberes Geld sein. Dann wird es dir immer zum Besten gereichen.

19. Juli

Ein Stück Himmel auf Erden

Frage: Im Satchidananda Ashram, Yogaville, der auf Ihren Lehren aufbaut, gibt es einen Tempel, den man LOTUS (Light of Truth Universal Shrine) nennt. Was ist Ihre Vision für den Tempel und für den Ashram?

Sri Gurudev: Meine Vision von LOTUS und Yogaville ist ein Dorf mit Menschen, die nach den Grundsätzen des Yoga leben. Man kann dort alles sehen, was für die Yoga-Philosophie und ihren Lebensstil förderlich ist. Das ist meine Vision. In klaren, einfachen Worten bedeutet das, meine Vision für Yogaville ist ein Stück Himmel auf Erden.
Jedes Dorf sollte einen Tempel haben. Zuerst wird der Tempel gebaut, dann lebt man um ihn herum. Somit ist LOTUS ein Teil von Yogaville. Wir stellen Gott in den Mittelpunkt und bauen alles andere um Ihn herum. LOTUS ist religiöser Yoga. Yogaville ist praktisch angewandter Yoga. Der Zweck des LOTUS ist es, die Religionen zusammenzubringen. Und Yogaville soll die Menschen zusammenführen. Darum ist LOTUS ein Teil von Yogaville. In Yogaville können wir als eine gute Gemeinschaft von Yogis nach den Prinzipien des Yoga zusammenleben. Die Außenwelt mag nicht viel davon wissen, bevor und solange die Menschen nicht kommen und sehen, was dort geschieht. Aber LOTUS wird auch die Aufmerksamkeit in der Außenwelt erregen. Der Tempel ist etwas Einmaliges und wird ein Interesse an uns und unserer Arbeit erwecken. Hier vereinen wir alle Weltreligionen unter einem Dach. In dieser Hinsicht ist er einmalig. Er sollte der Stolz von Yogaville sein. Unser Ziel ist es, eine gute Yogaville-Gemeinschaft zu bilden und der Welt zu beweisen, daß wir als Yogis gesund und glücklich leben können. Wir können gut und friedlich leben und von großem Nutzen sein.

20. Juli

Die beste Wohltätigkeit

Es gibt bisher nur einen LOTUS-Tempel, einen Ort wie diesen, wo Menschen aller Glaubensrichtungen und Bekenntnisse zusammenkommen und schweigend Gott auf ihre eigene Art und Weise unter ein und demselben Dach anbeten. Aber das ist erst der Anfang. Ich weiß, daß jede Stadt solch einen LOTUS haben möchte, wenn die Menschen erst einmal erkennen, wie schön und gewinnbringend das gegenseitige Verständnis aller Religionen ist. Ich bin sicher, daß das geschehen wird.
Es ist nicht nur etwas für ein paar Menschen, die das erleben möchten. Jeder sollte daran teilnehmen können. Aber jemand muß irgendwo beginnen. Vermutlich hat Gott uns als Instrument auserwählt, das zu tun. Darum ist es unser Ziel, die Menschen zu erziehen, nicht im Namen der Religionen zu kämpfen, sondern ihre spirituelle Einheit zu erfahren.
Laßt uns erkennen, daß wir alle eins sind im Geist! Im Wesentlichen sind wir eins, erscheinen aber als viele. In dem Augenblick, wo dieses Verständnis erfolgt, werden fast alle anderen Probleme gelöst – ob sie nun physischer oder materieller Art sind. Vorher werden sie niemals bewältigt werden.
Alles, was diese Erkenntnis den Menschen näherbringen kann, ist die größte Tat. Jede Wohltätigkeit, die für diesen Zweck benutzt wird, ist die beste Form der Wohltätigkeit. Ich verneine nicht die anderen Formen der Wohltätigkeit. Sie tun viele großartige Dinge. Aber wenn wir auf die wahre, universelle Liebe und das universelle Verständnis hinarbeiten, kommen wir direkt an die Wurzel der anderen Probleme. Das zu erreichen, sollte unser erstes und oberstes Ziel sein. Wenn wir erst einmal die Ursache von Hunger, Armut und allen anderen Problemen beseitigen, brauchen wir uns nicht länger um ihre Lösung zu sorgen.
Tut dafür alles, was ihr könnt! Ich spreche nicht allein über LOTUS, sondern über die Frage des spirituellen Verständnisses. Lernt, für andere zu sorgen und zu teilen, zu lieben und zu geben

und inspiriert andere durch euer Beispiel! Verbreitet diese Gedanken! Dann tragt ihr einen LOTUS in eurem Herzen.

21. Juli

Du verrichtest ständig spirituelle Arbeit

Du verrichtest ständig spirituelle Arbeit. Um zu wissen, ob du sie richtig erledigst, beobachte deine Gefühle! Bist du immer entspannter? Immer friedlicher? Machst du dir weniger Sorgen? Bist du immer glücklich? Wenn du dich mehr und mehr ärgerst, dann machst du es nicht richtig. Es ist nicht die Handlung, die wichtig ist, sondern die Art, wie du sie verrichtest.

Um zu entscheiden, ob du die Arbeit auf spirituelle Weise verrichtest oder nicht, stelle dir die Frage: „Behalte ich meinen Frieden, während ich sie tue?" Ist die Antwort „Nein", dann machst du etwas falsch. Jede Arbeit sollte dich freudig und überglücklich stimmen. Sie sollte dich erfreuen, was immer es ist, und du solltest mehr davon tun wollen. Du solltest dich vergessen, während du sie tust. Arbeit sollte Spaß machen und keine Last sein. Wirst du dabei bedrückt, dann tust du sie wie eine Last. Selbst wenn du auf ein „danke" wartest, erwartest du eine Belohnung. Tust du etwas um einer Belohnung willen, ist es Arbeit. Es ist kein Dienen. Arbeit bedeutet, du tust es um einer Belohnung willen. Dienen bedeutet, du tust es einfach und denkst nicht weiter darüber nach.

22. Juli

Das Gebet kommt von allein

Frage: Können Sie ein Gebet vorschlagen, das ein Kranker sagen sollte?

Sri Gurudev: Da braucht man keinen Vorschlag. Ist jemand krank, kommt das Gebet von allein. Du brauchst dich nicht um die Worte zu kümmern. Gott wird wissen, was du meinst. Und denke daran, wirklich von Herzen kommende Tränen befreien dich von vielen psychischen Problemen. Schäme dich nicht, wenn du weinst. Ich erinnere mich an einen südindischen Heiligen, der zu sagen pflegte: „Herr, ich kenne den Trick. Ich weiß, wie ich Dich erreiche. Wenn ich weine, kannst Du nicht widerstehen. Wenn ich weine, bekomme ich Dich. Aber mein Ego erlaubt es mir niemals zu weinen."

23. Juli

Wer kontrolliert die Planeten?

Astrologie wird auch durch dein Karma bestimmt. Warum wurdest du zu einem bestimmten Zeitpunkt, an einem bestimmten Ort und unter einem bestimmten Sternzeichen geboren? Weil es dein Karma war. Darum ist dein Horoskop ein Ergebnis deines Karma. Hast du gutes Karma, wirst du an einem günstigen Tag geboren. Warum werden wir als Krebs, Waage oder Zwilling geboren? *Du* wählst das Sternbild. Du wählst die Zeit. Manche von euch mögen sagen: „Nein, mein Doktor hat die Zeit bestimmt!", aber in Wirklichkeit ließest du den Doktor entscheiden. Letztlich ist alles dein eigenes Tun.

Veränderst du dein Karma, kannst du auch dein Horoskop verändern. Vielleicht hast du durch dein vergangenes Karma einigen Planeten die Möglichkeit gegeben, dich zu kontrollieren. Entwickelst du ein stärkeres Karma, kannst du es verändern. Du kannst es ganz zunichte machen. Dann kann Saturn sich nicht auf dich auswirken, und Jupiter und Mars können dir nichts mehr anhaben. Du kannst über sie gebieten. Astrologie ist vor deinem Karma vollkommen machtlos. Du hast die Fähigkeit, deinen Sternen zu gebieten, sich zu bewegen.

Ein großer Heiliger pflegte zu sagen: „Wenn ich immer das Bild Gottes vor Augen habe, was können diese Planeten mir anhaben? Sie haben nicht die Macht, mich zu beeinflussen, weil ich Zuflucht beim Herrn genommen habe." Wer kontrolliert die Planeten? Wer kontrolliert die Zeit? Wer kontrolliert das Weltall? Wenn du der Liebling dieses Herrn wirst, werden all Seine Diener bereit sein, dir zu gehorchen.

24. Juli

Eine solche Ehe wird halten

Das erste und oberste Prinzip, das eine Ehe gelingen läßt, ist der Gedanke: „Gott hat mir einen Partner gegeben. Wer auch immer diese Person ist, ich lerne, ihr bedingungslos zu dienen. Aus diesem und aus keinem anderen Grund heirate ich." Er oder sie scheint sehr nett, wunderbar, ein Engel zu sein, aber nach einem Monat wirst du sehen, daß das Ego hervorkommt. Bestimmt wird es dann schwierig. Wenn du mit jemandem eine eheliche Beziehung eingehst, sei dir im klaren, daß du dem Partner deine ganze Unterstützung darbringen mußt. Erwarte keinerlei Gegendienst von seiner Seite! Ihr solltet beide in dieser Weise denken. Eine solche Ehe wird halten.

25. Juli

Vergiß niemals, wenn du etwas Gutes bekommen hast!

Willst du wirklich mehr Glaube und Hingabe entwickeln, dann denke an all die vielen Vorteile und Geschenke, die du immer wieder bekommen hast! Je mehr du daran denkst, um so dankbarer, um so andächtiger, um so liebevoller fühlst du dich. Aber leider haben wir die Tendenz, alle guten Gaben zu vergessen und uns stattdessen an etwas Unbedeutendes zu erinnern, das wir nicht bekommen haben. Vergiß niemals, wenn du etwas Gutes bekommen hast – und war es noch so klein! Aber erinnere dich nicht einmal eine Minute lang daran, wenn jemand dir ein Leid zugefügt hat! Selbst diese eine Lehre genügt, um uns zu helfen, überall Freunde, Freunde und nichts als Freunde zu sehen. Und auf diese Weise entwickelst du deine Hingabe.

26. Juli

Ihr habt eine große Aufgabe, und sie ist nicht unmöglich

Warum findet man heutzutage so viele psychologische Fälle? Warum werden sogar die Kinder neurotisch? Was geschieht mit unserer Welt? Irgendwie haben wir im Namen der Zivilisation und der Kultur unsere Stärke verloren. Wir haben die Kontrolle über unsere eigenen Sinne eingebüßt. Wir sind schwach geworden. Darum will heue niemand mehr ein Engagement eingehen. In dem Moment, wo ihr heiratet, belastet euch das Engagement. Sofort habt ihr das Gefühl: „Das ist zu viel für mich. So kann ich nicht leben." Ihr wollt wieder zurück. Es gibt kein Engagement mehr zwischen Mann und Frau, zwischen Eltern und Kindern, zwischen Lehrer und Schüler, zwischen Arbeitgeber und Arbeitnehmer.

Engagement im Leben ist sehr wichtig. Diejenigen, die ein spirituelles Leben führen wollen, sind hier, um all diese Dinge zu verändern und um eine bessere Welt aufzubauen. Behaltet das im Gedächtnis! Ihr habt eine große Aufgabe, und sie ist nicht unmöglich. Wenn ihr euch wirklich mit Herz und Seele einsetzt, könnt ihr es schaffen. Beginnt mit eurem eigenen Leben! Laßt euch durch nichts erschüttern! Ihr müßt wirklich mutig und stark sein, um etwas im Leben zu erreichen! Bringt den Mut dazu auf! Wenn ihr wißt, daß etwas richtig ist, zögert nicht, es zu verfolgen! Natürlich mag es Hindernisse und Tests geben. Aber gebt nicht auf! Selbst wenn ihr fallt oder einen Fehler macht, steht auf und sagt: „Nein, das nächste Mal will ich stark sein!" Macht weiter wie große Bergsteiger, bis ihr den Gipfel erreicht habt! Wenn ihr es wirklich vollbringen wollt, werdet ihr die nötige Kraft bekommen. Ihr werdet die vollkommene Unterstützung haben. Wenn ihr es wollt, habt ihr es bereits bekommen. Jedoch muß euer Wille stark genug sein.

27. Juli

Alles ist Gottes Werk

Irgendwie wurde mein Leben unentwegt durch einen Höheren Willen gelenkt. Ich hatte überhaupt kein Interesse daran, in dieses Land zu kommen. Ich war nicht daran interessiert, nach Sri Lanka zu gehen. Aus irgendeinem Grund brachte die Vorsehung mich an verschiedene Orte. Sie schob mich hierhin und dorthin, von einem Ort zum anderen. Als ob ich durch eine unsichtbare Hand bewegt würde, sogar schon in meiner Kindheit. Ich *wollte* nie etwas von mir aus tun. Ich akzeptierte einfach, was mir angeboten wurde. Nach der Oberschule studierte ich verschiedene technische Fächer. Als ich das beendet hatte und zurückkam, wurde ich gebeten, einen Tempel zu verwalten. Aus der Tempelverwaltung wurde ich in die Autoindustrie geschickt. Alles ereignete sich ganz von allein. Jemand rief mich an: „Komm und tue das!" Was immer kam, ich nahm es an. „Ja, vielleicht habe ich da etwas zu lernen." Mit meinen verschiedenen Lehrern verlief es genauso. Auch hier folgte ich nie *meinen eigenen* Wünschen. Von Anfang an war hinter allem eine Hand zu spüren, die mich von Ort zu Ort leitete. Und diese Hand ist noch immer tätig. Heute bin ich hier. Ich weiß nicht, wo ich morgen sein werde. Ich bin immer bereit, mich entsprechend dem Willen dieser Höheren Macht zu bewegen, und das genügt mir. Dadurch bin ich stets ruhig, zufrieden, glücklich und sorglos. Das nennt man Entsagung. Verzichte auf dein persönliches Interesse, und der Herr wird durch dich wirken! Er wird dich dorthin schicken, wo es nötig ist. Was immer dir angeboten wird, tue es froh und heiter! Alles ist Gottes Werk.

28. Juli

Das ganze Leben ist Show Business

Frage: Ist es möglich, Spiritualität zu entwickeln, wenn man auf einem von äußerstem Konkurrenzdenken geprägten und hektischen Gebiet wie dem Show Business tätig ist?

Sri Gurudev: Wir nennen es Show Business. Warum? Glaubst du, das Show Business ist da, um anderen etwas zu zeigen? Nein! Show Business soll *dir* etwas zeigen: dich selbst. Es lehrt dich etwas über den Wert und die Wertlosigkeit der Dinge im Leben. Ja. Show Business bedeutet, daß alles frei erfunden ist. Alles ist oberflächlich. Und wenn du diese Lektion lernst, kannst du dieselbe Philosophie in deinem eigenen Leben anwenden. Das ganze Leben ist ein Show Business. Was tue ich hier? Ich spiele meine Rolle. Was tust du dort? Du spielst deine Rolle. Wir haben eine Show. Es gibt dabei keine bessere und keine schlechtere Besetzung. Wir werden alle gebraucht, um die Show durchzuziehen. Du hast eine Rolle übernommen, also spiele sie gut! Wir sind alle eins im Geist, aber ich spiele heute die Rolle des Lehrers. Du spielst die Rolle einer etwas unwissenden Person. Verhalte dich dementsprechend! Stehe nicht auf und sage: „Ich weiß mehr als Sie!" Die Show würde zusammenbrechen. Wenn der Vorhang fällt, sind wir alle gleich. Die ganze Welt ist oberflächlich. Sie verändert sich ständig. Unsere Beziehungen verändern sich, unsere Lage verändert sich, unsere Stellung verändert sich, unsere Namen verändern sich. Ich war ein Säugling, dann wurde ich ein Junge, dann ein Erwachsener, dann ein alter Mann. Veränderungen über Veränderungen! Was also ist die Realität? Die spirituelle Wahrheit! Wir sind dem Wesen nach alle eins. Das ändert sich nie. Wo können wir diese Wahrheit schneller lernen als im Show Business?

29. Juli

Wenn du kannst, tue etwas!

Nimm es einfach leicht, vertraue auf Gott und tue, was du kannst! Laß alles, was du tust, zum Wohle anderer gereichen! Wenn du kannst, tue etwas! Wenn du nicht kannst, akzeptiere es! Jemand anders wird es tun. Es ist nicht so, daß du alles selbst tun mußt. Versuche, dein Teil ehrlich zu tun, aber sei dir bewußt, daß du nicht das Ende aller Dinge bist. Du wirst nicht alles tun. Wenn etwas geschehen soll, wird es geschehen. Fange einfach an! Beginne damit, und wenn es durch dich geschehen soll, wirst du mehr Energie bekommen! Wenn nicht, wirst du sehr bald wissen, daß du das nicht tun sollst. Akzeptiere es! Tue dein Bestes und gib den Rest auf!

30. Juli

Das wahre Ich ist der Geist

Frage: Swamiji, ich liebe Sie seit langer Zeit. Wie lange wird es dauern, bis ich Ihnen näher komme und bis ich erleuchtet bin?

Sri Gurudev: Oh, mein Liebling. Wenn du wirklich den richtigen Swamiji geliebt hast, bist du ihm schon nähergekommen. Er ist dir näher als dein eigenes Herz. Das ist der wahre Swamiji, den du lieben solltest. Glaube nicht, daß Swamiji diese physische Person ist, die hier sitzt. Nein! Der Geist in *dir* ist der wahre Swamiji. Ich bin nur ein Spiegel, um das in dir zu reflektieren. Wenn du lernst, *diesen* Swamiji, diesen Guru, in dir zu sehen, dann bist du nie von ihm entfernt. Und du bist bereits erleuchtet. Solange du glaubst, daß der Guru oder Swamiji irgendwo außerhalb in einem physischen Körper sitzt, dann ist diese Art der Trennung und Entfernung da, und das wird keine Erleuchtung bringen. Du solltest das Licht der Weisheit sehen, das in jedem Herzen ist. Das ist nicht das Monopol von einigen wenigen. Letztlich mußt du dich nach innen wenden. Du sagst: „Ich habe dich seit langer Zeit geliebt." Warum? Ist es, weil ich einen langen Bart habe? Ist es, weil ich hier sitze und gut spreche und dich manchmal zum Lachen bringe? Ist es, weil man mich den Gründer oder Direktor einer großen Institution oder dieses oder jenes nennt? Nein. Das ist nicht das wahre Ich. Das ist alles zeitlich begrenzt. Das wird nicht lange bleiben. Aber das wahre Ich ist der Geist. Oder, wenn du willst, sind es bestimmte Eigenschaften, die du an mir bewunderst. *Das* ist der Guru. Wenn du diese Eigenschaften bei mir bewunderst, entwickle sie in dir, dann wirst du dich dem Swami, der in dir ist, ganz nahe fühlen!

31. Juli

Wenn du deinen Nachbarn siehst, schmelze genau so dahin!

Frage: Manchmal ist meine Ergebenheit sehr intensiv und ich fühle, daß ich dahinschmelze, wenn Gottes Name erwähnt wird. Können Sie uns einen Rat geben, wie reine und göttliche Liebe entwickelt werden kann?

Sri Gurudev: Wenn reine Liebe reift, wird sie dich auf eine höhere Ebene führen. Deshalb mache dir keine Sorgen wegen dieser höheren Ebenen! „Dahinschmelzen bei der Erwähnung von Gottes Namen" ist schon genug. Langsam wirst du auf eine natürlich Weise zu neuen und immer neuen Erfahrungen geführt werden. Wenn du deinen Nachbarn siehst, schmelze in derselben Weise dahin! Das ist viel wichtiger. Wenn du deine Tiere und deine Pflanzen siehst, schmelze dahin! Nicht nur, wenn du Gottes Namen hörst. Versuche diese Liebe allem zukommen zu lassen, was dich umgibt!

August

1. August

Dir würde sogar die Hölle gefallen

Wo auch immer du hingehst, du hast deine eigenen Vorstellungen. Selbst wenn du in den Himmel kommst, kannst du ihn nicht als Himmel erkennen, wenn in deinem Herzen die Hölle ist. Wenn du den Himmel im Herzen hast, würde es dir sogar in der Hölle gefallen. Ja, das ist wahr. Weil du dort den Himmel sehen würdest. Es liegt alles bei dir.

2. August

Du kannst dasselbe genießen

Führe einen Monat lang ein völlig hingebungsvolles Leben! Probiere dieses Leben eine Zeitlang aus! Für eine Probewoche oder einen Probemonat. Sage einfach: „Laß Gott sich um mich kümmern! Und laß mich meinen Pflichten nachgehen! Was auch immer Gott mir als Aufgabe gegeben hat, laß sie mich erfüllen!" Das bedeutet, daß Gott dich dorthin gestellt hat, wo du gerade bist. Er hat dir eine Arbeit gegeben, und du tust sie. Ich sage nicht, daß du keinen Ehrgeiz haben solltest. Hab den allergrößten Ehrgeiz! Was ist der allergrößte Ehrgeiz? Deinen Frieden zu bewahren. Ja. Setze darein deinen Ehrgeiz! "Ich muß meinen Frieden um jeden Preis bewahren. Ich bin bereit, alles um des Friedens willen aufzugeben." Das ist mein höchstes Ziel. Und das ist es, was man

Gott nennt. Friede ist dein Gott. „Für Gott bin ich bereit, auf alles zu verzichten." Das bedeutet, daß Gott und Friede ein und dasselbe sind. Auch Gott und Glück sind ein und dasselbe.
Ich erzähle dir einfach, was ich in all diesen Jahren getan habe. Weil ich diese Wahrheit befolge, führe ich ein sorgloses Leben. Niemand und nichts können mir meinen Frieden und mein Glück rauben. Hast du ein höheres Ziel, gut, geh und probiere es aus! Aber wenn du glaubst, dieses sei dein Ziel, dann versuche es! Ich bin sicher, du wirst deinen Frieden genießen.
Denkst du, ich sei wirklich glücklich und friedlich, dann brauchst du mich nicht zu beneiden. Du kannst es genauso erfahren. Niemand hat darauf ein Monopol. Es steht jedem von euch zu. Gott ist unser Vater. Er hat nicht nur ein oder zwei Menschen mit schönen Dingen beschenkt und den anderen nichts gegeben. Er hat diesen Reichtum an alle verteilt. Er gehört allen Menschen. Wenn wir uns nicht daran erfreuen, ist es nicht Seine Schuld.

3. August

Gebet ist auch eine Art Novocaine

Der Zahnarzt, der Novocaine spritzt, nimmt den Schmerz nicht. Er schaltet ihn nur für kurze Zeit aus. Danach fühlst du den Schmerz wieder. Genauso ist das Gebet eine Art Novocaine. Wenn du betest, fühlst du dich getröstet, aber du mußt dich doch noch der Operation unterziehen. Die Operation muß also durchgeführt werden, aber sie erfolgt unter einer Art gedämpftem Schmerz. All unsere Gebete, und selbst die Gebete und Ermutigungen anderer, die guten Wünsche und Karten zur Genesung, all das hilft uns, die Schmerzen zu überwinden. „So viele Leute beten für mich. So viele Leute denken an mich. Ich werde von so vielen Menschen ermutigt, darum werde ich durchkommen." Dieses Gefühl allein dämpft die Schmerzen. Denn was sind schließlich Schmerzen?

Sie sind im Kopf. Schmerzen sind eine Art Einbildung. Es gibt eigentlich gar keine Schmerzen. Nimm an, du hast einen Abszeß am Zahn. Es tut sehr weh. Selbst wenn du ins Bett gehst, kannst du nicht schlafen, weil es so weh tut. Wenn du dann richtig müde wirst, schläfst du langsam ein. Fühlst du den Schmerz noch, wenn du schläfst? Nein. Verschwindet der Abszeß? Nein. Der Zahn ist da, der Abszeß ist da, aber du fühlst den Schmerz nicht. In dem Augenblick, wo du aufwachst, „Oh," kommt der Schmerz zurück. So, wo ist der Schmerz? Wenn der Schmerz am Zahn ist, sollte er andauern, bis der Zahn geheilt ist. Aber stattdessen besteht kein Schmerz, wenn die Gedanken den Zahn und den Abszeß vergessen. Wenn die Gedanken zurückkommen, kommt auch der Schmerz zurück. Ist es nicht so?

Weißt du, wie man den Biß eines Skorpions behandelt? Man tröpfelt etwas Salzwasser ins Auge. Der Stich im Auge ist viel schlimmer als der Stich in der Hand, darum vergißt man den Schmerz in der Hand, und die Gedanken sind abgelenkt auf den Schmerz im Auge. Natürlich spülen die Tränen bald das Auge aus, und der Schmerz verschwindet. Weil du diesen ersten Schmerz durch den anderen Schmerz vergessen hast und weil der andere Schmerz verschwunden ist, gehst du nicht zurück zum ersten Schmerz.

Das ist dasselbe mit unseren Gebeten. Sie bringen deinen Schmerz gewissermaßen zum Verschwinden. Aber das Problem besteht noch immer. Man muß sich darum kümmern. Wir müssen das Erforderliche dagegen tun.

4. August

Akzeptiere es und suche Hilfe!

Krankheit kann karmisch sein, die Reaktion auf vergangene Taten. Du setzt dich am besten damit auseinander, wenn du weißt, daß es dein vergangenes Karma ist, das die Krankheit verursacht hat. Bete demütig: „Herr, laß mich dieses akzeptieren und laß mich tun, was ich kann, um es zu läutern!" Es bedeutet nicht, daß du keine Hilfe bei anderen suchen solltest. Akzeptiere die Krankheit *und* suche Hilfe! Das bloße Akzeptieren wird den halben Schmerz der Krankheit nehmen. Die Krankheit wird schmerzhaft, wenn du sie ablehnst, wenn du sie nicht willst. Darum ist das Annehmen der karmischen Reaktion ein wichtiger Faktor. Aber manchmal haben die Menschen nicht das rechte Verständnis und sagen: „Es ist eben mein Karma, was kann *ich* schon dagegen tun?" Das ist falsch. Du tust, was du kannst!

5. August

Wie eine Lotusblume im Wasser

Es gibt eine einfache Art herauszufinden, wie weit du von Gott entfernt bist. Nimm einen Bleistift und ein Stück Papier und schreibe alles auf, was du „mein" nennst! So lang wie die Liste ist, so weit bist du von Gott entfernt. Kürze die Liste, und du kommst Gott näher. Wenn es nichts gibt, das du „mein" nennst, bist du Gott. Denke daran, daß du so viele Dinge „mein"* nennst und du im wahrsten Sinne des Wortes Minen um dich herum gelegt hast. Sie können jeden Augenblick explodieren. Du kannst dich nicht einmal in Ruhe fortbewegen.
Das bedeutet nicht, daß du alles wegwerfen und deine Pflichten ignorieren sollst. Behalte die Dinge, aber bezeichne sie nicht als „meine", sondern bezeichne sie als „Deine": „Gott, ich bin Dein. Alles ist Dein. Dein Wille geschehe!" Auf diese Weise besitzt du die ganze Welt, aber die Welt wird dich nicht besitzen. Du bist wie eine Lotusblume im Wasser, unberührt und unbefleckt von der Welt um dich herum.

*Engl. mine = mein *und* Mine (Munition) (Anm. d. Übersetzerin)

6. August

Wir sind alle im Geist miteinander verbunden

Wir stehen alle in Beziehung zueinander. Wir gehören zusammen. Wir müssen das nur verstehen und erproben. Wir sind im Geist untereinander verbunden. Das ist die einzige Beziehung, die wir haben, und niemand kann sie zerstören. Selbst wenn zwei Menschen sie zerbrechen wollten, könnten sie es nicht. Alle anderen Beziehungen sind anders als die geistige Beziehung. Und diese Beziehungen werden sich immer verändern, da sie auf veränderlichen Dingen basieren. Wenn zwei Menschen in einer ehelichen Verbindung zusammenkommen, nennt man das eine eheliche Beziehung. Was ist es, was sie ehelichen? Die wahre Ehe besteht bereits. Sie wurde schon im Himmel geschlossen. Im Geist sind wir sozusagen alle miteinander verheiratet.

7. August

Ab einem gewissen Niveau bist du in der Lage, beide Seiten zu sehen

Frage: Alles kommt von Gott, und darum ist alles Gott. Warum kann man aber sagen, daß es ein wahres Selbst und ein nichtwahres Selbst gibt oder „Ich bin nicht mein Körper, ich bin nicht meine Gedanken". Das ist, als würde man sagen: „Gott ist alles, außer dem Körper und den Gedanken."

Sri Gurudev: Das stimmt. Wenn du weißt, daß alles Gott ist und du alles als Gott erfährst, dann sagst du nicht einmal: „Ich bin nicht der Körper, nicht die Gedanken." Derjenige, der dies sagt, erfährt: nicht alles als Gott. Es gibt also verschiedene Ebenen. Wenn du auf der unteren Ebene bist, sagst du: „Dieses ist das

Selbst, und dieses ist nicht das Selbst." Es entsteht die Dualität. So fängt man an. Aber wenn du immer weiter gehst, siehst du nur noch das Selbst, was auch deinen Körper, deine Gedanken, Recht und Unrecht umfaßt. Dann gibt es nichts Falsches mehr. Selbst das sogenannte „Falsche" ist dann richtig.
In einem seiner Gebete preist der große weise Archarya Shankara Gott auf folgende Weise: Im Hinduismus gibt es eine Form des Gottesdienstes, *Archana* genannt, in dem man Blumen opfert und den Namen Gottes und seine Eigenschaften immer wiederholt. An einer Stelle sagt er: „Oh Herr, in der Form von Ärger, ich grüße Dich. Oh Herr, in der Form von Wollust, ich grüße Dich." Wie ist das möglich? Man sollte frei sein von Wollust. Gleichzeitig sagt er, „Gott, in der Form von Wollust, ich grüße Dich." Es sieht wie ein Widerspruch aus, nicht wahr? Es ist kein Widerspruch, wenn du alles auf dieselbe Ebene stellst. Auf einer gewissen Ebene wird selbst die Wollust Gott. Aber auf einer anderen Ebene, wenn du nicht damit umgehen kannst, wird es zu etwas Schrecklichem. Wenn du es nicht verstehst, wenn du es auf die falsche Art betrachtest, wird es zu etwas Unerwünschtem. Im Endeffekt gibt es nur Gott. Auf einer gewissen Ebene bist du fähig, es von beiden Seiten zu sehen. Dann erkennst du, daß sie ein und dasselbe sind. Es gibt überhaupt keinen Unterschied. An diesem Punkt sagst du: „Wollust und Eifersucht, seid gegrüßt, denn ihr seid Eigenschaften Gottes. Es gibt nichts anderes als Gott. Ohne Gott ist nichts möglich." Darum hängt es davon ab, auf welcher Entwicklungsebene du dich befindest. Auf der jeweiligen Ebene ist beides richtig. Darum sollten wir keine Art der Philosophie verurteilen. Die Menschen sehen die Dinge von verschiedenen Seiten. Für sie ist es richtig. Wenn du dich in ihre Lage versetzt, wirst du wissen, daß sie für sich recht haben. Erlaube ihnen, auf diese Weise fortzufahren.

8. August

Wir sind alle spirituelle Wesen

Frage: Ich bin Mitglied einer Frauengruppe. Bitte nennen Sie uns spezielle Gesänge, Gebete oder Bräuche, die uns bewußt machen, wer wir wirklich sind! Wir möchten uns mit Würde und spirituellen Lehren weiterentwickeln.

Sri Gurudev: Wenn ihr euch bewußt werden wollt, wer ihr wirklich seid, dann gründet weder Männer- noch Frauenvereine! Männer- und Frauenvereine werden gegründet als Bündel von Fleisch und Knochen. Wir müssen diese physische Ebene überwinden. Wir müssen das Physische und auch das Mentale transzendieren! Spiritualität ist eine transzendente Ebene. Solange wir im Körper und unserem Denken befangen sind, werden wir den Geist nicht erkennen. Willst du also wirklich wissen, wer du bist, sage: „Ich bin keine Frau, ich bin kein Mann, ich bin kein Schüler, ich bin kein Dummkopf." Ja. Diese Gelehrtheit und Dummheit gehören in den Bereich des Verstandes. Darum erkenne: „Im Ursprünglichen und Wesentlichen bin ich Geist und bediene mich eines weiblichen Körpers. Darum nenne ich mich eine Frau." Das ist alles. Weil du einen kleinen Körper hast, nennst du dich ein Kind. Weil du einen Körper voller Falten hast, nennst du dich alt. Auf diese Weise identifizierst du dich mit dem Körper und dem Verstand. Das ist es, was all die Probleme schafft. Wenn wir wirklich wissen wollen, wer wir sind, müssen wir über diese Dinge hinauswachsen und sagen: „Wir sind alle spirituelle Wesen. Wir sind das Ebenbild Gottes. Wir sind alle Lichter, die brennen und die durch verschiedene Glühbirnen leuchten." Einige sind gute alte hundertundzehn Volt-Birnen. Es gibt auch solche von hundertundacht Volt. In dem Augenblick, in dem du das vergißt, verlierst du Energie. Darum halte deine Volt-Spannung aufrecht!

9. August

Jede Aktion zieht eine Reaktion nach sich

Frage: Schaffen wir uns jedes Mal schlechtes Karma, wenn wir einen Käfer oder ein Insekt töten oder einen Frosch auf der Landstrasse überfahren?

Sri Gurudev: Ja. Was immer wir tun, bewußt oder unbewußt, schafft Karma. Darüber besteht kein Zweifel. Selbst beim Gehen kannst du auf viele Insekten treten.
Was können wir dagegen tun? Die Heiligen Schriften haben gewisse Lösungen vorgeschlagen. In unserem eigenen Leben können wir unsere Energie – auf der materiellen oder physischen Ebene – zum Wohle anderer einsetzen, um dieses schlechte Karma zu löschen. Man nennt das *Yajña* oder Opfer. Es gibt einen Unterschied zwischen dem bewußten Karma und dem unbewußten oder unvermeidlichen Karma. Es ist wahr, daß du für jedes Karma zahlen mußt, das du bewußt verursacht hast. Aber du mußt auch etwas tun, um zu überleben. Du kannst dem nicht entgehen. Es gibt unvermeidliches Karma. Der einzige Ausweg ist folgende Betrachtungsweise: „Gut, da ich so viele Lebewesen beim Essen, Atmen, Autofahren und Gehen getötet habe, laß mich meine Energie für das Wohl der Schöpfung einsetzen!" Bete! Biete deinen Dienst anderen an! Das ist *Yajña*. *Yajña* bedeutet, daß man immer mehr zurückzahlt, als man empfängt.
Es gibt fünf Arten von Menschen: den Dieb, den Schuldner, den ehrlichen Geschäftsmann, den guten Menschen und den Heiligen. Wer ist ein Dieb? Derjenige, der immer etwas von anderen bekommt, aber von sich aus niemals etwas zurückgibt. Der Schuldner bekommt etwas im Wert von zehn Dollar, gibt aber nur etwas im Wert von fünf Dollar zurück. Der ehrliche Geschäftsmann bekommt von anderen eine Ware im Wert von zehn Dollar und bezahlt den Preis von zehn Dollar. Ein guter Mensch bekommt etwas im Wert von zehn Dollar und gibt mindestens zwanzig oder dreißig Dollar zurück - mehr als er bekommen hat. Und ein Heiliger be-

kommt nichts. Er gibt einfach alles, was er kann. So ist es dir möglich, dein eigenes Leben zu analysieren und zu sehen, zu welcher Gruppe du gehörst. Um unser schlechtes Karma zu löschen, gibt es nur die Möglichkeit, eine wirklich gute Person oder ein Heiliger zu sein, sei es durch unseren Dienst an der Erde, an Menschen, an göttlichen Wesen oder an Gott. Auf diese Weise können wir Vergebung erlangen für das Karma, das wir unbewußt bewirkt haben.

10. August

Der beste Sieg

Es bedarf so großer Disziplin, um einen Krieg zu führen, und das ist nur ein gewöhnlicher Krieg gegen unsere Brüder. Der Krieg, den spirituell Suchende sich zu führen bemühen, richtet sich gegen einen viel stärkeren Feind. Leider kann man den Feind nicht einmal sehen. Der Feind wirkt durch deine Augen, durch deine Nase, durch deine Zunge, durch jede Zelle deines Körpers. Du bist von dem Feind umgeben. Du brauchst so viel Disziplin, um ihn zu bekämpfen. Es ist eine dauernde Schlacht, bis du wirklich die Sinne besiegst. Wenn du deine Feinde besiegst, sind sie natürlich nicht mehr deine Feinde, sie werden deine Freunde. Das ist der beste Sieg. Beim wirklichen Sieg tötet man den Feind nicht, sondern man macht ihn sich zum Freund.

11. August

Der nächste Freund ist der Gott in dir

Für einen wirklich spirituell Suchenden ist Gott der einzige Kumpel. Alle anderen Freunde sind gleichwertig. Es gibt kein „Sie ist mir am nächsten" oder „Er ist mein bester Freund". Spirituell Suchende bilden keine Gruppen. All das ist im Kopf. Eine spirituelle Person sollte über solchen Werturteilen stehen!
Der nächste Freund ist Der in deinem Innern. Dein Gott oder dein Mantra. Wenn du dennoch einen Freund in menschlicher Gestalt haben möchtest, dann ist es dein Lehrer. Sonst bist du allein. Du kannst andere Verbindungen haben, aber achte darauf, wohin sie dich führen! Frage dich: „Bringt es mir den Vorteil, daß ich in meinem spirituellen Leben tiefer verwurzelt werde? Hilft mir diese Verbindung oder verunsichert sie mich? Schafft sie neue Bindungen und Verwirrung?" Wir müssen immer in diesen Begriffen denken: „Das ist mein Weg. Ich möchte ein losgelöstes, ein dienendes, nicht ein persönliches Leben führen." Darum sollten deine Freundschaften keine persönlichen Freundschaften sein. Ihr seid Freunde, weil er oder sie zufällig hier ist und ihr zusammen arbeitet. Freunde, ja, aber keine *persönlichen* Freunde. Ein Mönch oder ein Entsagender hat alle persönlichen Dinge aufgegeben. In dem Augenblick, in dem du jemanden oder etwas als persönlich betrachtest, beginnt eine Bindung, und das verwirrt dein Denken. Spirituelles Leben bedeutet also, nichts persönlich zu besitzen – ob du jetzt ein Mönch bist oder in einer Familie lebst.
In einer Familie kann man genauso leben. Dann ist man ein Entsagender in der Familie. Es gibt keine *persönliche* Bindung, sondern wir sind durch unsere Aufgaben gebunden. Das ist alles. „Meine Situation ist diese: 'Ich bin der Ehemann und der Vater in dieser Familie. Ich bin verpflichtet, für meine Frau und für meine Kinder zu arbeiten und für sie zu sorgen. Außerdem liebe ich sie alle gleich. Da ich meinen nächsten Angehörigen gegenüber eine Verpflichtung habe, scheine ich ihnen mehr Liebe entgegen zu bringen.'" Aber das bedeutet nicht, daß du anderen gegenüber

keine Liebe zeigst. Es ist nicht die Veränderung des Namens oder der Kleidung, die dich zum Entsagenden macht. Dein Lebensstil und die geistige Einstellung den Dingen und den Menschen gegenüber machen dich zum Entsagenden.

12. August

Gott ist dir näher als dein eigenes Herz

Frage: Wie kann ich wirklich und ohne Zweifel wissen, daß Gott jeden Moment bei mir ist? So oft scheint es mir, daß ich allein und mir selbst überlassen bin.

Sri Gurudev: Gott ist in jeder Sekunde bei dir. Wenn nicht, würdest du nicht einmal leben. Dies ist der Beweis: Um zu leben, mußt du atmen. Atmest du jede Minute bewußt? Wer läßt dich atmen? Der Eine, der möchte, daß du lebst. Und das ist es, was man Gott nennt. Ja. Das Atmen selbst ist nicht in deiner Hand. Wenn du zu atmen vergißt, wird Gott dich atmen lassen. Selbst wenn du nicht atmen willst, wird Gott dich zwingen zu atmen. Kannst du ausatmen und dann aufhören zu atmen? Nein. Die Luft wird in den Körper zurückgetrieben. Wer tut das? Jemand, der an deinem Leben interessiert ist. Gott ist in dir und arbeitet jede Minute durch deinen Körper und deinen Geist. Darüber besteht kein Zweifel. Glaube das und erlaube Gottes Hand, durch dich zu wirken! Dein Leben wird besser, leichter und glücklicher sein. Du bist niemals allein. Gott ist dir näher als dein eigenes Herz.

13. August

Dir wird ein Drehbuch gegeben

Frage: Sie sagen, wir seien alle Schauspieler. Wenn wir sehen, daß jemand in Schwierigkeiten ist, sollten wir einfach sagen: „Das ist seine Rolle", oder, was schlimmer ist, „Das ist sein Karma"? Wo beginnt das Mitgefühl und die Verantwortung? Wo tritt die Handlung ein?

Sri Gurudev: Wenn du dich als Schauspieler fühlst, kann es nicht rein theoretisch sein. Du mußt es erfahren. Wenn du dich wirklich ehrlich so fühlst, bist du vollkommen in der Hand Gottes. Gott wird dir sagen, was mit diesem „Star" zu tun ist, ob du ihm helfen oder ihn ignorieren sollst. Es ist dann nicht einmal deine Aufgabe. Du kannst nicht sagen: „Ich muß Mitgefühl mit ihm haben" oder „Ich muß ihn ignorieren. Ich muß entscheiden, daß es sein Karma ist." Du entscheidest nicht. Es mag sein Karma sein. Gott mag ihn dir nicht einmal vorstellen. Du magst ihn nicht einmal sehen. Wenn du wirklich fühlst, daß Gott durch dich wirkt und daß du ein Schauspieler bist, dann bedeutet das, daß du nichts in eigener Verantwortung tust. Dir wird ein Drehbuch gegeben. Weder die Worte noch die Handlungen sind von dir. Du wirst aufgefordert, gewisse Dinge zu tun, und du tust sie einfach in vollem Gehorsam. Laß also Gott entscheiden, was zu tun ist! Er wird dir sagen, wie du handeln sollst. Sonst ist es ein bißchen von Gott, ein bißchen von dir.
Es ist nicht so einfach, dich als Instrument Gottes zu fühlen. Wir kennen die Theorie, und es ist zweifellos wahr. Wir tun nichts, überhaupt nichts. Das ist eine reine Tatsache. Keiner von uns tut etwas selbst. Es geschieht alles durch einen Höheren Willen. Weil Gottes Energie, Gottes Bewußtsein, durch dich wirkt, scheinst du viele Dinge zu tun. Es gibt im Koran einen schönen Spruch: „Ohne Gottes Willen kannst du nicht einmal deine Schnürsenkel binden."

14. August

Der Mensch denkt, Gott lenkt

Wann immer du fühlst, daß *du* eine Entscheidung triffst, dann ist es deine und nicht die von Gott. Wenn es einfach geschieht und du nichts Besonderes entscheidest, dann ist es Gottes Beschluß. Wenn du beschließt, etwas zu tun und es dir nicht gelingt, dann ist dieser Mißerfolg auch Gottes Entscheidung. Wir vollbringen nicht alles, was wir versuchen wollen. Darum sagen wir: „Der Mensch denkt, Gott lenkt." Manchmal scheinen die Menschen das zu vollbringen, was sie möchten. Wahrscheinlich stehen diese Dinge im Einklang mit Gott, und darum vollbringen die Menschen sie. Wenn jemand aber denkt, *er* hätte etwas getan und *er* hätte es vollbracht, dann macht er sein Ego geltend. Darum sollte der Einzelne abwägen: „Plane ich das mit meinem Ego oder passieren die Dinge einfach?" Läßt du sie einfach geschehen, oder fühlst du, „Gott gab mir den Gedanken, das zu tun", und wenn es gelingt, sagst du: „Es ist Sein Plan. Er hat mich benutzt. Laß Ihn glücklich sein! Die Ehre gebührt Ihm." Dann regst du dich nicht auf und erwartest keinen Ruhm für dich selbst. Wenn du nicht damit rechnest, wirst du nicht enttäuscht. Du fühlst dich nur glücklich, weil du ein gutes Instrument in der Hand des Herrn warst. Diese Methode ist sicherer, weil du nicht enttäuscht wirst, wenn es nicht so eintrifft, wie du es geplant hattest. Du fühlst einfach: „Vermutlich war das Gottes Wille".

15. August

Gott wird deine Gebete beantworten

Gott ist überall. Du kannst zu jedem und allen sprechen, und Gott wird sich dadurch offenbaren. Ein kleiner Stein oder ein Stück Papier kann dir antworten. Ein Bild oder ein kleines Licht kann dir antworten. Wenn du Gott in diesen Dingen suchst, ist es nicht einfach ein Stück Papier oder ein Stein oder ein Stück Metall, das du siehst. Es ist Gott. Das ist es, wonach du Ausschau hältst, und das ist es, was du siehst. Wenn du ehrlich nach Gott suchst, *muß* Er gegenwärtig sein und Seine Rolle spielen.
In der heutigen Zeit ist Gott freundlicher und gnädiger als früher. Er fordert nicht sehr viel Entsagung. Selbst eine kleine Gabe genügt Ihm. In früheren Zeiten, als alles noch schön war, forderte Gott mehr. Heute weiß Er, daß es viele Dinge gibt, die dich ablenken. Wenn du bei all dieser Ablenkung auch noch ein bißchen an Ihn denkst, dann ist es für Ihn wunderbar. Er wird dich mehr lieben. Gott schaut nicht auf Quantität, sondern Er will Qualität. Selbst wenn nur etwas von einem ehrlichen Gebet aus einem ergebenen Herzen kommt, wird dieses Gebet beantwortet werden. Wird dein Gebet nicht erhört, mache Gott nicht dafür verantwortlich. Vermutlich kam es nicht aus einem hundertprozentig ehrlichen Herzen. Sei ehrlicher! Jammere und weine! Wahrscheinlich schämst du dich oder ist es dir peinlich in Gegenwart von anderen. Darum schließe die Tür! Dann ist niemand da außer dir und Gott. Du kannst völlig ohne Scham sein. Und Gott *wird* deine Gebete erhören. Daran besteht kein Zweifel. Laßt uns diese Art von Glauben und Vertrauen in Gott entwickeln! Gib dich Ihm hin, und laß dich von Ihm leiten! Er ist bereit, dir Seine Gnade und Führung zukommen zu lassen, wenn du bereit bist, sie zu empfangen.

16. August

Wenn du aber etwas tun kannst

Frage: Ich hasse Kämpfe, und sie regen mich auf. Selbst die Kämpfe zwischen Hunden. Gibt es ein Mittel, wie man diese Aufregung überwinden kann?

Sri Gurudev: Vielleicht magst du Kämpfe nicht, aber hasse sie nicht! Hassen ist schlimmer als kämpfen. Hunde kämpfen, und im nächsten Augenblick spielen sie zusammen. Aber wenn du haßt, dauert dein Haß an. Wenn du also Kämpfe nicht sehen willst, solltest du lernen, dich vom Haß zu distanzieren. Was kannst du tun, wenn Hunde kämpfen? Es ist ihre Natur. Wir werden nicht allem in der Natur ein Ende bereiten. Wenn du aber, anstatt zu hassen, etwas gegen die Kämpfe tun kannst, dann tue es! Vielleicht kämpfen die Hunde um ein Stück Brot. Kaufe ein paar Stücke und wirf sie so, daß jeder Hund ein Stück bekommt! Dann werden sie wahrscheinlich nicht kämpfen. Wenn du aber haßt, bist du nicht mehr in der Lage, etwas gegen das Kämpfen zu tun.

17. August

Das Wesentliche ist immer da

Alles, was selten wird, wird uns sehr wichtig. Solange es die Dinge im Überfluß gibt, kennen wir nicht einmal ihren Wert. Erst wenn eine Gattung als „vom Aussterben bedroht" bezeichnet wird, versuchen wir, sie zu schützen. Selbst der Wert des Friedens wurde uns in dieser Weise gelehrt. Die Natur ließ uns alles tun, um unseren inneren und äußeren Frieden zu verlieren. Jetzt beginnen wir, den Wert des Friedens zu schätzen.

Im normalen weltlichen Sinn kann eine Gattung aussterben. In der Bhagavad Gita heißt es so schön: „Was *ist*, wird immer sein. Was *nicht* ist, war niemals und wird auch niemals sein." Die Essenz bleibt immer bestehen und kann niemals zerstört werden. Was also wird zerstört? Die Form, die die Essenz angenommen hat. Nur der Name und die Form werden zerstört. Gattungen verändern sich ständig. Das können wir nicht aufhalten. Plötzlich sterben Hunderte von Walen und werden an die Küste geschwemmt. Kannst du das verhindern? Es ist alles Teil der Natur. Der Friede ist auch eine vom Aussterben bedrohte Gattung. Die ganze Welt ist jetzt bemüht, ihn zu retten. Laßt uns tun, was wir können, um allem und jedem zu helfen und nichts bewußt zu verletzen. Das bedeutet, daß niemand vor dir Angst haben muß und daß du vor niemandem Angst zu haben brauchst. Das ist eine wichtige Eigenschaft, die ein Yogi oder ein spirituell Suchender haben sollte. Furchtlosigkeit ist eine wichtige Tugend. Entwickle sie!

18. August

Sorge dich nicht um die Zukunft!

Was du säst, das erntest du. Mache dir keine Gedanken um die Zukunft und keine Gedanken um die Vergangenheit! Ein großer Gelehrter sagte einmal, die Vergangenheit und die Zukunft kann man nicht einmal sehen. Was aber ist sichtbar? Die goldene Gegenwart. Denke an die goldene Gegenwart, säe, was nötig und was richtig ist! Säe gute Gedanken, säe gute Taten, und ich bin sicher, du wirst gute Früchte ernten! Darüber besteht kein Zweifel. Was du tust, kommt zu dir zurück. Was du säst, das erntest du. Tue darum das Richtige in der Gegenwart und kümmere dich nicht um die Zukunft! Diejenigen, die sich um die Zukunft sorgen, versäumen auch die Gegenwart. Nehmen wir an, du hast etwas in der Hand, etwas Gutes zum Essen. Denke nicht: „Was passiert, wenn ich morgen Hunger habe?" Bis du das herausgefunden hast, wird jemand es dir weggeschnappt haben. Denke immer an die goldene Gegenwart! Verpasse sie nie! Ein glücklicheres Leben kann dir niemand geben, nicht einmal Gott. Behalte das im Gedächtnis. Das Glück liegt in dir. Wenn du darauf achtest, es nicht zu verlieren, ist es immer da.

19. August

Die einfache und praktische Art, Frieden zu finden

Immer, wenn jemand sich über seine Sorgen, Ängste, Depressionen, Furcht, Haß, Eifersucht oder etwas anderes beklagt, fordere ihn auf, sich zu setzen und den Grund herauszufinden. Wenn er wirklich ehrlich ist, wird er erkennen, daß er etwas für sich selbst haben wollte. Egoistische Wünsche schaffen all diese Probleme. Tue etwas für das Wohl anderer, nicht für dich selbst! Das ist eine einfache und praktische Art, Frieden zu finden.

20. August

Das Gewissen ist bei jedem dasselbe

Frage: Sollte ich jeden Tag für jede Entscheidung fragen: „Was ist Dein Wille?" Ist das Selbsthilfe, oder bin ich zu abhängig?

Sri Gurudev: Am Anfang, bis wir gelernt haben, was Sein Wille ist, müssen wir zunächst abhängig sein. Wer ist Derjenige, der will, und wer ist derjenige, der den Willen kennen möchte? Beide sind in dir. Dein eigener Geist, der das Ebenbild Gottes oder die Kosmische Seele ist, handelt entsprechend dem Kosmischen Willen. Wenn du also nach Seinem Willen fragst, fragst du dein eigenes Gewissen. In diesem Fall willst du, daß Sein Wille geschehe und nicht dein egoistischer Wille. Mit anderen Worten, folge deinem Gewissen und nicht deinem Ego! Das Ego ist dein Wille. Der Wille des Gewissens ist Sein Wille. Das Ego ist von Person zu Person verschieden. Aber das Gewissen ist dasselbe in jedem einzelnen. Wir sehen zwar viele Gewissen, aber ihre Gesamtsumme ist das, was wir das Oberste Bewußtsein nennen.

21. August

Des Meisters Gegenwart

Frage: Wie soll ein Schüler sich dem Meister in Gedanken und während der Meditation nähern?

Sri Gurudev: Denke an die Lehren und versuche, sie in deinem Leben anzuwenden! Dann ist der Meister immer bei dir. Der Lehrer ist nicht eine bestimmte Person. Die *Lehren* sind der wahre Lehrer. Wenn du die Lehren befolgst, wirst du den Lehrer immer bei dir haben. Versuche nicht, den Lehrer in dein Herz aufzunehmen! Stattdessen nimm die Lehren in dein Herz auf! Behalte sie dort, und du wirst deines Meisters Gegenwart und Führung immer spüren!

22. August

Die ganze Welt ist ein Altar

Frage: Was meinte Jesus, als er sagte, „Nehmt und esset; das ist mein Leib, der für euch gegeben wird"?

Sri Gurudev: Wenn er sagt, „Das ist mein Leib", dann bedeutet das, daß das Brot selbst die Offenbarung dieses Geistes ist. Was auch immer du ißt, iß es mit dem Gefühl, daß „Es der Geist ist, der in dieser Nahrung offenbart wird, und das ist es, was ich esse"! „Mein Leib" bedeutet den Geistkörper. Es ist der Geist, der sich als Brot offenbart. Wenn du also das Brot ißt, ißt du nicht irgend etwas Gewöhnliches, du nimmst den Geist selbst zu dir. Alles ist Gott. Gott kommt in der Form von Brot, und du ißt es. Sei darum Gott dankbar, der in der Form von Brot zu dir gekommen ist! Und wenn dieses Gefühl da ist, brauchst du nicht einmal in die Kirche zur Kommunion zu gehen. Selbst wenn du ein Brot auf dem Markt kaufst und du es mit diesem Gefühl ißt, wird es zur Kommunion.
Die ganze Welt ist der Altar Gottes. Selbst wenn du etwas ißt, ist es der Gott in dir, der ißt. Du bietest es Gott dar. Wenn wir nur unsere Anschauung und unsere Gedanken ändern, wird all unser Tun zu spiritueller Arbeit. Darum laßt unser Leben einen immerwährenden Dienst an Gott auf diesem riesigen Altar hier werden! Die ganze Welt ist ein Altar. Alles ist Gottes Offenbarung. Was auch immer du für andere tust, du tust es für Gott, nicht nur für die Menschen, sondern auch für die Tiere, für die Pflanzen, für das Ganze.

23. August

Gottes Segen und seine Gnade sind jedem zugänglich

Zufriedenheit ist Gott. Ein zufriedener Mensch ist ein friedlicher Mensch, der sich nicht aus der Ruhe bringen läßt. Darum sagen wir: „Zufriedenheit ist Gold". Wenn du zufrieden bist, bist du immer friedlich und heiter. Dann bist du automatisch ein Yogi. Das ist die einzige Bedingung. Ein guter Yogi zeichnet sich dadurch aus, daß er immer friedlich und zufrieden ist. Wenn du das erst einmal erfahren hast, läufst du nicht mehr hinter materiellen Dingen her. Und was geschieht in dem Augenblick, wo du nicht mehr hinter den Dingen herläufst? Sie laufen hinter dir her.
Wenn du diese Fähigkeit bei anderen siehst, wirst du niemals Eifersucht empfinden. Stattdessen wirst du sagen: „Warum entwickle ich das nicht?" Gottes Segen und Seine Gnade sind nicht nur einigen Auserwählten vorbehalten. Sie sind jedem zugänglich.

24. August

Laßt uns unsere Rolle gut spielen!

Frieden, Zufriedenheit, Hinter-nichts-herjagen – all das können wir als das Königreich Gottes bezeichnen. Was wird geschehen, wenn dir dieses Königreich Gottes erst einmal offen steht? Alles andere wird hinter dir herlaufen. Wisse, daß du, indem du dies erkennst, alles andere auch weißt! Statt hinter den Dingen herzulaufen, laß sie hinter dir herlaufen! Begnüge dich einfach mit deinem eigenen Frieden und deiner Freude! Bleibe in der Welt, aber biete anderen dort deine Dienste an, wozu der Friede in dir, der Gott in dir, dich hinführt! Wenn Er dich auf einen Posten stellt, erfülle diese Aufgabe! Wenn Er dich als Ehefrau beschäftigt, sei eine Ehefrau! Wer weiß, im nächsten Leben mag Er dich als

Ehemann einstellen. Welche Rolle dir auch zugeteilt wurde, welches Make-up du auflegst – spiele deine Rolle möglichst gut!
Wir haben alle verschiedene Rollen in dem Drama. Mir wurde die Rolle eines Swami gegeben. Ihr habt euer Make-up aufgelegt, um hier zu sitzen und dem Swami zuzuhören. Es ist ein Schauspiel. Heute abend ist die Aufführung. Wenn der Vorhang fällt, gibt es keinen Swami und kein Publikum mehr. Am Ende gehen alle Schachfiguren in denselben Kasten. Davor gab es keinen Unterschied. Danach gibt es auch keinen Unterschied. In der Zwischenzeit entstehen all diese Unterschiede, weil ihr verschiedene Rollen zu spielen habt. Darum laßt uns unsere Rollen gut zum Wohl der Gemeinschaft spielen, nicht aus irgendwelchen egoistischen Gründen! Das wird uns helfen, jederzeit den höchsten Frieden zu spüren.

25. August

Eine kleine Schale mit Wasser und einer Nadel

Der Mann, der die große südindische Heilige Schrift, den Thirukkural, schrieb, heißt Thiruvalluvar. Er hatte eine Frau namens Vaasuki. Jeden Tag, wenn er sich zum Essen setzte, stellte seine Frau außer einem Teller und einem Glas eine Schale mit Wasser auf den Tisch und legte eine Nadel daneben. Und jeden Tag hatte er nach dem Essen weder die Nadel noch die Schale mit Wasser berührt. Und dennoch fuhr sie damit fort, weil er sie darum gebeten hatte. Sie fragte ihn niemals deswegen, weil sie ihn respektierte und wußte, daß er dafür einen guten Grund haben mußte. Sie dachte einfach: „Er hat mich gebeten, das zu tun, und darum tue ich es. Das ist alles."
Aber nach vielen Ehejahren kam die Zeit, da Vaasuki auf dem Totenbett lag. Als Thiruvalluvar Vaasukis trauriges Gesicht sah, fragte er sie: „Vaasuki, warum siehst du so traurig aus, nachdem

du all diese Jahre mit mir gelebt hast und die Philosophie des Lebens und des Todes kennst? Hast du Angst vor dem Sterben?"
Sie antwortete: „Nein. Nachdem ich mit dir gelebt habe, verstehe ich, was Tod bedeutet. Ich habe keine Angst vor dem Sterben, aber ich möchte dich doch noch etwas fragen. Du weißt ja, daß ich dir jeden Tag eine Schale mit Wasser auf den Tisch gestellt und eine Nadel dazu gelegt habe. Ich habe nie gesehen, daß du sie benutzt hast. Ich möchte nur wissen, wozu sie dienten."
„Nimm an, ich hätte ein Reiskorn fallen lassen," erklärte er, „ich hätte es mit der Nadel aufheben können. Wenn auch nur ein Reiskorn heruntergefallen wäre, hätte ich es aufgehoben, gewaschen und gegessen." Wenn auch nur ein einziges Reiskorn heruntergefallen wäre, hätte er es aufgehoben, gewaschen und gegessen. Das zeigt, wieviel Achtung er vor der Nahrung hatte.
Zwei Dinge gilt es hier besonders zu erwähnen. Während ihres ganzen Ehelebens hatte Vaasuki niemals nach dem Grund der Bitte ihres Mannes gefragt. Und in seinem ganzen Leben hatte er niemals auch nur ein einziges Reiskorn fallen lassen.

26. August

Wer hat euch in all diesen Tagen genährt?

Einer meiner ersten Lehrer war Sadhu Swamigal aus Palani in Südindien. Am Anfang meines spirituellen Lebens verbrachte ich mehrere Jahre bei ihm. Er war ein großer *Siddha* (spirituell Vollkommener) und ein großer *Tantra*-Yogi. Reines *Tantra*-Yoga bedeutet *Upasana*. *Upasana* bedeutet, neben Gott zu sitzen. Benutzt du Yantras und Mantras, dann übst du *Tantra* aus. Es ist eine Art innerer Verehrung mit völliger Hingabe. Der Sadhu war ein bedeutender Mensch und hatte eine ganz enge Beziehung zu Gott. Nachts hörten wir ihn oft leise mit Gott sprechen, als spräche er mit einem Freund. Seine Lieblingsgötter waren Lord Muruga und die freigebige Mutter Annapoorna. Er verehrte Annapoorna mit *Upasana*, weil er allen zu essen geben wollte. Selbst heute, viele Jahre nach seinem Tod, erhalten Tausende von Menschen täglich Nahrung in seinem Ashram auf dem Palani Hügel. Alle spirituell Suchenden und Pilger aus der Umgebung gehen einfach dorthin, um zu essen. Wir wußten nie, woher die Vorräte kommen würden, aber sie kamen immer. Oft erschienen reiche Leute im Ashram, gaben Geld und sagten: „Ich möchte heute zweitausend Menschen zum Andenken an meinen Vater speisen", oder so etwas Ähnliches. Natürlich hatte der Ashram riesige Kochtöpfe, und diejenigen, die das Geld gaben, kamen selber und teilten das Essen aus.

Aber eines Tages, als wir gerade zu Bett gehen wollten, kam der Mann, der für die Vorräte zuständig war, und sagte zu mir und einem anderen Swami: „Es ist kein Essen mehr da. Wir können für morgen nicht einmal Haferschleim kochen. Es gibt nicht ein einziges Reiskorn mehr. Wir wissen nicht, was wir tun sollen."

Swamiji saß auf der Veranda und unterhielt sich mit einigen Leuten. Wir gingen händeringend zu ihm. „Was ist los?" fragte er. „Swamiji, wir sind in Not." „In welcher Not?" „Es gibt für morgen kein einziges Reiskorn mehr." Er lachte und lachte, „Oh ja, ich verstehe. Wie schrecklich! Was wollt ihr tun?" „Wir wissen es nicht." „Ich verstehe. Gut, wer hat euch die ganze Zeit ernährt?" „Muruga. Annapoorna." „Wenn ihr es verdient, werdet ihr morgen wieder zu essen bekommen. Sorgt euch nicht! Geht schlafen!" Das war alles, was er sagte, „Wenn ihr es verdient, werdet ihr euer Essen bekommen! Geht!" Und wir mußten einfach gehen und uns zurückziehen.

Um Mitternacht kam ein Bauer aus dem nächsten Dorf und klopfte an die Tür. Als wir öffneten, sahen wir zwei Fuhren mit Reissäcken. Der Bauer sagte: „Ich war gerade eingeschlafen, da hatte ich einen Traum. Eine wunderschöne weißgekleidete Frau erschien mir und sagte, „Stehe auf und bringe Reis in Sadhu Swamigals Ashram! Gehe sofort! Sie brauchen den Reis für morgen." Ich wagte nicht, ihr Fragen zu stellen. Ich lud den Reis einfach auf die Wagen und brachte ihn sofort hierher."

Könnt ihr euch vorstellen, wie wir uns fühlten? Oft passierte es, sehr oft. Wir sollten diese Art von Vertrauen zu Gott haben. Wir sollten wissen, daß wenn Gott für uns sorgt, Er für uns sorgen wird. Wir brauchen uns deswegen keine Gedanken zu machen.

27. August

Es gibt keinen Grund, Angst zu haben

Glaube an Gott! Dann tue, was du kannst und was in deiner Macht steht, weil du nichts tun kannst, was jenseits deiner Fähigkeiten liegt! Wenn du etwas tun könntest, was jenseits deiner Fähigkeiten liegt, dann hättest du diese Fähigkeit. Darum versuche dein Bestes und setze dein Vertrauen in Gott! „Gott, ich tue alles, was ich kann. Aber ich brauche dennoch Deine Hilfe. Ich brauche Deine Kraft. Ich habe nicht so viel eigene Kraft." Darum glaube und tue es mit aufrichtigem Gebet! Es ist besser, den Versuch zu machen als Angst zu haben. Wenn du es aus Furcht nicht versuchst, wie kannst du wissen, ob du es tun kannst oder nicht? Manchmal probierst du es und findest heraus, daß deine Furcht Energieverschwendung war. Deshalb ist Furcht unbegründet. Furcht wird uns nicht helfen. Tue es einfach mutig, und Gott wird dir helfen! Denk daran, Gott hilft denen, die sich selbst helfen. Wenn du diese Art von Glauben hast, brauchst du keine Angst zu haben. Furcht und Glaube passen nicht zusammen. Du sagst, du glaubst an Gott. Gott hat alle Kraft, alle Fähigkeiten. Er ist allgegenwärtig und allmächtig. Wenn du diesen tiefen Glauben an einen mächtigen Gott hast und gleichzeitig sagst, „Oh, ich habe Angst vor diesem und vor jenem," dann glaubst du nicht wirklich an Gott. Glaubst du an Gott, wirst du denken: „Gott wird für mich sorgen. Ich tue, was ich kann." Selbst wenn etwas passiert, so daß du nicht bekommst, was du willst, brauchst du keine Angst zu haben. Dein Glaube wird sagen: „Gut, vielleicht wollte Gott nicht, daß ich das habe."

Du akzeptierst es. „Ich wollte es. Ja. Und ich habe mich angestrengt, aber ich habe es nicht bekommen. Warum? Weil Gott nicht wollte, daß ich es habe. Darum akzeptiere ich es."
Ist dein Glaube stark genug, dann kannst du Berge versetzen. Das Problem ist nur, daß du diesen Glauben nicht entwickeln kannst, solange dein Denken nicht rein ist. Du brauchst einen festen, reinen Verstand, der nicht von allen möglichen weltlichen Wünschen abgelenkt wird, einen Verstand, der nicht von „ich, mir, mein" infiziert ist. Nur mit einem reinen Verstand kannst du diesen Glauben entwickeln. Wenn du ihn hast, kannst du alles erreichen. Selig, die reinen Herzens sind, denn sie werden Gott schauen! Das ist die Pflicht eines jeden, der sich ernsthaft auf die Suche nach der Wahrheit begibt – einer Wahrheit, die ständigen Frieden und ständige Freude bedeutet: Gott in der Form von innerem Frieden und Freude zu erfahren. Auf diesem Weg gibt es keine Abkürzung.

28. August

Ein Herz frei von Bindung

Frage: Bitte erklären Sie uns die Bedeutung von Jesus' Worten: „Es ist leichter, daß ein Kamel durch ein Nadelöhr geht als daß ein Reicher in das Reich Gottes kommt!"

Sri Gurudev: Armut liegt nicht so sehr in materiellen Dingen. Du brauchst Nahrung, Obdach, einen Körper. Armut bedeutet das Loslassen von Besitztümern, indem man die Dinge nicht „mein, mein, mein" nennt. In diesem Sinne ist ein reicher Mann derjenige, der glaubt, daß er alles besitzt, daß alles ihm gehört. Nur ein Herz, das sich losgelöst hat von seinen Bindungen, ist ein armes Herz. Nur in ein solches Herz kann Gott einziehen.

29. August

Alles andere ist nur ein Traum

Am Ende kommt keiner mit dir – keiner unserer geliebten Menschen. Ich sage nicht, du solltest sie abweisen, verleugnen oder aufgeben. Es ist richtig, mit ihnen zusammen zu sein. Aber du mußt deine Seele retten. Niemand wird dir dabei helfen. Wieviele Menschen haben die Welt mit denen verlassen, die sie so sehr liebten, oder mit dem Geld, das sie so sehr liebten, oder mit dem Namen, den sie so sehr liebten? Niemand. Alles ist bald vergessen. Die Geschichte erzählt uns das. Die einzigen Menschen, an die die Welt sich noch erinnert, sind die wenigen, die sich wirklich Gott hingegeben haben.
Setze Gott an die erste Stelle! Das ist das erste und wichtigste, das erreicht werden muß. Gott ist die einzige Realität. Alles andere ist nur ein Traum.

30. August

Säe die richtige Saat jetzt aus!

Frage: Würden Sie bitte darüber sprechen, wie Sie die Zukunft der nächsten zehn oder zwanzig Jahre sehen?

Sri Gurudev: Ich mache mir keine Gedanken über die Zukunft. Wenn du für die Gegenwart sorgst, wird für die Zukunft gesorgt werden. Was du jetzt säst, wirst du ernten. Stelle dir nicht einfach vor: „In zehn Jahren werde ich alle Arten von Früchten und Blumen in meinem Garten haben, und wenn sie wachsen, werde ich sie pflücken und verteilen." Vergeude deine Zeit nicht mit solchen Gedanken und Vorstellungen! Nimm dir stattdessen die Zeit, gehe und grabe ein Loch und lege mindestens ein Samenkorn hinein!

Säe die richtige Saat jetzt, in der goldenen Gegenwart! Gewissermaßen sät ihr alle gute Saat, Yoga-Saat. Mit Menschen wie euch wird die Zukunft wunderbar sein. Diese Welt wird zweifellos bald ein Himmel sein. Das ist es, was ich sehe. Viele Leute sagen, „Die Welt wird untergehen." Nein. Ich bin überzeugt, daß sie ein Himmel sein wird. Sie wird bevölkert sein mit besseren Menschen, Menschen, die einander lieben und füreinander sorgen. Es geschieht bereits jetzt, und ihr seid die Saat dafür.

31. August

Lebe nur, um zu dienen!

Es ist nicht möglich, jemanden auszunutzen, der selbstlos dient. Es könnte manchmal so *scheinen*. Aber selbst wenn andere dich anscheinend ausnutzen, ist es zu deinem Vorteil, weil du aus reinem Herzen handelst. Du tust alles, was du kannst, um selbstlos zu dienen. Überlasse Gott den Rest und kümmere dich nicht darum, was die Leute denken oder über dich sagen! Die einfache Befriedigung, das dir Mögliche getan zu haben, reicht aus. Andernfalls wartest du auf das Ergebnis deines Handelns, wodurch es zu selbstsüchtigem Handeln wird. Tue einfach das, was du deinen Fähigkeiten nach tun kannst! Denke daran: die Hingebungsvollen genießen stets den höchsten Frieden. Darum lebe nur, um zu dienen!

September

1. September

Gurudevs Gebet

Frage: Können Sie uns ein Gebet empfehlen, das unseren Geist stärkt, damit wir die Schwierigkeiten des täglichen Lebens besser bewältigen?

Sri Gurudev: Möchtest du mein Gebet kennen? Mein Gebet ist sehr einfach. „Herr, ich weiß, daß alles Deine Form ist. Alles ist Dein Name. Alles ist Dein Tun. Und alles ist zum Besten."
Du bist ein Werkzeug in der Hand des Überbewußtseins. Es wirkt durch dich als individuelles Bewußtsein. Du bist eine kleine Zelle, und das Kosmische Bewußtsein läßt dich tätig sein. Du tust nichts. Warum solltest du dir also um irgend etwas Sorgen machen? Alles, was du tun kannst, ist in dem Bewußtsein zu leben: „Gott wirkt durch mich. Anerkennung oder Mißachtung gehen zu Ihm. Ich bin nicht dafür verantwortlich. Ich bin nur ein Werkzeug. Gott, ich weiß, daß Du derjenige bist, der mich benutzt."
Wenn dein Leben so ist, wenn du diese Wahrheit voll realisierst, wo ist für dich die Schwierigkeit? Du begibst dich nicht einmal in die Hand Gottes. Wer bist du, um selber zu geben? Sei dir einfach bewußt, daß du bereits in Gottes Hand bist! Belastet dich nach einer solchen Erkenntnis noch irgend etwas? Nein. Wie friedlich, wie glücklich wärst du!
Darum ist das mein Gebet: „Gott, laß mich immer daran denken, daß nur Du und Du allein durch dieses Instrument wirkst! Was auch immer geschieht, es sollte Dir zukommen. Es gehört nicht mir. Die Leute mögen mich loben. Gut, das Lob gehört Dir. Wenn sie mir eine Girlande um den Hals legen, ehren sie in Wirklichkeit

Dich. Sie mögen mir einen Tritt geben. Du bist es, dem sie den Tritt geben. Du bist es auch, der den Tritt gibt. Nachdem Du mich erschaffen hast, macht es auch Dir einen Riesenspaß. Warum sollte ich mir deshalb Gedanken machen?
Ich sage euch, das ist die einfachste Art. Ihr könnt völlig, ganz und gar frei sein von jeglichem Problem im Leben. Da bin ich mir ganz sicher.

2. September

Lasten sind einfach Felsblöcke im Kopf

Wenn du weißt, warum du lebst und warum du arbeitest, wird dir das Kraft geben. Wenn dein Leben und deine Arbeit dir Freude machen, ist diese Freude ausreichend, um dir viel Kraft zu vermitteln. Wenn das Leben und die Arbeit dir keine Freude machen, wird das Leben selbst zur Last und schwächt dich. Die Menschen, die ihre Tätigkeit nicht mögen, werden sehr schnell müde. Wenn du wirklich das, was du machst, gern tust, wirst du niemals ermüden. Müdesein ist weitgehend eine Frage des Denkens und Fühlens. Wenn du etwas nicht magst, wird es für dich sehr schwer. Du trägst es als eine Last.
Stell dir vor, man bittet dich, einen großen Felsblock zu tragen. Vielleicht sagst du: „Das ist zu viel. Das kann ich nicht tragen." Aber nimm an, ich gäbe dir einen großen Sack mit Goldmünzen, die noch schwerer wären als der Felsblock. Irgendwie würdest du die Kraft finden, ihn zu schleppen. Das beweist, daß Lasten einfach Felsblöcke im Kopf sind.

3. September

Und du hast noch immer die schmutzigen Flecken

Wenn andere dich kritisieren, gibt es zwei Dinge zu bedenken: „Das ist ihre Art, mich wahrzunehmen, und das ist es, was sie sehen." Laß ihnen diese Freiheit! Wahrscheinlich sehen sie nicht die andere, die bessere Seite. Hab Mitleid mit ihnen! Laß es dabei bewenden!
Die andere Art darüber zu denken wäre: „Diese Person ist wie ein Spiegel. Durch sie sehe ich meine Schwächen." Du stellst dich vor einen Spiegel, um die schmutzigen Flecken in deinem Gesicht zu entfernen. Genauso zeigt dir diese Person deine schmutzigen Flecken. Danke ihr und arbeite daran! Dann wirst du sogar nach Kritik Ausschau halten, weil du dadurch Hilfe bekommen kannst. Kritisieren dich diese Leute nicht, wirst du niemals deine Fehler erkennen. Siehst du es in diesem Licht, wirst du nie dadurch verärgert sein. Aber wenn der Spiegel dir weiterhin schmutzige Flecken zeigt und du dich verteidigst und danach schlägst, verlierst du den Spiegel, verlierst deine Faust und hast noch immer dieselben schmutzigen Flecken.

4. September

Selbstheilung sollte so erfolgen

Wenn du positive Gedanken aussendest und deine Fehler korrigierst, kannst du deine Probleme lösen. Tue jedoch nichts zur Linderung des Problems, ohne die Ursache zu beheben! Das Leiden kam zu deinem Nutzen. Du solltest nicht versuchen, es zu entfernen. Stattdessen entwickle die schönen Dinge, die guten Seiten in dir, dann werden die negativen von allein heilen! Selbstheilung sollte in dieser Weise erfolgen. Wenn du irgendein Problem hast, frage dich: „Wie bin ich da hineingeraten? Was ist der Grund dafür?" Dann fasse einen Entschluß: „In Zukunft will ich solchen Gedanken nicht mehr nachhängen. Ich will das Gegenteil fördern!" Die beste Art, die Dunkelheit zu vertreiben, ist, Licht in den Raum zu bringen.

5. September

Man braucht vor nichts Angst zu haben

Manchmal sind wir irgendwie erschrocken, und Furcht dringt in unser Unterbewußtsein. Hämmere dir dann bewußt ein, daß du unsterblich bist und daß es keinen Grund zur Angst gibt! Denke positiv! Meditiere furchtlos und voller Zuversicht darüber! Überzeuge dein Bewußtsein und laß die Überzeugung in das Unterbewußtsein eindringen! Du kannst dir selbst ein Tonband anfertigen, es unter dein Kopfkissen legen und darauf schlafen. Die Botschaft wird von deinem Unterbewußtsein aufgenommen. Die Furcht ist ins Unterbewußtsein gedrungen, und du mußt sie durch positive Gedanken ersetzen. Bis die neuen Gedanken eindringen, horche ständig auf sie! Dein Bewußtsein schläft nicht ganz, und dein Unterbewußtsein hört immer noch den Kassetten zu (die man sich selbst gemacht hat). Wenn du wach bist, denke bewußt daran, schreib dir eine Gedächtnishilfe auf, die du von Zeit zu Zeit lesen kannst! Bringe diese Gedächtnishilfen überall an, bis die Furcht vollkommen ausgemerzt ist! Tue alle positiven Dinge, die dir einfallen!
Es gibt auch andere Wege. Aber der Weg des Yoga besteht darin, entgegengesetzte Gedanken in das Bewußtsein aufzunehmen, so daß die unerwünschten Gedanken hinausgepreßt werden. Und wenn du es nicht allein schaffst, frage andere um Hilfe!

6. September

Du bist diese unsterbliche Seele

Solange wir nicht unsere wahre Natur und unsere spirituelle Realität erkennen, ist unser Lebenszweck nicht erreicht. Das Hauptziel hinter unserem Suchen, hinter all den Ansätzen und Handlungen ist die Verwirklichung unserer wahren Natur, unseres Selbst, des Gottes in uns und somit die Erkenntnis, daß alles Ausdruck ein und desselben Geistes ist. Solange wir das nicht in unserem Leben verwirklichen, müssen wir immer wiedergeboren werden. Wir müssen viele Male sterben. Das ist das einzige Ziel unseres Daseins.
Es ist gleichgültig, was du tust. Dein Ziel sollte sein, dich diesem Verständnis zu nähern: „Im Wesentlichen bin ich Gottes Geist, ich bin das reine Selbst. Ich bin Absolutes Sein – Wissen - Seligkeit."
Mache deine wahre, deine spirituelle Natur ausfindig! Du arbeitest nur mit diesem Körper und diesem Bewußtsein. Sie sind deine Werkzeuge. Du bist *nicht* der Körper. Du bist *nicht* das Bewußtsein. Du *bist* die unsterbliche Seele.

7. September

Wenige sind gewillt, einen hohen Preis zu bezahlen

Es gibt nur wenige Menschen, die sich wirklich ein hohes Ziel setzen und gewillt sind, den Preis dafür zu zahlen. Der große Preis ist Disziplin im Leben.
Wievieler Disziplin bedarf es, um einen Mann auf den Mond zu schicken? Wieviel ist nötig, um selbst einen Olympiasieger auszubilden? Die Sportler dürfen nicht rauchen. Sie haben Beschränkungen im Essen. Sie haben abends Ausgehverbot. Sie müssen regelmäßig trainieren. Und das alles für ein kleines Stückchen Gold.

Wieviel Disziplin ist nötig, um einen einfachen Berg zu besteigen? Und wie viel mehr Disziplin ist erforderlich, um den Mount Everest zu bezwingen? Hier versuchen wir, den höchsten Berg zu erklimmen, den „Ever Rest" (Ewige Ruhe). Alle großen Weisen und Heiligen sagten: „Disziplin ist erforderlich. Bringe Disziplin in dein Leben! Kontrolliere deine Sinne!" Sie waren keine Dummköpfe.
Wir brauchen im Leben Orte, wo wir Disziplin lernen können. Indem wir unsere Energien zweckgerichtet einsetzen, erzielen wir einen größeren Gewinn. Nimm zum Beispiel hydraulische Energie. Woher bekommst du sie? Wie bekommst du sie? Ein freifließender Strom wird durch einen Damm nutzbar gemacht. Dann wird das Wasser durch ein großes Rohr geleitet. Es läuft durch eine Turbine. Und sobald die Elektrizität erzeugt ist, wird sie durch kleinere Transformatoren geleitet, bis sie dein Haus erreicht. Das alles ist Disziplin. Läge nur ein offener Draht in deinem Haus, bekämst du einen Schlag, oder es würde Feuer ausbrechen.
Wenn du einen Hund hast und sagst: „Sitz!", und er setzt sich, dann bist du glücklich und stolz. Wieviele Hundebesitzer zeigen, wie diszipliniert ihre Hunde sind! Was siehst du im Zirkus? Alle Löwen, Tiger, Elefanten und Pferde sind diszipliniert. Darum vergiß nie, daß jede Leistung im Leben auf Disziplin beruht!

8. September

Er verbreitet sein Licht noch heute

Wir sind äußerst glücklich, den Geburtstag eines großen und modernen Heiligen der Welt, Seiner Heiligkeit Sri Swami Sivananda Maharaj, zu feiern. Er strahlt heute sein Licht noch genauso aus von den heiligen Bergen, dem Himalaya, am Ufer des Ganges, wie vor hundert Jahren. Wir haben auch großes Glück, daß wir in einer Zeit leben, in der es solch außergewöhnliche Seelen gibt.

Er, das Ziel von „Du bist Das", ist der größte Segen, die höchste Freude, die Verkörperung der absoluten Weisheit, unbegrenzt wie der Himmel, jenseits von Dualität. Eins, ewig, rein und still, Zeuge des gesamten Universums, vom Verstand her nicht faßbar, frei von Gunas*, diesem Guru möge meine Verehrung gelten! So steht es in den Heiligen Schriften geschrieben.

Das bedeutet, daß derjenige, der all diese Eigenschaften personifiziert, der wahre Guru ist. Ihm gebührt meine Ehrerbietung. Sri Swami Sivanandaji Maharaj ist eine Verkörperung all dieser Eigenschaften. Ich hatte großes Glück, daß er mein Lehrer war, daß ich in ihm mein Vorbild sehen konnte, auch als er noch physisch unter uns weilte. Wenn ihr in mir ein bißchen Wahrheit oder Wissen seht, dann ist es der Funke, der von diesem großen Licht ausging. Da ich selbst nur ein kleiner Funke bin, ist es für mich fast unmöglich, ihn zu ergründen oder über ihn zu sprechen. Aber laßt uns bei dieser Gelegenheit etwas über die wahren Voraussetzungen eines Lehrers ins Gedächtnis rufen! Gleichzeitig sollten wir erkennen, wie glücklich wir uns für diese Verbindung schätzen können. Wir sollten sehr vorsichtig sein und die Gelegenheit nicht verpassen, das innere Licht zu erkennen. Das Leben ist begrenzt. Der Tod kann jeden Augenblick eintreten. Darum schmiedet das Eisen, solange es heiß ist! Gott segne euch!

---

* (Anm. d. Übersetzerin): Guna = Qualität (Seinsbestimmtheit)
sattva-guna = Qualität des Lichten, Reinen;
rajas-guna = Qualität des Leidenschaftlichen, Hitzigen;
tamas-guna = Qualität des Dunklen, Trägen.

9. September

Wir haben wirklich Glück

In den Heiligen Schriften steht, daß es äußerst schwer ist, eine menschliche Geburt zu erreichen. Wir sehen Millionen verschiedener Lebewesen, aber als menschliches Wesen geboren zu werden, ist sehr selten. Noch schwieriger ist es, ein gesundes Bewußtsein in einem gesunden Körper zu haben. Wir müssen das gut verstehen. Es ist nicht einfach ein Zufall, daß uns dieser schöne menschliche Körper gehört. Wir haben bestimmt Millionen und Abermillionen löbliche Taten vollbracht, um uns dafür zu qualifizieren. Eine menschliche Geburt ist die einzige Geburt, in der wir von dem Ozean der *Samsara* oder dem ewigen Auf und Ab des Lebens befreit werden können. Das ist unsere Chance. Hier ist der Ort, an dem wir lernen und unsere Sporen verdienen können. Darum ist die menschliche Geburt ein sehr seltenes Privileg, das uns gegeben wurde. Aber das ist nur eine der drei großen Gnaden.

Selbst wenn du diese Dinge hast, sagen die Heiligen Schriften, daß man noch seltener jemanden findet, den es nach der Wahrheit dürstet. Millionen Menschen mit einem gesunden Körper und Verstand dürsten nur danach, etwas Geld, einen Namen und Ruhm zu erwerben. Namen kommen und gehen. Geld kommt und geht. Selbst Schönheit kommt und geht. Ein paar Falten lassen uns alt erscheinen. Was ist also von Dauer? Das einzige von Dauer ist die Wahrheit. Die Suche nach Dauerhaftigkeit, nach der Wahrheit, ist sehr selten.

Selbst wenn du einen menschlichen Körper hast und es dich nach der Wahrheit dürstest, gibt es etwas, das noch seltener ist: Jemanden zu finden, der dir sagt, wo die Wahrheit ist: einen spirituellen Führer. Es gibt viele Lehrer, die dir helfen können, etwas Geld zu verdienen, dich schöner zu machen oder ein paar Kenntnisse zu erwerben, aber die letzte Wahrheit kann dir nur von jemandem gezeigt werden, der sie mit Hilfe eines anderen Menschen erfahren hat, der selbst die Wahrheit fand. Die Wahrheit geht von einer Person zur anderen über. Spirituelle Lehrer sind sehr selten; wenn ihr das Glück habt, einen zu finden, dann solltet ihr erkennen, was für ein Glück das ist. Das habe ich gefühlt, als ich meinen Meister traf. Wir haben wirklich Glück, solch eine Führung zu besitzen, uns an seine Lehren und seine Größe zu erinnern und daran, wie er das Licht auf Millionen von Menschen ausstrahlte, ohne selbst den Himalaya zu verlassen.

10. September

Was ist Gott?

Nach was hältst du Ausschau als spirituell Suchender? Nach dem Geist. Darum solltest du alles unter diesem Gesichtspunkt untersuchen: „Ist es Geist oder nicht? Ist es Gott? Ist es friedvoll, oder ist es friedlos? Ist es von Dauer, oder ist es vergänglich?" In jeder Minute solltest du diese Unterscheidung treffen: „Wird es meinen Frieden stören oder hilft es mir, ihn zu bewahren?" Wenn etwas auf dich zukommt, sollte deine erste und wichtigste Frage sein: „Wird das meinen Frieden stören?" Ist das der Fall, vermeide es! Du weichst solchen Dingen nicht aus, um mehr Frieden zu *bekommen*. Nichts kann den Frieden *vergrößern*. Die Dinge können entweder deinen Frieden stören oder einfach da sein, ohne ihn zu stören. Das ist alles. Entweder dies oder das. Wenn etwas deinen Frieden stört, solltest du dich fragen: „Warum sollte das meinen Frieden stören? Es stört nicht den Frieden der anderen. Stimmt etwas nicht mit der Sache oder mit mir?" Dann wird dir klar: „Ja, der Fehler liegt bei mir. Die Sache selbst wird mich nicht aus dem Gleichgewicht bringen."

Du kannst alle Reichtümer der Welt besitzen und dennoch durch nichts aus dem Gleichgewicht kommen. Andererseits kannst du alles außer einem winzig kleinen Gegenstand loslassen und wegen dieser einen Sache deinen Frieden verlieren.

11. September

Wahrer Friede ist mitten im Tumult

Frage: Es scheint so, als ob man in dem Augenblick, in dem alles ruhig und friedlich ist, sicher sein kann, daß gleich ein großer Tumult entsteht. Wird das Leben immer so sein? Müssen wir in Augenblicken der Ruhe immer die Augen offen halten, ob nicht der Feind über den Hügel kommt?

Sri Gurudev: Ja, es ist besser, darauf zu achten. Das Leben ist immer so. Es ist in diesem Zustand der Ruhe, daß der Feind erscheint und testet, wie friedlich du bist. Wenn die Dunkelheit kommt, halte Ausschau nach dem Licht, das folgt! Wenn der Tag kommt, warte auf die Nacht, die folgt! Wenn du weißt, daß das eine nicht ohne das andere besteht, wirst du von keinem der beiden überrascht. Die Abwesenheit von Tumult ist nicht wahrer Frieden. Wahrer Frieden bedeutet nicht die Abwesenheit von Tumult. Wahrer Frieden bedeutet, daß du dich über den Tumult erhebst und inmitten des Tumults friedlich bleibst.

12. September

Entweder du läßt den Korb im Boot oder auf deinen Schultern

Einst segelte ein Mann mit einigen Leuten in einem Boot. Plötzlich sagte der Fährmann: „Das Boot ist anscheinend überladen. Das Wasser steigt immer höher, und wir werden wohl kentern. Wenn wir über Wasser bleiben wollen, müssen wir Ballast abwerfen." Sofort sagte der Mann: „Sei unbesorgt. Ich schaff das schon!" Er hatte einen schweren Korb auf dem Boden des Bootes stehen. Er hob den Korb auf und setzt ihn sich auf den Kopf. „Ist es so in

Ordnung?" Es war ein schwerer Korb, und er dachte: „Ich will den Korb einfach tragen, dann wird das Boot leichter."
Jedes Mal, wenn du sagst, „Ich habe es getan," trägst du den Korb, während du im Boot sitzt. In Wahrheit ist es egal, wo der Korb sich befindet. Das ganze Gewicht wird doch vom Boot getragen. Ob du ihn auf dem Boden des Bootes oder auf dem Kopf trägst, ist unwesentlich. Solange du fühlst, daß *du* ihn trägst, daß *du* verantwortlich bist, daß *du* etwas tust, gut, dann trage ihn! Der Herr lächelt nur: „Gut, soll er ihn tragen." Aber wenn du beschließt, das Gewicht auf Seine Schulter zu legen, ist Er bereit und willig, es zu tragen. Diese Freiheit besteht. Du kannst entweder den Korb im Boot lassen oder auf deinem Kopf. Kluge Menschen werden ihn im Boot behalten. Egoistische Menschen werden ihn auf dem Kopf behalten. Das ist alles. Letzten Endes wird das ganze Gewicht von Ihm getragen.

13. September

Darum wird es Traum genannt

Mache dir nicht zu viele Gedanken über Träume! Wenn du von einer anderen Person träumst – sei es von ihrer Gesundheit oder von etwas anderem – dann ist es einfach eine Warnung und braucht nicht immer in Erfüllung zu gehen. Darum sage zu der Person: „Ich habe das Gefühl, du solltest etwas vorsichtiger sein." Nichts ist falsch, wenn du jemandem auf diese Weise rätst. Selbst wenn der Traum ein falscher Traum ist, wird sie nichts verlieren, wenn sie vorsichtiger ist. Du verletzt niemanden. Betrifft der Traum dich selbst und kannst du etwas tun, um achtsamer zu sein, dann tue es! Macht der Traum gar keinen Sinn, vergiß ihn einfach! Nicht alle Träume sind die absolute Wahrheit. Manche haben keine Bedeutung. Das Bewußtsein funktioniert auf verschiedenen Ebenen. Darum mache dir deswegen nicht zu viele Gedanken! Du selbst wirst klar erkennen: „Dies ist einer von den

Träumen, auf die ich mehr achten sollte. Ich muß vorsichtiger sein." Wenn du in manchen Träumen gar keinen Sinn findest, vergiß sie! Wenn Gott durch einen Traum zu dir sprechen möchte, wird Er auch eine gewisse Klarheit dazu vermitteln. Gott wird dir nichts sagen, ohne dich zu befähigen, es zu verstehen. Solltest du es nicht wirklich verstehen, kannst du sagen: „Gott, ich weiß nicht, warum ich diesen Traum hatte. Auch wenn Du mir diesen Traum geschickt hast, so verstehe ich ihn doch nicht. Vielleicht kannst Du ihn mir morgen Nacht erklären." Sonst vergiß ihn einfach! Alles, was du nicht klar verstehst, kannst du ignorieren. Denn ein Traum muß nicht immer wahr sein. Darum wird er Traum genannt.

14. September

Es ist die höchste Hingabe

Frage: Müssen wir jedes Karma akzeptieren, oder können wir versuchen, es ein bißchen zu verändern?

Sri Gurudev: Wenn wir verstehen, daß wir Werkzeuge sind und nichts in unserer Hand liegt, dann liegen Annehmen und Verändern auch nicht in unserer Hand. Es ist sehr einfach. Wenn du veranlaßt wirst, es anzunehmen, nimm es an! Wenn du veranlaßt wirst, es zu verändern, verändere es! Selbst das wird veranlaßt. Etwas wird dir sagen: „Los, geh und versuche, es zu verändern!" Dann sollte deine Antwort lauten: „Gut, Gott, wenn es das ist, was Du möchtest, laß es mich mit Deiner Unterstützung tun! Du bewegst mich dazu, darum tue ich es." Das ist die höchste Hingabe, und das Leben ist auf diese Weise wirklich schön. Alles, was du zu tun hast, ist, Seiner Führung zu folgen. Der Pinsel sagt nie zu dir: „Male hier, male dort, benutze einen breiten Strich!" Sei du einfach der Pinsel und laß Ihn malen, was immer Er möchte! Er sieht das ganze Bild, und es wird ein Meisterwerk sein.

15. September

Wir sind alle „Wandertempel"

Gott zu verehren bedeutet nicht, daß Gott vor dir steht und du Ihn direkt anbetest. Menschen dienen bedeutet, Gott zu dienen. Etwas für die Menschen tun bedeutet, etwas für Gott zu tun. Der große Heilige Thirumular sagte: „Wenn du Gott in einem feststehenden Tempel dienst, erreichst du Ihn nur dort. Du wirst Ihn nicht in den Wandertempeln erreichen. Aber wenn du Gott in den Wandertempeln dienst, wirst du Ihn auch in dem feststehenden Tempel erreichen." Wir sind alle „Wandertempel". Dein Körper ist dein Tempel. Der Herr wohnt in dir. Dein Herz ist Sein Altar.
Das bedeutet, der Dienst an der Menschheit ist Dienst an Gott. Dienst du Gott nur in der Kirche oder der Synagoge, wird die Menschheit nicht davon profitieren. Gott braucht deinen Dienst nicht für Sich selbst. Er braucht keinen Tempel. Da ist Gott in jedermann. Gibst du jemandem etwas zu essen, dann bringst du es Gott in dieser Person dar. Reparierst du ein Fahrzeug, reparierst du es, damit Gott damit herumfahren kann. Der wahre Lohn für deine Taten besteht darin zu sehen, wie vielen Menschen sie zugute kommen.

16. September

Der Lehrer erwartet sonst nichts

Frage: Wie liebt ein Meister seine Schüler? Wie haben Sie als Schüler gelernt zu lieben?

Sri Gurudev: „Wie liebt ein Meister seine Schüler?" Du wirst es bestimmt wissen, wenn du selbst Meister wirst. Ein echter Meister liebt nicht nur seine Schüler, sondern alle und alles gleichermaßen. Da gibt es keine Abstufungen. Seine Liebe ist die gleiche für jedermann. Manchmal mag es *scheinen*, als sei sie ein bißchen größer für die Schüler, einfach weil diese in seiner Nähe sind und die Lehren befolgen. Es könnte so aussehen, als ob er sie lieber hätte. Zuweilen könnte er sogar sagen: „Ich liebe dich mehr als irgend jemand sonst." Das ist vermutlich eine Art, dich zu ermutigen. Es braucht nicht wahr zu sein. Laß dir das nicht in den Kopf steigen! Nur um dich zu ermutigen und zu inspirieren, könnte er sagen: „Du bist mein liebster Schüler!" Das ist zu deinem Nutzen. Aber für ihn ist jeder gleich, weil seine Liebe bedingungslos ist. Ob du seine Lehren befolgst, ob du ihn lobst oder tadelst. Du könntest ihn verleumden. Du könntest ihn sogar verleugnen und anzeigen. Es macht nichts. Du bist immer noch derselbe für ihn. Reine Liebe erwartet keine Gegenliebe. Und das ist reine Liebe. Jeder sollte lernen, auf diese Weise zu lieben!

Die Frage ist jetzt: "Wie lerntest du als Schüler lieben?" Das ist genauso. Ich glaube nicht, daß ich jemals lieben lernte. Es ist nicht etwas, das man lernt. Es ist spontan. Es kommt einfach aus dem Herzen. Niemand braucht es dich zu lehren. Wenn du etwas Schönes siehst, etwas, das größer ist als du selbst, und du fühlst, daß du eine Menge empfängst, was kannst du zurückgeben? Du kannst nicht all das zurückgeben, was du von einem Lehrer erhältst, und vermutlich braucht der Lehrer keinerlei Gegengabe. Er erwartet nicht einmal deine Liebe. Aber deinerseits kannst du das einfach durch Liebe erwidern. Durch die Liebe für diese Person liebst du die Lehre. Du liebst alles, was du von der Person bekommst. Weil du es liebst, pflegst du es und gebrauchst es in deinem Leben. Es ist nicht so, daß du einfach die Lehre liebst und sie beiseite legst. Du wendest sie in deinem eigenen Leben an. Das ist die einzige Art, wie du deine aufrichtige Liebe für den Lehrer zum Ausdruck bringen kannst. Der Lehrer erwartet nicht mehr.

17. September

Es ist unmöglich, eine falsche Entscheidung zu treffen

Es ist unmöglich, eine falsche Entscheidung zu treffen. Selbst wenn du eine falsche Entscheidung triffst, wirst du sehr bald merken, daß sie falsch ist, und so erhältst du eine gute Lehre. Es ist schlimmer, gar keine Entscheidung zu treffen. Triffst du gar keine Entscheidung, wirst du nicht wachsen. Wenn du das Richtige tun willst und nicht weißt, was du tun sollst, gibt es viele Menschen, die dir helfen können. Frage einige, zu denen du Vertrauen hast, und folge ihrem Rat! Denn im Endeffekt ist alles zum Guten. Selbst wenn du einen Fehler machst, ist es zum Guten, denn es lehrt dich, daß es ein Fehler war. Du verlierst eigentlich nichts dabei.

18. September

Dies ist eine kosmische Mission

Wenn du dein Vertrauen einfach ganz in diese große Kraft setzt, werden all deine Beschwerden verschwinden. Du wirst zur Erfüllung deines Lebenszieles geleitet werden. Du solltest wissen, daß du zu einem bestimmten Zweck hierher geschickt wurdest. Es ist nicht so, daß du eines schönen Tages beschlossen hast: „Ich gehe jetzt, um in Amerika oder auf diesem Planeten geboren zu werden." Du hast das nicht entschieden. Jemand anders hat das beschlossen: „So und so sollte gehen und an dem und dem Ort mit einer bestimmten Identität zur Welt kommen." Und es besteht dafür ein Grund. „Ich sende diese Person, damit sie dies und jenes erledigt. Bis das vorüber ist, werde Ich sie dort behalten. Wenn die Arbeit getan ist, werde Ich sie wieder entlassen." In gewisser Weise sind wir alle von einer Höheren Macht eingestellt, und wir müssen unsere Arbeit erledigen. Ist die Arbeit getan, wirst du zurückberufen. Gott ist auch ein guter Verwalter. Er wird nicht ein Quentchen Extraatem an dich verschwenden. Ja. Alles ist bemessen. Er schickt dich los mit einer gewissen Atemmenge. Darum ist es nicht *unsere* Aufgabe. Es ist eine kosmische Mission Wir erfüllen unseren Anteil. Laßt es uns bewußt tun! „Es ist alles Gottes Werk. Gott hat mich geschickt, um etwas zu tun. Gott gab mir alles Nötige, um meinen Anteil zu leisten, um meine Pflicht zu tun, und Er steht hinter mir und hilft mir. Ich brauche mich um nichts zu sorgen." Wir laden uns viel zu viel Verantwortung auf. „Ich muß das tun. Ich bin dafür verantwortlich." Nein! Niemand ist für irgend etwas verantwortlich. Wenn wir für etwas verantwortlich sind, dann nur, die Wahrheit zu erkennen. Laßt uns die Wahrheit erkennen! „Meine Verantwortung besteht darin zu erkennen, von wem und aus welchem Grund ich geschickt wurde und zuzulassen, daß diese unsichtbare Hand durch mich wirkt." Errichte keine Hindernisse! Er wird dich ohnehin dazu bringen, es zu tun. Warum es also nicht einfach ruhig tun, statt zu sagen: „Nein, ich kann es nicht, ich kann es nicht!"

19. September

Wahre Freiheit

Glück kommt niemals von außen. Nur wenn du für dein Glück nicht von etwas Äußerem abhängst, bist du vollkommen unabhängig. Du magst in einem freien Land leben, aber du bist nicht frei, wenn du dich nicht von Unwissenheit befreist. Nationale Freiheit ist nicht die wahre Freiheit. Es steht dir nicht einmal frei, die Fahrbahn zu wechseln, wenn du willst. Gibst du nicht die richtigen Signale, bevor du die Fahrbahn wechselst, wirst du hinter dir die Polizeisirene heulen hören. Kannst du sagen, daß du wirklich frei bist? Wahre Freiheit kommt erst, wenn du deine wahre Natur erkennst.

20. September

Denke gut, und du wirst gut!

Tue einfach, was du kannst, und überlasse den Rest der Natur! Die Natur sagt dauernd: „So sei es." Wir sagen, „Ich möchte ein Affe sein." So sei es. „Ich möchte intelligent sein." So sei es. „Ich bin sehr unglücklich." So sei es. „Ich bin das alles leid." So sei es. Was auch immer du denkst, die Natur sagt: „So sei es!" Es hängt also von dir ab. Wenn du weiterhin negativ denkst, wird die Natur sagen: „So sei es. Laß es so sein!" Weil du es wolltest, bekamst du es. Darum siehst du, wie vorsichtig wir sogar mit unseren Gedanken sein sollten. Was immer du denkst, wird von der Kosmischen Kraft gesegnet. „So sei es!" Darum sagen wir: „Wie du denkst, so wirst du." Denke gut, du wirst gut! Denke kranke Gedanken, und du wirst krank! Es ist alles dein Denken. Manchmal denkst du nicht schlecht über dich selbst, aber über andere. Was wird geschehen? Wenn du so denkst, wirst du so. Wir sagen: „Siehe nichts Schlechtes, höre nichts Schlechtest, sprich nichts Schlechtes!" Warum? Weil du selbst schlecht wirst, wenn du Schlechtes siehst, Schlechtes hörst oder Schlechtes sprichst. Du magst denken: „Soundso ist ein schlechter Kerl. Was ist falsch, wenn ich das sage?" Ja, er mag ein schlechter Kerl sein, aber an was denkst du? An seine schlechten Eigenschaften. Wenn du immer an schlechte Eigenschaften denkst, wirst du so werden. Du verletzt nicht ihn, aber du verletzt dich selbst. Darum sollten wir in unserem Leben immer nur Gutes, nur Gutes, nur Gutes denken. Siehe immer nur das Gute! Trainiere deine Augen, um von allem die helle Seite zu sehen!

21. September

Verbinde dich mit deinen unbegrenzten Fähigkeiten!

Dein Schicksal ist deine eigene Schöpfung, weil du der Meister deines Schicksals bist. Weil *du* es gemacht hast, kannst du es immer ungeschehen machen. Wenn du die Fähigkeit hast, etwas zu tun, hast du dann nicht auch die Fähigkeit, es ungeschehen zu machen? Vertraue daher auf diese Fähigkeit, und dann gehe voran!
Aufrichtiges Suchen erfolgt erst, wenn du dir deiner begrenzten Fähigkeiten bewußt wirst. Dann verbindest du dich mit einer unbegrenzten Fähigkeit. Auch mit der Bitte um Hilfe ist es so. Erst wenn du sagst: „Ich kann nicht mehr, bitte hilf mir!", wird die Hilfe kommen.
Manchmal ist Gott anscheinend hartherzig. Er wartet, bis du wirklich aufgibst. Bis dahin sind deine Gebete nicht ganz ehrlich. Sie mögen gut sein. Du magst schöne Lieder singen. Du magst eine angenehme Stimme haben. Deine Gesänge, deine indischen oder deine gregorianischen Gesänge mögen wundervoll sein. Aber wenn du weinst, kümmerst du dich weder um Stimme, noch um Melodie, noch um Tonhöhe. „Oh, mein Gott, bitte!" Du schreist es heraus. Ja. Und das ist es, was man aufrichtiges Gebet nennt. Es sollte tief aus dem Herzen und nicht aus dem Kopf kommen. So ein Gebet wird sofort erhört. Laßt uns darum solche Suchenden werden! Laßt uns ehrlich und ernsthaft sein! Wir sollten vollkommen überzeugt davon sein, daß „ich nichts bin, daß meine Fähigkeiten sehr begrenzt sind und daß ich ohne diese unbegrenzte Quelle nicht viel tun kann". Es ist diese Energie, die diesen Körper heute hier und jenen Körper dort sitzen läßt. Wir werden alle von derselben Energie bewegt.

22. September

Langsam, ganz langsam wird der Friede kommen

Friede liegt nicht einfach in der Hand von ein paar Menschen. Jeder von uns kann etwas dazu beitragen. Gibt es mehr friedliche Menschen, wird die Welt friedlicher sein. Darum laßt uns mit dem Frieden bei uns selbst beginnen! In gewissem Sinne ist es fast unmöglich, der ganzen Welt den Frieden zu bringen. Die Welt ist nicht so beschaffen. Es gibt Unterschiede und vielseitige Aspekte, obwohl unsere Quelle und unser Geist selben Ursprungs sind. Gott schuf alles und jeden verschieden. Wir brauchen alle Arten von Menschen, damit das Drama gut funktioniert. Selbst der schrecklichste Sünder hat einen Platz. Wir haben nicht das Recht, irgend jemanden zu verurteilen. Aber wir können ein gutes Beispiel für andere sein.
Die Welt besteht aus Höhen und Tiefen, Positivem und Negativem. Sie ist wie eine große Fabrik. Die Menschen kommen als Rohmaterial und unterliegen dem Prozeß der Vervollkommnung. Schau dir eine Autofabrik in Detroit an! Auf der einen Seite siehst du die schönen fertigen Autos. Sie stehen bereit zur Lieferung. Aber was siehst du auf der anderen Seite? Alles unverarbeitetes Rohmaterial, Metallplatten, Muttern und Bolzen, die verarbeitet werden. Eine Menge Schneiden, Schnitzeln, Scheuern, Meißeln, Feilen, Mahlen, Schweißen, Pressen. Langsam bekommt es Form. So sind auch die Menschen. Das ist es, was man Entwicklung oder Wachsen nennt. Dadurch gewinnen wir Erfahrung, wir lernen. Selbst ein Sünder ist da, um dir zu zeigen, was man nicht tun soll. Er ist ein Beispiel für dich. Wenn du ihn siehst, wird dir klar: „Das sollte ich nicht tun!"
Darum ist es wirklich unmöglich, die Welt zu einem bestimmten Zeitpunkt hundertprozentig friedlich anzutreffen. Aber die Menschen können als Einzelne Frieden finden und dann für andere ein Beispiel sein. Langsam, ganz langsam wird der Frieden kommen.

23. September

Das Leben ist auch eine Pilgerfahrt

Frage: Als Sie den Berg Kailash bestiegen und das Ziel der Pilgerfahrt, den Wohnsitz von Lord Siva erreichten, hatten Sie da eine bestimmte Erfahrung? Wie war das?

Sri Gurudev: *Gurudev seufzt und lehnt sich mit geschlossenen Augen in seinem Stuhl zurück. Für einen Augenblick ist er mit einem strahlenden Gesichtsausdruck in Träumereien verloren.* Diese Erfahrung läßt sich nicht in Worte fassen. Es ist fast, als würde man sagen, du hast hart gearbeitet, du hast eine Menge geleistet, bist nach Hause gekommen, hast eine warme Dusche genommen, bist in die Küche gegangen, hast etwas zu Abend gegessen, dann hast du in deinem Schlafzimmer leise Musik angestellt, hast etwas Warmes getrunken, hast das Licht abgedunkelt, das Bett gemacht, dich hingelegt, dich zugedeckt, die Augen geschlossen, dein Mantra wiederholt und dann...
Was würdest du am nächsten Morgen antworten, wenn jemand dich fragt: „Was hast du empfunden? Kannst du es mir beschreiben?" Du kannst nicht in Worte fassen, was du empfunden hast! Wir können unsere begrenzten Fähigkeiten gebrauchen und sagen: „Eine große Erleichterung, Frieden und Wohlbehagen. Als ob all deine Lasten von dir genommen wären und du einfach schwebst." Was man am Ende einer Pilgerfahrt empfindet, ist wirklich schwer zu erklären, aber die ganze Reise bereitet dich darauf vor. Jede Minute kannst du erkennen, daß Gottes Hand am Werk ist. Jede Minute. Mehrere Male sagte ich beinahe Lebewohl. Aber durch Seine Gnade kam ich zurück.
Darum bereiten uns all diese Dinge gewissermaßen auf die Erkenntnis vor, daß wir ohne Seine Hilfe nichts tun können. Nichts, was wir besitzen, nichts, was wir unser Eigen nennen, wird uns helfen, Gott innen und außen zu erfahren. Du magst einen starken Körper haben, aber wenn kein Sauerstoff da ist, was kannst du tun? Du magst Millionen Dollar besitzen, aber es gibt nichts zu

kaufen. So wird alles zum Nichts. In gewisser Weise wird dir die Wertlosigkeit all der Dinge, von denen du abhängig warst, beigebracht. An dem Punkt sagst du: "Es ist nur Gottes Gnade, die mir hilft."
Es ist wahr, Gott ist überall. Es ist nicht so, daß Gott nur am Ziel einer Pilgerfahrt erfahren werden kann. Aber weil du einen so hohen Preis bezahlt hast, kannst du Ihn dort leichter erkennen. Darum bereitet dich eine Pilgerfahrt auf diese Erfahrung vor. Du lebst regelrecht mit Gott. Das Leben ist auch eine Pilgerfahrt, um uns vorzubereiten auf die Erfahrung der Erkenntnis, daß Gott überall ist, sowohl innen wie auch außen.

24. September

Wieviele Menschen gehen zum Picknick nach Jerusalem?

Alles kann eine Pilgerfahrt sein. Selbst wenn du von diesem Gebäude zum nächsten gehst, kann es eine Pilgerfahrt werden. Ja. Alles hängt von deiner Einstellung ab. Leider nennt man es nur eine Pilgerfahrt, wenn man an einen heiligen Ort geht, weil dies das einzige Mal ist, wo man so empfindet. Es ist das Gefühl, das die Pilgerfahrt ausmacht. Wieviele Menschen gehen zu einem Picknick nach Jerusalem? Nur weil es eine heilige Stadt ist, bedeutet das noch nicht, daß jeder, der dorthin fährt, auf eine Pilgerfahrt geht.
Pilgerfahrt findet in unseren Gedanken und Gefühlen statt. Könntest du dieselbe Haltung entwickeln, wenn du in deiner eigenen Stadt herumläufst, würde dies zu einer Pilgerfahrt werden. Wenn du nach New York fährst und zurückkommst, ist es eine Pilgerfahrt, wenn du die richtige Einstellung hast. Wohin willst du für eine Pilgerreise fahren? Du brauchst heutzutage nicht den Berg Kailash zu besteigen. Wenn du nur ein paarmal die Straße in New York auf und abgehst, wirst du dich mehr Hindernissen und Ge-

fahren gegenübersehen. Gehe einfach den Broadway entlang! Wieviele Ablenkungen gibt es da, und was stellt sich dir alles in den Weg? Es ist somit die Einstellung, mit der du losziehst, die den Unterschied ausmacht.

25. September

Es ist nie zu spät

Frage: Ich habe die meiste Zeit meines Lebens in Unwissenheit und Selbstsucht zugebracht. Erst jetzt wird mir klar, daß das Wichtigste die Suche nach Gott ist. Kann ich hoffen, daß eines Tages die innere Freude auch mir zuteil wird, oder ist es zu spät in diesem Leben?

Sri Gurudev: Es klingt so, als wärest du 99 Jahre alt! Es ist nie zu spät, die Wahrheit zu erkennen. Unser Alter ist nicht auf das Alter des Körpers begrenzt. Behalte das im Gedächtnis! Du wirst niemals zur Ruhe kommen, bevor du nicht die Wahrheit erkannt hast. Es ist eine Art Zwangserziehung. Du kannst die Schule nicht verlassen und davonlaufen. Wo auch immer du hingehst, wird ein Schulzimmer sein. Dort wird ein Lehrer auf dich warten, um dich zu unterrichten. Du mußt es lernen – entweder heute oder morgen oder im nächsten Jahr oder im nächsten Leben oder nach weiteren zehn Leben. Das bedeutet nach zehn Wiedergeburten. Bis wir die Wahrheit erkennen, wird uns ein Körper nach dem anderen gegeben. Wie kannst du also sagen, es ist zu spät? Es ist niemals zu spät. Gleichzeitig sei dir bewußt, daß es wirklich nicht einer so langen Zeit bedarf, um dich zu retten oder Gott zu erkennen und die Wahrheit zu erfahren. Wenn du ein Leben voller Hingabe und Entsagung führst, gibt es nichts, was deine Sicht färben oder verdecken könnte. Und wenn deine Sicht klar wird, erlebst du sofort die Wahrheit.

26. September

Gott schuf wohl absichtlich einen solchen Burschen

Frage: Ich verstehe, daß wir Hitler nicht hassen sollen. Aber sollen wir ihn lieben?

Sri Gurudev: Natürlich. Er ist auch ein Kind Gottes. Derselbe Gott, den du liebst, hat auch ihn erschaffen. Er war ein ungezogener Bruder. Das ist alles. Er war auch dein eigener Bruder. Er kam in dieselbe Familie. Wenn dein eigener Bruder gewalttätig geworden wäre, was hättest du getan? Würdest du ihn hassen? Du würdest ihn lieben, aber du würdest ihn zurechtweisen. Du würdest ihn daran hindern, das Falsche zu tun, aber du würdest ihn nicht hassen.
Was gewinnst du, wenn du solche Menschen haßt? Du haßt dich dann selber. Hassen ist keine Antwort. Es führt zu nichts. Wenn du immer noch jemanden hassen willst, dann hasse den, der dich und ihn erschaffen hat. Ja. Das ist es, was ich den Leuten sage, die Hitler wirklich hassen wollen. Es ist dein eigener Gott, den du liebst, von dem du sagst, er sei gnädig, der ihn erschaffen hat. Warum sollte Gott so einen Burschen erschaffen? Es ist dann der Fehler Gottes. Hasse Ihn! Zerstöre alles, was Ihm heilig ist! Bau Ihm keine Tempel, keine Synagogen. Aber wenn du deinen Gott liebst, dann akzeptiere, daß Er vermutlich einen Burschen wie ihn mit Absicht erschuf, vermutlich, um uns eine Lektion zu erteilen! Durch Haß erreichen wir gar nichts.

27. September

Selbst einmal

Wir können alle beten: „Dein Wille geschehe! Es ist alles Deine Gnade. Es ist alles zum Besten." Wir glauben es. Aber wenn der Moment kommt, wo wir diesen Glauben in die Praxis umsetzen sollen, könnten wir scheitern, weil unsere Gedanken und Gefühle noch nicht geläutert sind. Ein Gebet wird erhört, wenn es auch nur einmal mit einem reinen Herzen gesprochen wird. Nur einmal. Du brauchst ein Gebet nicht hundertmal zu wiederholen. Nein. Gott ist nicht taub. Es ist nicht notwendig, es immer und immer zu wiederholen. Du brauchst es nicht einmal laut zu sagen. Er kennt sogar deine Gedanken. Aber Er weiß, daß wir alle Heuchler sind. Wir meinen nicht wirklich, was wir sagen. Wir beten oft einfach zur Schau. Gott weiß das alles. Sagen wir es also nur ein einziges Mal, aber vollkommen ehrlich – nur einmal – dann ist das alles, was Er braucht.

28. September

Selbstheilung ist möglich

Wir sollten wissen, daß der Atem – *Prana* oder die Lebenskraft – und die Gedanken und Gefühle miteinander verflochten sind. Wohin das eine geht, folgt das andere. Wenn die Gedanken und Gefühle erregt sind, spiegelt sich das auch in unserem Atem wider. Sind sie vollkommen friedlich, kommt der Atem fast zum Stillstand. In derselben Weise kannst du Prana mit deinen Gedanken lenken. Schau zum Beispiel deinen Daumen an und sage: „Ich mache jetzt meinen Daumen ganz warm." Denke warm und nicht heiß, sonst bekommst du eine Brandblase! Ja. Ist dein Denken sehr konzentriert und bist du vollkommen auf einen Punkt fixiert, wenn du deine Gedanken zu dem Daumen schickst, wird alles *Prana* und Blut dorthin schießen, und du wirst Hitze empfinden. Auf diese Weise kannst du die vitale Energie überall dorthin schicken, wohin du möchtest.

Dasselbe Prinzip ist auch für die Heilung anwendbar. Wenn du deine Gedanken auf einen erkrankten Körperteil lenkst, schickst du gleichzeitig dein *Prana* dorthin. Selbstheilung ist möglich. In gewisser Weise tust du das sogar, wenn du um Heilung betest. Du vertraust, daß jene Höhere Macht, Gott, dir hilft, dich zu heilen. Und du glaubst es, nicht wahr? So setzt du dich mit der Höheren Macht in Verbindung, und diese Energie geht zusammen mit deiner kleinen Energie automatisch zu dem betroffenen Körperteil.

29. September

Wahrer Mut

Nur wenige Menschen werden mutig geboren. Die meisten sind schwach. Es dauert lange, bis sie ihren Mut aufbauen. Aber echter Mut ist nötig, um die Wahrheit zu verstehen. Echter Mut bedeutet das Loslassen von „Ich, mir, mein". Es ist nicht mutig, Objekte zu sammeln. Unter Mut versteht man im allgemeinen die Auszeichnung durch Gold- oder Bronzemedaillen, das Kämpfen, Gewinnen und Verdienen. Ein „mutiger" Mensch springt mit einem Fallschirm aus dreitausend Meter Höhe aus einem Flugzeug ab. Aber der wahre Mut besteht darin, alles aufzugeben und zu sagen: „Ich besitze nichts." Nur sehr wenige sind mutig genug, um auf alles zu verzichten im Namen Gottes und des Dienstes an der Menschheit. Vielleicht nennt man einen Menschen mutig, der jemanden so mit der Faust schlägt, daß ihm alle Zähne herausfallen. Aber wenn derjenige, der geschlagen wurde, den Angreifer anlächelt und fragt: „Ist das alles, was du kannst? Es ist nicht schlimm. Mache dir keine Sorgen. Vielleicht hast du die Lektion noch nicht gelernt.

Ich verzeihe dir!" Wer von den beiden ist dann mutig? Derjenige, der zugeschlagen hat oder derjenige, der gelächelt und ihm liebevoll vergeben hat? Man braucht mehr Mut, um jemandem zu verzeihen. Und noch mehr Mut, um zu vergessen. Selbst nachdem du vergeben hast, magst du dich noch daran zu erinnern. Aber um zu vergessen, braucht man viel Mut und muß sein Denken sehr trainieren.

30. September

Was hast du gewonnen?

Bindung und Befreiung ist in dir. Du bindest dich selbst, und du befreist dich selbst. Wenn du dich nicht von etwas lösen willst und davon für dein Glück abhängig bist, dann bist du nicht unabhängig. Was ist Unabhängigkeit? Nie und nimmer von etwas abhängig zu sein.
Vor einigen Jahrhunderten hatte der Minister eines Landes die Idee, der Welt zu entsagen, und sprach: „Ich möchte gar nichts mehr besitzen. Ich möchte einfach frei sein." Damit verließ er sein Amt und sein Haus und sagte: „Der Himmel ist mein Dach, die ganze Welt ist mein Haus, und Gott ist mein Vater." Dann ging er und setzte sich vor einen Tempel. Er war ein sehr guter und fähiger Minister gewesen. Als er plötzlich alles aufgab, wurde der König wütend und schickte ihm einen Boten mit dem Auftrag, zurückzukommen. Aber der Minister sagte: „Nein, ich habe kein Interesse mehr an diesem Amt." Da beschloß der König, selbst zu dem Minister zu gehen. Er fand ihn, und, als er vor ihm stand, fragte er ihn: „Swami?" „Ja?" „Erkennst du mich?" „Ja, ich erkenne dich." „Bitte sag mir, was du dadurch gewonnen hast, daß du alles verlassen hast und jetzt hier sitzt." Der Minister sah den König an und sprach: „Bisher habe ich gestanden, und du hast gesessen. Heute sitze ich, und du stehst. Das ist mein größter Gewinn."

Wenn du auf ein selbstsüchtiges Leben verzichtest, hast du vor niemandem mehr Angst. Wenn du ehrlich bist, bist du furchtlos. Und wenn du furchtlos bist, bist du stark. Dein Ego wird dich niemals stark machen. Du magst stark erscheinen, aber du bist nicht wirklich stark. Die egoistischsten Menschen sind die ängstlichsten Menschen, denn sie fürchten dauernd, ihr Ego könnte verletzt werden. Sie möchten alles bekommen, was sie wollen, und wenn ihnen etwas verweigert wird, sind sie gleich gekränkt. Aber ein selbstloser Mensch, der ehrlich und rechtschaffen ist und einen reinen Verstand besitzt, ist immer stark. Er braucht vor niemandem Angst zu haben.

Was gäbe es ein schöneres, irdisches Leben beruhigtest-Hast du vor ... zusammen ...ich? Angst? Wenn du einen bist, der für ihn lumpiges ... und wenn du für ihn es her hast du tust." Dem Sau wird sie erg... mag er oder nicht, kommt auf etwas an anderlest, aber er hat nicht werden kann. Eins egoistischen Mädchen sind nie anzutreisen Menschen, denn sie möchten dauernd, immer ... kontrolliertren wollen, die möchten alles beherrschen, was sie wollen, und wenn ihnen etwas verweigert wird, und sen ... nicht gemulch. Aber ein selbständiger Mensch, der einfach sein eigener ... tun ist und einen seinen Verstand besitzt, ist immer stark, da hat ich nicht von einem dem Angst zu haben.

Oktober

1. Oktober

Laß das deine Natur sein: Lieben und geben!

Ein Mann ging einmal zum Baden an den Fluß und stellte fest, daß der Fluß Hochwasser hatte. Als er an das brausende Wasser kam, sah er, daß ein Skorpion von dem Strom mitgerissen wurde. Er hatte Mitleid mit ihm und dachte, „Oh, er wird sterben. Darum streckte er die Hand aus und holte den Skorpion aus dem Wasser. Dabei stach der Skorpion ihn in die Hand. Er sprang auf, und der Skorpion fiel zurück ins Wasser. Wieder hatte er Mitleid. „Es tut mir leid. Ich will dich nicht sterben lassen." Er holte ihn heraus, wurde wieder gestochen, und ließ ihn wieder fallen.
Ein Freund, der hinter ihm stand, beobachtete das Ganze. Als der Mann sich bückte, um den Skorpion noch einmal aus dem Wasser zu holen, sagte der Freund: „Du Dummkopf, jedes Mal, wenn du den Skorpion aufhebst, sticht er dich. Hast du denn keinen gesunden Menschenverstand?" „Nun," sagte der Mann, „Ich weiß nichts über gesunden Menschenverstand. Ich kenne nur meine Veranlagung, Mitleid mit etwas zu empfinden, mitfühlend zu sein und ihn, wenn möglich, zu retten. Das ist einfach meine Art." Der Freund antwortete: „Aber siehst du denn nicht, daß der Skorpion dich sticht und dich immer weiter stechen wird?" Der Mann erklärte, „Was kann ich tun? Das ist seine Natur. Ich kann seine Natur nicht ändern. Und genau so wenig kannst du meine Natur ändern." Er haßte den Skorpion nicht, weil er die Natur des Skorpions verstand und akzeptierte. Laßt auch unsere Natur so sein! Unsere wahre Natur ist: lieben und geben. Natürlich könnte man auch einen Stock nehmen, um den Skorpion herauszuholen.

2. Oktober

Wandelt auf der Erde wie befreite Götter!

Die menschliche Geburt stellt für uns eine großartige Gelegenheit dar. Nach der Philosophie der Hindus und der Buddhisten, die an die Reinkarnation glauben, habt ihr Hunderte, ja Tausende von Leben gelebt. Jetzt wurde euch diese menschliche Geburt gegeben, wo ihr etwas Freiheit habt zu denken und die Mittel und Wege zu finden, um aus dem ewigen Zyklus herauszukommen. Das ist die Gelegenheit. Wenn ihr das versäumt, wißt ihr nicht, wann ihr wieder eine solch günstige Möglichkeit haben werdet. Ihr mögt wieder in den Strudel gerissen werden.
Darum vergeudet dieses Leben nicht! Menschliches Leben ist nicht nur da, um die Sinne zu befriedigen. Das haben wir schon vorher in vielen anderen Leben getan. Selbst ein Tier ißt, schläft und zeugt Nachkommen. Die Tiere heiraten sogar ohne den Beistand von Priestern und Rabbinern. Was tut ihr darüber hinaus? Ihr mögt eine Menge Geld verdienen und Wolkenkratzer errichten. Habt ihr nicht gesehen, was Vögel für schöne hängende Paläste bauen? Sie schwingen in der Luft. Könnt ihr so ein Nest nachbauen? Könnt ihr einen Ameisenhaufen anfertigen? Wieviele spezielle separate Wohnungen sind in einem Ameisenhügel? Wer ist der Architekt, wer der Ingenieur? Wo haben sie studiert? An euren Hochschulen und Universitäten? Wir sind so stolz, aber die Tiere lachen nur über uns. In welcher Weise sind wir ihnen dann überlegen? Nicht durch den Bau von Häusern und bequemen Fahrzeugen oder indem wir mehr Kinder zeugen und uns schön machen. Ihr könnt euch niemals schöner machen als ein Pfau, wieviel ihr auch reibt, schrubbt und Make-up auflegt. Ein Schmetterling ist tausendmal schöner als ihr und ich.
Was ist es dann, was wir wollen? Das einzige, in dem sich der Mensch von den anderen Tieren unterscheidet, ist der Drang, diesem Circulus vitiosus zu entkommen und unsere wahre Natur zu erkennen. Das ist unsere erste und oberste Pflicht. Wenn wir

diese Gelegenheit verpassen, weiß niemand, wann wir sie wieder bekommen.
Verlaßt diesen Strudel, solange ihr noch Zeit und Energie habt! Werdet große Diener der Menschheit! Entsagt allen selbstsüchtigen Hüllen! Befreit euch! Wandelt auf der Erde wie befreite Götter, wie Vertreter Gottes oder wahre Kinder Gottes! Verbreitet das Licht Gottes, wo immer ihr geht! Laßt die Menschen das Licht in euch sehen und nehmt ihr Licht wahr mit der Hilfe eures Lichtes!

3. Oktober

Was für deinen Kopf kam, nahm deinen Hut weg

Egoistische Gedanken verwirren den Verstand. Wenn der Verstand verwirrt ist, gerät auch der Körper aus dem Gleichgewicht. So geschehen Unfälle. Darum ist der Zustand des Verstandes sehr wichtig. Wenn die Gedanken und Gefühle heiter und ausgeglichen sind, können viele Unfälle vermieden werden.
Indem du dein Denken ausgeglichen hältst, kannst du über dein Karma siegen. Veränderst du dein Denken, kannst du dein Karma zunichte machen. Das Karma braucht dich nicht zu binden. Ist dein Denken friedlich, wird es dir vielleicht nicht einmal klar, wenn dein Karma kommt. Es kommt einfach. Es gibt ein südindisches Sprichwort: "Was für deinen Kopf kam, nahm deinen Hut weg." Das Karma kam, um dir den Kopf abzureißen, aber weil du friedlich und geistesgegenwärtig warst, nahm es nur deinen Hut weg. Das war genug, um das Karma zu läutern.
Selbst wenn das Karma dich wirklich beeinträchtigen sollte, laß es dich beeinträchtigen! Aber bleibe friedlich! Bleibe ruhig! Gib keinen Raum für Gedanken wie "Oh, das Karma ist stärker, irgendwie wird es mich schrecklich in Mitleidenschaft ziehen!" Dann hat es dich bereits in seinem Griff. Schon allein der Gedanke: "Nein, es wird mich niemals mehr in Ruhe lassen!" läßt das Karma zu dir

kommen, und dann *wird* es kommen. Bleibe einfach ruhig und gefaßt und sei in der goldenen Gegenwart!

4. Oktober

Wir müssen auf beide aufpassen

Der physische Ausdruck unserer Gedanken ist das, was wir den Körper nennen. Es sind die Gedanken und Gefühle, die den Körper bilden. Ändere deine Gedanken und Gefühle, und du änderst den Körper. Darum verändert sich dein Gesicht, wenn du glücklich bist. Es strahlt. Die Menschen sehen deine Gedanken und Gefühle nicht, aber sie sehen dein Gesicht. Wenn du unglücklich bist, fragen sie dich: „Stimmt etwas nicht?" Warum? Weil das Gesicht deine Gedanken und Gefühle verrät. Jede Zelle wird auf die Gedanken und Gefühle horchen und sich je nach ihrer Stimmung verändern. Darum kannst du, wenn du sehr deprimiert bist, nicht einmal aufstehen und etwas tun. Du sagst: „Ich bringe heute nichts zustande. Ich bin so außer mir." Verwirrung entsteht in den Gedanken und Gefühlen. Der Körper sollte in der Lage sein, aufzustehen, herumzuspringen, Spiele zu machen, aber er kann es nicht, weil er mit den Gedanken und Gefühlen in Zusammenhang steht. Wenn einer krank wird, wird der andere auch krank. Darum sollten wir auf beide aufpassen.

5. Oktober

Du bist reiner Geist

Du bist reiner Geist. Der Körper wurde geschaffen. Er ist Teil der Natur. Aber identifiziere dich nicht mit dem Körper! Manchmal dient er uns als guter Vorwand, als Vorwand, faul zu sein. Himmel und Hölle sind in dir. Sie sind deine eigene Schöpfung. Du schaffst deinen eigenen Satan, deine eigene Dunkelheit. Laß dich nicht von all diesen Dingen beeinflussen! Identifiziere dich immer mit dem reinen Geist! „Ich benutze den Körper, ich benutze den Verstand." „*Chidaanand Chidaanand Chidaanand Ham. Hara Halume Alamastu Sat Chid Ananda Ham*". Das bedeutet: „Ich bin nicht der Körper, nicht der Verstand, ich bin das unsterbliche Selbst!" Singe es laut, besonders wenn du fühlst, daß du ein bißchen deprimiert bist und daß du es dir erlaubt hast, davon berührt zu sein! Stattdessen stehe auf und sage: „Ich bin *nicht* der Körper, *nicht* der Verstand, ich bin das unsterbliche Selbst! Unter allen denkbaren Umständen bin ich absolute Seligkeit!" Schreie es heraus! Schüttle die Dunkelheit ab! Denke an deine wahre Natur!

6. Oktober

Wie könnt ihr euch sonst jemals beweisen?

Begib dich in die Hand der Höheren Macht! Du kannst nicht alles allein tun. Wenn du an Gott glaubst, wenn du Gott mit ganzem Herzen vertraust, wird selbst deine Krankheit verschwinden, weil du dich in die Hand eines stärkeren Arztes begeben hast. Schwierige Situationen ereignen sich, um uns die Gelegenheit zu geben, unser Vertrauen in eine Höhere Macht unter Beweis zu stellen. Wie könnten wir uns sonst jemals beweisen? Wenn alles glatt geht, seid ihr alle zweifellos gute Anhänger. Aber ihr beweist es wirklich erst dann, wenn alles schief geht und ihr noch sagen könnt: „Es macht nichts. Selbst wenn ich alles verliere, diesen Glauben werde ich nicht verlieren." Wenn ihr das erst einmal bewiesen habt, wird alles, was ihr verloren habt, zu euch zurückkommen. Das erfordert einen außergewöhnlichen Glauben. Ohne Glauben kann niemand ein spirituell Suchender werden.

7. Oktober

Es war gleichgültig, wer was sagte, für ihn kam alles von Ram

Es lebte einmal ein großer Heiliger namens Swami Ramdas. Einige von euch mögen von ihm gehört haben. Ramdas war ein Beispiel vollkommener Hingabe an den Herrn in Form von Ram. Sein Name paßte zu ihm: Ramdas, der Diener von Ram. Er sah Ram in jedem Menschen. Einmal fragte ihn jemand: „Warum gehst du nicht nach Benares?" „Ah, gut, vielleicht hat es Ram mir gesagt. Wie soll ich dorthin kommen?" „Gehe zum Bahnhof und nimm den Zug!" Er ging zum Bahnhof, und als der Zug kam, stieg er ein. Der Schaffner fragte: „Wo ist Ihr Fahrschein?" „Ram hat mir davon nichts gesagt." „Dann können Sie nicht weiter mitfahren." „Okay, was soll ich tun?" „Sie müssen an der nächsten Station aussteigen." „Gut." Er stieg an der nächsten Station aus. „Weil Ram mir gesagt hat auszusteigen, bin ich ausgestiegen. Das ist alles." So saß er einfach auf dem Bahnsteig, bis jemand kam und ihn fragte: „Warum sitzen Sie hier?" „ Ram sagte, ich sollte mit dem Zug nach Benares fahren. Und dann kam Ram wieder und forderte mich auf, auszusteigen." „Das ist nicht recht. Du hörst einfach auf jeden Tom, Dick und Harry." „Nein, es ist Ram. Ram als Tom, Dick und Harry. Derselbe Ram." „So, und wer bin ich?" „Sie sind auch Ram." „Okay, steh auf!" „Okay." „Setz dich!" Er setzte sich. „Steh auf!" Der Mann ließ ihn fünfzehn mal aufstehen und sich setzen. Immer noch fühlte er: „Ram hat das gesagt, und darum tue ich es." Am Ende erkannte der Mann die Größe dieses Menschen. Er fühlte sich schrecklich, fiel zu Ramdas Füssen und sagte: „Entschuldige!" „Oh, Ram, das solltest du nicht tun." „Komm, komm, der nächste Zug fährt nach Benares, da steigst du ein!" „Gut." Es war gleichgültig, wer was sagte. Für ihn kam alles von Ram.

8. Oktober

Es läuft doch alles auf das Eine hinaus

Ein großer Heiliger namens Manickavasagar sagte: „Herr, Du weißt, was ich will. Und du wirst mir alles geben, was ich brauche. Wenn ich einmal zufällig mit meinem eigenen kleinen egoistischen Selbst fühle, daß ich etwas möchte, sollte ich wissen, daß sogar dieser Wunsch von Dir geschaffen wurde. Ohne Dich hätte ich nicht einmal einen Wunsch. Wenn es *mein* Wunsch ist, wird er niemals erfüllt werden. Darum überlasse ich es Dir. Du gibst mir, was immer du für Deinen Dienst brauchst. In dem Augenblick, da Du denkst, daß ich mit diesem Werkzeug ausgedient habe und es nicht mehr brauche, nimm es weg!"
Es läuft doch alles auf das Eine hinaus. Glaube an eine Höhere Macht! Eine unsichtbare Hand modelliert ständig. „Du stellst mich hierhin. Ich bin hier. Du gibst mir diese Aufgabe. Ich verrichte sie."
Da ist nichts besser oder schlechter. Nein. „Wie kommt es, daß er das tut, und ich dieses tue?" Gott erwählt jeden für seine Arbeit, und Er gibt verschiedenen Leuten verschiedene Aufgaben. Alles ist gleich gut. Alles ist gleichwertig. Da ist nichts besser oder schlechter. Tue jede Arbeit freudig als die Arbeit Gottes! Wenn dein Denken beim Arbeiten durch Aufregung, Verdacht oder Zweifel gestört wird, wirst du in deiner Meditation Klarheit finden. All die Probleme, die du durch dein Tun geschaffen hast, werden durch die Meditation gelöst. Das ist es, warum Meditation so wichtig ist.

9. Oktober

Bist du fest im Glauben, genügt ein Mantra für alles

Mit Klang kann man alles schaffen. Es gibt keine Beschränkungen. Das ganze Universum wurde durch Klang erschaffen. Das ist die Macht des Mantras. Aber leider scheinen viele, die ein Mantra haben, sich nicht einmal über seine Kraft im klaren zu sein. Wenn du nicht daran glaubst, wirst du, selbst wenn es stark ist, seine Kraft nie in Erfahrung bringen. Wenn du nicht daran glaubst, wirst du es natürlich nicht oft wiederholen. Ob du nun daran glaubst oder nicht – wenn du deinen Finger ins Feuer hältst, wirst du dich verbrennen. Aber du mußt den Finger ins Feuer halten, um diese Erfahrung zu machen. Ob du an das Mantra glaubst oder nicht – wiederhole es! Dann wirst du erkennen, was es bewirken kann. Je kürzer das Mantra ist, um so größer ist seine Kraft und desto mehr Kraft geht von ihm aus. Die stärkeren Mantren brauchen etwas länger, um ihre Kraft zu entfalten. Aber natürlich wird dein Glaube seine Kraft steigern. Es wird etwas stärker, wenn es mit ein bißchen Liebe aufgeladen ist. Die andere Art ist sehr trocken, aber dennoch wird der Glaube kommen, wenn du es regelmäßig wiederholst. Er wird kommen, ob du es willst oder nicht.
Ihr braucht nicht mehrere Mantren für verschiedene Gelegenheiten zu haben. Nein. Wenn ihr sagt: „Er geht auf eine Reise. Laßt uns für seine Sicherheit ein besonderes Mantra wiederholen!" dann lache ich darüber, aber ich sage: „Gut, sollen sie es ruhig sagen." Warum aber plötzlich ein besonderes Mantra? Was geschah mit deinem eigenen Mantra? Kann dein persönliches Mantra nicht für diese Reise sorgen? Es wird für alles sorgen. Das persönliche Mantra ist genug. Aber manchmal ist unser Glaube an unser eigenes Mantra begrenzt. Wir denken, wenn wir nicht etwas Besonderes für diese Gelegenheit wiederholen würden, wäre es nicht nützlich. Gut, so tut es eben für diesen besonderen Fall! Aber wenn ihr wirklich fest seid im Glauben, ist ein Mantra genug für alles. Es wird euch helfen auf all euren Ausflügen, bei euren Problemen und Krankheiten – und sogar bei denen anderer Men-

schen. Deswegen braucht ihr nicht so viele Dinge! Habt einfach Glauben, Glauben und nochmals Glauben!

10. Oktober

Jemand, der webt, braucht keinen Affen

Lerne die Lektion: „Gott, Du hast mich mit einer bestimmten Aufgabe hierher geschickt. Du weißt, was Du mir zu geben hast, wieviel Du mir gibst, wann Du es mir gibst und wie Du es mir gibst, damit ich meinen Teil der Arbeit tun kann. Wenn ich ein Werkzeug brauche, wirst Du es mir geben. Wenn ich einen Gefährten brauche, wirst du mir diesen Gefährten geben. Wenn ich Geld brauche, um Dir zu dienen, wirst du mir das Geld schicken." Die einfache Tatsache, daß du nichts bekommst, ist ein Beweis dafür, daß Gott denkt, du brauchst es nicht. Wie schön könnte das Leben sein, wenn wir uns nur daran erinnern würden! Wenn du es nicht bekommst, sage dir: „Gott denkt wahrscheinlich, daß ich es nicht brauche. Brauche ich es, und ich sage dennoch: ‚Nein, ich will es nicht', wird Er es mir gewaltsam in die Hand geben."
Ein schönes südindisches Sprichwort besagt: „Jemand, der webt, braucht keinen Affen." Wenn du einen Handwebstuhl benutzt, arbeitest du mit feinem, dünnen Garn. Und wenn du einen Affen als Haustier hast, wirst du nicht viel zum Weben kommen. Denn wie du weißt, machen Affen gern alles nach. Das bedeutet also, daß du dir keinen Affen als Haustier halten solltest, wenn du am Weben interessiert bist.
Wenn Gott dich zum Weben erschaffen hat, wird Er dir keinen Affen geben, selbst wenn du es wolltest. Wenn Er beschließt, dir einen Affen zu geben, wird Er dem Affen beibringen, dir beim Weben zu helfen und vielleicht das Weberschiffchen zu schieben. Wir sollten solch einen Glauben haben. Diese Art des Annehmens erfolgt nicht, solange dein Glaube an Gott nicht außergewöhnlich

ist. Außergewöhnlicher Glaube an eine Höhere Macht, an das Bewußtsein, das dich hierher geschickt hat und das durch dich wirkt.

11. Oktober

Lerne, jedermann gleichermaßen zu lieben!

Was ist das Zeichen einer weisen, einer göttlichen Person? Sie liebt jeden gleichermaßen, bedingungslos, was auch immer geschieht. Selbst derjenige, der Gott verleugnet, wird von Gott geliebt, nicht wahr? Würde Gott ihn nicht lieben, würde Er ihm sofort die Lebenskraft nehmen. Warum würde Er ihn sonst am Leben erhalten? Wenn Gott nicht will, daß Seine Bücher verbrannt werden, wird Er alle Streichholzschachteln von einem Brandstifter fernhalten. Es ist nichts unmöglich für Gott. Gott liebt nicht nur einen Menschen, der Ihn lobt, der Ihm eine Kirche baut, der gut über Ihn spricht, sondern sogar den, der Ihn verleugnet. Das ist es, was man Kosmische Liebe nennt.

Du brauchst keine großen Dinge zu vollbringen! Sieh auf deine eigene bescheidene Art zu, daß du für all deine Nachbarn ein Freund bist! Lerne jeden gleichermaßen lieben, gleichgültig, wer er oder sie sein mag!

12. Oktober

Es ist möglich in diesem Augenblick

Frage: Ist Befreiung in diesem Leben möglich?

Sri Gurudev: Natürlich ist es das. Es ist direkt jetzt möglich. Feßle dich einfach nicht! Du bist bereits befreit – schon in diesem Augenblick. Warum sagst du in diesem Leben? Schon in diesem *Augenblick* bist du befreit. Sieh einfach zu, daß du dich selbst nicht fesselst!

13. Oktober

Du bist bereits mit Gott vermählt

Frage: Wie handelt man am besten, wenn man von jemandem angezogen oder irritiert wird?

Sri Gurudev: Wenn du von jemandem angezogen wirst, beschäftige dich mit ihm und sage: „Du bist sehr attraktiv. Wunderbar, Gott hat dich als eine attraktive Person geschaffen. Bleib so attraktiv!" Segne die Person! Wirst du von jemandem irritiert, halte dich etwas fern! Denn irritierende Gedanken und Gefühle zu hegen, ist für dich schlimmer, als ihn oder sie zu gewinnen. Was hat es für einen Sinn, jemanden zu gewinnen und dabei seinen Frieden zu verlieren? Frieden ist wichtiger. Immer ist ein hübscher junger Mann oder eine junge Frau bei dir: der innere Frieden. Damit bist du verheiratet. Gott hat dir das gegeben. Wir sind alle mit diesem Frieden vermählt. Wir wollen ihn nicht stören, wir wollen uns davon nicht scheiden lassen, um einen anderen Menschen zu bekommen. Kommen andere, die deinen Frieden nicht stören, dann ist es wunderbar. Aber wenn etwas deinen Frieden stört und dich von deinem ersten Ehepartner trennt, dann sage: „Ich bin schon verheiratet. Danke dir!" Dieser Frieden ist das, was man Gott nennt. Du bist bereits mit Gott vermählt. Er ist dein einziger Ehemann. Wir sind alle Ehefrauen. Darum trenne dich nie von Ihm um eines anderen willen!

14. Oktober

Alles geschieht nach seinem Willen

Obwohl die Menschen ihren eigenen Willen haben, wird Gottes Wille schließlich siegen. Können menschliche Wesen *irgend etwas* gegen Gottes Willen tun? Nein! Nichts, was gegen Seinen Willen ist, wird jemals geschehen. Ein bestimmtes Ereignis wird nur stattfinden, wenn es Gottes Wille ist. Sonst nicht. Wir sollten volles Vertrauen haben. Mit diesem Vertrauen brauchen wir anderen gegenüber keine negativen Gefühle zu hegen, wenn sie etwas tun oder zu uns sagen. Wir brauchen nicht einmal zu denken, daß sie sich uns gegenüber negativ verhalten. Sie können nicht negativ sein ohne Gottes Willen. Warum sollte unser guter Gott einem Menschen erlauben, einem anderen gegenüber negative Gefühle zu haben? Wenn das geschieht, muß es dafür einen Grund geben. Wir sollten es nicht einmal ein negatives Gefühl nennen. Es ist ein positives Gefühl, das wir als negativ bezeichnen, weil es uns verletzt. Wenn die anderen uns Schwierigkeiten bereiten, nennen wir sie negative Menschen. Ohne Gottes Willen kann uns jedoch niemand Schwierigkeiten bereiten. Das bedeutet, daß wir es in der einen oder anderen Weise verdienen, solchen Menschen zu begegnen, die einfach als Instrumente Gottes handeln.
Gott benutzt manchmal Menschen, um uns eine Erfahrung machen zu lassen. Es dient alles unserer Entwicklung. Belohnung und Bestrafung – beides kommt von Gott und gereicht uns zum Besten. Wenn wir so denken, werden wir keine negativen Gefühle

auf die Menschen projizieren, von denen wir glauben, sie seien uns gegenüber negativ. Versteht ihr das? Schon durch den Gedanken, sie seien negativ, projiziert ihr ein negatives Bild auf sie. Es ist schwer für euch, Menschen zu lieben, die auf euch ein negatives Bild projizieren, denn ihr fühlt, daß sie euch ablehnen. In dem Augenblick, wo ihr sagt: „Sie lehnt mich ab, aber ich werde sie dennoch lieben!" versucht ihr, euch zu zwingen, die Person zu lieben. Behandelt ihr sie aber stattdessen als ein Instrument Gottes und fühlt: „Gott handelt durch sie an mir, sie ist jedoch ein guter Mensch", dann gibt es kein negatives Gefühl und keine negative Person. Und es fällt euch leicht, freundlich zu sein. Ihr braucht euch nicht zu zwingen, jemanden zu lieben!

15. Oktober

Deine Unwissenheit ist die Dunkelheit

Wo Licht ist, ist sicher auch Dunkelheit. Was ist Dunkelheit? Abwesenheit von Licht. Wenn du das Licht nicht erkennst, siehst du die Dunkelheit. Was für dich dunkel ist, ist hell für eine Katze, einen Tiger oder eine Fledermaus. Alles ist relativ. Und hast du die eine Seite, hast du auch die andere. Du kannst nicht nur die eine Seite einer Münze haben.
Aber in dem Augenblick, da du *weißt*, daß Dunkelheit ein Teil des Ganzen ist, gibt es keine Dunkelheit mehr. Die wahre Dunkelheit liegt in deiner Unkenntnis darüber, was sie ist. Dein Nichtwissen ist die Dunkelheit. In dem Augenblick, da du es erkennst, respektierst du beide Seiten, und es besteht keine Dunkelheit mehr. Respektieren wir nicht beides – Tag und Nacht? Wir *wollen* beides – Tag und Nacht. Erst die Nacht macht den Tag vollkommen.
Freud und Leid sind ebenfalls zwei Seiten derselben Münze. Wenn du nur Vergnügen haben willst und Leid verabscheust, wirst du bald unglücklich. Nach dem einen folgt bestimmt das andere.

Kommt es, und du willst es nicht, dann bekämpfst du es. Stattdessen müssen wir erkennen, daß das Leben so ist.
Ist jemand nett zu dir und du forderst, daß er oder sie immer nett zu dir sein und dich respektieren muß, dann siehst du nur die eine Seite. Kommt die andere Seite, dann lehnst du die Person ab oder haßt sie. Du solltest wissen, daß die andere Seite sich auch zeigen wird. Liebe die Person auch um der anderen Seite willen! Dann bist du in einem anderen Licht, wo es gar keine Dunkelheit gibt. Das ist es, was man das Höchste Licht nennt. Jenes Licht ist nicht wie dieses Licht, das Schatten wirft. Jenes Licht ist schattenlos. Erreichst du erst diesen Zustand, siehst du immer noch Licht und Schatten, aber du respektierst beides.

16. Oktober

Es gibt nichts Schreckliches in diesem Leben

Um einen Film zu drehen, braucht man gutes Licht, nicht wahr? Und dann muß es richtig dunkel sein, um ihn zu zeigen. Ist das nicht seltsam? Der Kameramann sagt: „Es ist nicht hell genug, wir können hier nicht filmen." Aber wenn sie den Film zeigen wollen, werden alle Lichter ausgeschaltet. Was ist also wichtig für den Film? Beides. Licht, um den Film zu drehen, Dunkelheit, um ihn zu zeigen.
Sobald du lernst, beide Seiten der Münze zu respektieren, und siehst, daß sie gleichermaßen gut sind, kannst du Freude an beiden haben. Niemals wird dir etwas zuwider sein. Es ist nur eine Frage des Verstehens und des Annehmens. Dann genießt du alles im Leben. Alles! Es gibt nichts, nichts, nichts, was in diesem Leben schrecklich, schlecht oder negativ ist.
Laßt uns dieses Licht des Verstehens haben! Nimm die Dinge und die Menschen so an, wie sie sind! Fordere nichts! Stell keine Bedingungen! „Nur wenn du das tust, habe ich einen Beweis für dei-

ne Liebe." Sei über all das erhaben! Unsere Einstellung den Menschen gegenüber, unser Umgang mit ihnen, unsere Liebe sollten bedingungslos sein. Nimm sie einfach an als das, was sie sind, und so, wie sie sind! Lerne alle lieben, und alle werden dich bestimmt auch lieben! Dann ist das Leben lebenswert. Die Welt wird für dich ein Himmel auf Erden sein.

17. Oktober

Wirst du ein guter Babysitter sein?

Frage: Wir hatten letztlich so viel zu tun und fanden keine Zeit mehr für die Meditation oder die Puja*. Selbst in der Schule und beim Spielen scheinen wir Gott zu vergessen. Wie können wir Ihn zurück in unser Leben bringen?

Sri Gurudev: Am einfachsten ist das Wissen darum, daß all dein Handeln ein Gottesdienst ist. Sowieso ist alles, was du tust, selbst das Geschirrspülen, um deiner Mutter zu helfen, eine Puja. Puja bedeutet nicht, daß man vor einem Altar sitzt und etwas tut. Die Küche ist ein Altar, das Haus ist ein Tempel, und Gott ist in dir. Wenn du schlafen gehst, legst du Gott schlafen. Wenn wir umhergehen, nehmen wir Gott zu einer Prozession mit. Wir müssen uns also diese Denkweise angewöhnen. Was auch immer du an jedem Tag tust, sollte wie ein Gottesdienst erfolgen! Wenn dir das bewußt ist, wirst du nicht sagen: „Ich habe keine Zeit für Puja." Das bedeutet nicht, daß du niemals eine Puja verrichten sollst. Wenn du die Zeit hast, vollbringe auch diese Art der Puja!

*Puja: Die (oft tägliche) rituelle Anbetung, Verehrung einer Gottheit (Anm. d. Übersetzerin)

Gott schuf uns nicht, damit wir vor Ihm sitzen und Ihn in Seiner Herrlichkeit rühmen. Er schickte uns, um gewisse Arbeiten zu verrichten, um den Menschen zu dienen, um uns um alles und jeden zu kümmern. Wir sind gewissermaßen alle Gottes Babysitter. Jedes Lebewesen ist ein Kind Gottes. Alles ist Gottes Schöpfung. Das bedeutet, dein kleiner Hund ist ein Kind Gottes. Deine Pussykatze ist ein Kind Gottes. Somit hat Gott dich als Babysitter für all Seine Kinder geschaffen. Du sagst: „Oh Gott, ich möchte dir eine Freude machen."
Aber wenn du dabei all Seine Kinder vergißt und vor Ihm sitzt, Ihn preist, während die Kinder weinen – bist du dann ein guter Babysitter? Ein Babysitter wird angestellt, um sich um die Kinder zu kümmern. Genauso werden wir geschaffen, um allen zu dienen.

18. Oktober

Mach aus deinem ganzen Leben einen Akt der Gottesverehrung!

Wenn du sitzt und meditierst, ist es gut. Aber was machst du den Rest der Zeit? Meditierst du dann auch ? Was immer du tust, tue es in Form einer Meditation! Das ist wichtig. Wenn du deine Arbeit als Meditation verrichtest, brauchst du dich nicht einmal hinzusetzen und zu meditieren. Aber bist du dazu in der Lage? Wenn nicht, dann ist die Meditation eine Vorbereitung für dich. Wenn du sitzt und meditierst, bereitest du dich darauf vor, diese meditative Haltung bei all deinen Handlungen vorzunehmen.
Puja oder formeller Gottesdienst ist dem ähnlich. Hier beginnst du, aus deinem ganzen Leben einen Akt der Gottesverehrung zu machen. Du legst ein Gelübde ab: „Jede meiner Handlungen sollte eine Andacht wie diese sein." Es ist fast so, wie wenn man zu Hause übt, bevor man auf die Bühne kommt. Sobald du ein vollendeter Tänzer bist, brauchst du nicht mehr daheim zu trainieren.

Jederzeit kannst du dann auf die Bühne gehen. Und dennoch – selbst der Experte muß noch ein bißchen proben. Hier hat die Puja ihren Platz. Eine kurze Probe, bevor du den Tag beginnst. Wenn du nicht viel Zeit hast, braucht sie nicht lang zu sein. Die Puja muß nicht ausgefeilt sein. Die Heiligen Schriften sagen: „Gott ist glücklich über eine einfache Form des Gottesdienstes." Gott schaut nicht auf deine Formalitäten. Gott schaut auf dein Herz. Er sieht, mit was für einem Herzen du Ihn verehrst.

19. Oktober

Der wahre Hauptverwalter ist Gott

Du mußt wissen, daß du von Gott geführt wirst. In welche Situation du auch kommst, sie wird dir von Gott gegeben. Du solltest dir dessen bewußt sein. Du magst einen Verwandten, einen Chef oder jemanden haben, der für dich sorgt, aber der wahre Hauptverwalter ist Gott und niemand sonst. Er ist die einzige Autorität. Mache dir keine Sorgen über Verwalter oder äußere Obrigkeiten! Tue einfach deine Pflicht, so gut du kannst! Habe keine Angst, deine Arbeit, einen Menschen oder etwas anderes zu verlieren! Um ein friedliches und heiteres Gemüt zu haben, mußt du Gott voll und ganz vertrauen. Gott hat dich bis hierher geführt, und derselbe Gott wird dich auch weiter führen.
Wenn weltliche Verwalter dich nicht schätzen, kümmere dich nicht darum! Der Hauptverwalter wird dich dann woanders einsetzen. Denk daran, wir dienen Ihm. Alles andere ist zweitrangig. Dieses Vertrauen allein wird dir helfen. Tust du alles in vollkommenem Vertrauen und Glauben, wird selbst ein normaler Verwalter das anerkennen und schätzen. Sie werden sich nicht so leicht in deine Arbeit einmischen. *Sie* werden dich fürchten. Laß sie deinen Glauben und den Mut spüren, mit dem du deine Handlungen auf diesem Glauben aufbaust! Das kannst du aber nur tun, wenn du absoluten, felsenfesten Glauben in diese Führung entwickelst.

20. Oktober

Verlasse dich ganz und gar auf Gott!

Eine wunderbare Geschichte in der alten Hinduschrift, dem Mahabharata, lehrt deutlich, was mit wahrer Hingabe an Gott gemeint ist.
Eine schöne Prinzessin namens Draupadi wurde zum Hofe des Königs gebracht. Wollte man in früheren Zeiten zeigen, daß man einen Sieg über jemanden errungen hatte, tat man etwas, um dessen Ruf zu schädigen. Darum beschloß der König, Schande über Draupadi zu bringen, indem er ihr den Sari herunterriß. Damit würde er den Ruf von Draupadis Ehemann ruinieren.
Ein Sari ist ein sechs bis sieben Meter langes Stück Stoff, das anmutig um den Körper gewickelt und mit feinen Falten festgemacht wird. Der König begann, an Draupadis Sari zu ziehen, und obwohl sie ihn fest umklammerte, konnte er schon bald eine erste und fast eine zweite Runde von dem Sari herunterziehen. Draupadi war zu Tode erschrocken. Sie rief Gott in Form von Lord Krishna an. „Krishna, Krishna!" rief sie, aber ihre Rufe blieben unbeantwortet. Nur noch eine Minute, und der ganze Sari wäre weggezogen. Sie konnte niemals ihre Kraft mit der des Königs messen. Als sie die Lage erkannte, dachte sie bei sich: „Das ist die letzte Runde von meinem Sari. Wenn auch die noch fällt, bin ich verloren!" In diesem Augenblick kam ihr eine wichtige Erkenntnis: „Was tue ich hier. Ich kann nicht mehr für mich selber sorgen: Lord Krishna, wenn Du willst, daß ich diese Schande ertrage, werde ich es annehmen. Ich vertraue dir vollkommen. Mein Leben ist in Deiner Hand." Dabei ließ sie den Sari los, hob die Hände und rief „Krishna!"
So stand Draupadi weinend und nach Krishna rufend da, während der König gnadenlos an der letzten Runde des Saris zog. Aber während er zog, kam immer mehr Stoff. Nach der letzten Runde kam noch eine weitere und noch eine und noch eine. Er zog und zog und zog, aber der Sari schien kein Ende zu haben. Meter um Meter des Saris schienen von irgendwoher zu kommen. Der König

war bald erschöpft und konnte nicht mehr weiterziehen. Draupadi war gerettet.

Diese Geschichte veranschaulicht eine große Wahrheit. Selbst Gott kann nicht kommen und dir helfen, solange du an deine eigene Kraft glaubst. Wenn du dich Ihm nicht ganz hingibst, sagt Er: „Gut, du hast immer noch Kraft, warum sorgst du dann nicht für dich selbst?" Völlige Hingabe bedeutet, alles aufzugeben und sich vollkommen auf Gott zu verlassen.

21. Oktober

Es gibt keine über- oder untergeordnete Arbeit

In der Natur ist jede Arbeit gleich wichtig. Dort gibt es keine über- oder untergeordnete Arbeit. Wenn du dich in einem Beruf wohlfühlst und ihn mit Freude ausüben kannst, dann ist das deine Arbeit. Du kannst jede Arbeit freudig verrichten, wenn du weißt, daß jeder Beruf gleich gut ist. Du verlierst aber die Freude, wenn du Dinge tust, deren Bedeutung du nicht verstehst, und wenn du deine Arbeit mit der eines anderen vergleichst. Es gibt keine ungebildete oder gebildete Arbeit. Wenn du es so sehen willst, dann tun deine Beine ungebildete Arbeit, während dein Kopf gebildete Arbeit tut. Ist es nicht so? Deine ungebildeten Arbeiter müssen den gebildeten Arbeiter dorthin tragen, wo er hingehen will. Wir sind es, die all diese Begriffe von Überlegenheit und Unterlegenheit geschaffen haben. Die Welt braucht beides. Jede Handlung ist gleich gut. Tue alles mit Freude!

22. Oktober

Nicht das, was du sammelst, macht dich selbstsüchtig

Frage: Wie können wir die Objektivität entwickeln, die uns erlaubt, unsere eigenen, uns so nahen Gedanken zu beurteilen?

Sri Gurudev: Finde heraus, ob deine eigenen Gedanken selbstsüchtig sind oder nicht! Basieren sie auf Selbstsucht, sind sie immer falsch. Denn du setzt deine eigenen Belange an erste Stelle. Du denkst nicht an andere. Und so wirst du natürlich deinen eigenen Vorteil verfolgen. Wir müssen jeden Gedanken, jede Handlung unter dem Gesichtspunkt prüfen: „Tue ich das selbstlos?"
Das mag zu einer anderen Frage führen: „Was ist mit dem Essen, dem Schlafen, dem Besitz von gewissen Einrichtungen? Ist es selbstsüchtig, wenn ich ein Haus kaufe?" Tust du es um *deinetwillen*, ja, dann ist es selbstsüchtig. Es ist nicht das, was du sammelst oder behältst, was dich selbstsüchtig macht, sondern die Art, wie du die Dinge benutzt. Sogar dein Essen kann selbstlos sein, wenn du ißt, um die Energie zum Dienst an anderen zu bekommen.
Jede Handlung sollte irgend jemandem zugute kommen. Du magst dich fragen: „Sollte *ich* nicht wenigstens einen *gewissen* Vorteil davon haben?" Du wirst am meisten davon profitieren, wenn du an den Nutzen anderer denkst. Darum sage ich manchmal: Die selbstloseste Person ist gleichzeitig die selbstsüchtigste, denn durch ihre Selbstlosigkeit bewahrt sie immer ihr Glück und ihren Frieden.

23. Oktober

Wenn du nicht alles bekommst, was du willst, hast du wirklich Glück

Frage: Ich möchte Gott kennenlernen, aber ich werde immer wieder in neue Beziehungen hineingezogen. Wenn Gott nicht will, daß ich heirate, warum kann Er mir nicht helfen, daß ich nur Ihn will?

Sri Gurudev: Das ist es, was Er tut. Jetzt beginnst du das so zu empfinden. Hätte Er dir einen Partner gegeben, würdest du nicht einmal so denken. Dir käme gar nicht der Gedanke, Gott kennenlernen zu wollen. Und jetzt, weil Er dir *keinen* Partner gegeben hat, wendest du dich an Ihn. Gott ist also wirklich an dir interessiert. Wenn Er dir in jeder möglichen Weise helfen will, nimmt Er dir alles, was dich binden könnte. Alles, an dem du hängst, nimmt Er dir weg. „Nein, das ist es nicht, komm zu Mir!" Siehst du? Ist das keine Hilfe? Hätte Er kein Interesse an dir, würde Er sagen: „Gut, tue alles, was du willst!" Weil Er sich aber für dich interessiert, möchte Er nicht, daß du dein Herz an etwas anderes hängst. Du hast daher wirklich Glück. Glaube ja nicht, du hättest Glück, wenn du alles bekommst, was du möchtest! Nein. Wenn du es nicht bekommst, kannst du dich wirklich glücklich schätzen. Das bedeutet, Gott nimmt dir all diese Dinge, damit du nicht von Ihm abgelenkt wirst.

Du solltest überglücklich sein, wenn du nicht alles bekommst, was du dir wünschst. Aber diese Wahrheit ist schwer zu schlucken. Oft siehst du, daß Gott den Menschen alles im Leben gegeben hat, sie aber nicht einmal die Zeit finden, an Ihn zu denken. Steht das nicht auch in der Bibel? „Es ist leichter, daß ein Kamel durch ein Nadelöhr gehe, denn daß ein Reicher ins Reich Gottes komme." Was bedeutet der „Reiche"? So viele Konflikte, so viele Bindungen, so viele Ansammlungen. Selbst wenn Gott hereinkommen möchte, ist da kein Platz für Ihn. Darum mache dir keine Sorgen!

Gerade die Tatsache, daß du keinen Partner bekommst, ist ein Zeichen, daß Gott hinter dir her ist.

24. Oktober

Du brauchst gar nichts zu tun

Ohne Gott ist alles leer. Eine Ehe, ein Ashram, sogar *sannyas*, das Mönchtum. Jeder versucht, diese Freude auf eine andere Art zu erreichen. Um Gott zu finden, brauchst du gar nichts zu tun. Du brauchst kein Mönch zu werden, keine Familie zu gründen, nicht in einem Ashram zu leben, auf alles zu verzichten. All das bringt dich Gott nicht näher. In dem Augenblick, in dem du erkennst, daß alles nur Leere ist, in dem Augenblick, in dem dir klar wird, daß Gott nicht von außen durch irgendwelche Taten zu erreichen ist, hast du Gott. Manche heiraten und versuchen, Gott zu finden. Andere entsagen dem Leben und versuchen, Gott so zu finden. Im Endeffekt möchte jeder diese Freude entdecken. Wir sollten aber alle wissen, daß wir das nicht durch irgendein Tun oder Nichttun erreichen. Es kommt auf die geistige Haltung an, nicht auf den Status oder die Stellung. Es spielt keine Rolle, wer du bist und was du tust. Es ist die Erkenntnis. Darum ist es gleichgültig, ob du im Kloster lebst oder verheiratet bist. Lerne deinen Frieden zu bewahren!

25. Oktober

Du mußt alles mögliche tun, um diese Person für dich zu gewinnen

Wenn du Gott willst, was sollst du tun? Nur dasitzen und jammern? Nein. Du solltest Ihm dienen. Willst du jemanden wirklich für dich gewinnen und seine Liebe erwerben, dann mußt du dieser Person dienen! Du mußt alles dir nur Mögliche tun, um diese Person anzuziehen, damit sie dich liebt! Du gibst alles, selbst dein Leben für sie hin. Genauso ist es mit Gott. Gott ist hier in der Form von Menschen und in der Form von Natur. Also sagst du: „Ich bin bereit, alles und jedes im Namen Gottes zu geben." Diene, diene, diene! Das bedeutet nicht, daß du einfach in eine Ecke gehst, dich hinsetzt und jammerst.
Gott dienen bedeutet, Gott lieben. Durch Dienen und Lieben erlangst du Seine Gnade. Du bringst Ihn dazu, daß Er dich liebt. Ein spiritueller Schüler ist keine unnütze Person, die herumsitzt und klagt. Er dient jedem und allem im Namen Gottes. Dienen und Lieben sind die Wege, um Gott zu erreichen. Was ist Gott? Wer ist das? Frieden in Gedanken und Gefühlen, das ist Gott. Wenn du bereit bist, auf alles und jedes zu verzichten, um deinen Frieden zu erhalten, dann ist das Gott. Du kannst diesen Frieden niemals bewahren, wenn du hinter materiellen Dingen herläufst oder wenn du diesen Frieden in der Außenwelt suchst. Gott ist in dir in Form von Frieden und Freude.

26. Oktober

Du brauchst dich nicht schuldig zu fühlen!

Frage: Wie kann ich wissen, wann ich anderen dienen und wann ich besser „nein" sagen soll, ohne mich schuldig zu fühlen?

Sri Gurudev: Du selbst solltest wissen, wieviel du geben kannst. Du kannst nicht mehr geben, als du zu leisten vermagst. Wenn du an einem Tag viel gearbeitet hast und wirklich müde bist, solltest du „nein" sagen. Sonst sagst du nein zu deinem eigenen Körper und zu deinen Gedanken und Gefühlen. Unter dem Vorwand, anderen zu helfen, solltest du deinen Körper nicht in eine Lage bringen, in der er Schaden nehmen könnte. Dein Gewissen wird dir sagen, ob du nur eine Entschuldigung suchst. Wenn du aber wirklich Ruhe brauchst, solltest du ganz ehrlich nein sagen. Du brauchst dich deswegen nicht schuldig zu fühlen.
Warum solltest du auch Schuldgefühle haben? Niemand erwartet, daß du über dein Leistungsvermögen hinausgehst. Wenn du das versuchen solltest, könntest du sogar Schaden anrichten. Darum sei dir bewußt, wie weit du gehen kannst, und erkenne deine Grenzen. Und dann stell deine Dienste zur Verfügung! Es gibt überhaupt keinen Grund für Schuldgefühle. Fühlst du dich schuldig, kannst du die Arbeit vielleicht tun, hast aber keine Lust dazu. Wenn du ein reines Gewissen hast, brauchst du dich nicht schuldig zu fühlen.
Frage dein eigenes reines Selbst um Rat! Dein Gewissen ist immer rein. Das ist der Teil Gottes in dir, den man den inneren Guru nennt. Du brauchst nicht immer einen Rat von außen zu bekommen. Das Gewissen gibt uns ständig Ratschläge, aber oft schenken wir ihm kein Gehör. Wir wollen es nicht einmal. Ein Außenstehender kann nur eine Zeitlang helfen. Du solltest lernen, den inneren Berater zu befragen. Zuweilen magst du einen Widerspruch in dir fühlen: „Ich weiß nicht, ob es mein Selbst oder mein Ego ist." Das eine sagt „Tue es", das andere „Tue es nicht". In diesem Fall befrage jemanden, der den Unterschied erkennen kann. Aber im

Endeffekt müssen wir das Unterscheidungsvermögen in uns selbst entwickeln. Darum ist die Meditation so wichtig. Bevor du dieses Unterscheidungsvermögen entwickelt hast, solltest du wenigstens in der Meditation dein inneres Selbst vernehmen können.

27. Oktober

Gott ist neutral

Frage: Sie haben gesagt, Gott sei neutral. Sie haben auch gesagt, Er könne unsere Pläne und unsere Absichten entweder billigen oder mißbilligen. Bitte erklären Sie uns, wie beides wahr sein kann!

Sri Gurudev: Wenn ich gesagt habe, Gott ist neutral, dann stimmt das. Und wenn ich gesagt habe, daß Er etwas billigt oder mißbilligt, dann stimmt das auch. Die Strahlen der Sonne sind farblos. Das ist wahr. Aber wenn diese selben Strahlen durch ein Prisma fallen, sieht man alle sieben Farben. Ist das nicht auch wahr? Darum siehst du die Dinge in einem anderen Licht, je nachdem, von welcher Seite du durch das Prisma schaust. Alles könnte stimmen, denn absolute Wahrheit ist völlig anders. Der Verstand kann niemals diese absolute Wahrheit begreifen, weil der Verstand selbst begrenzt ist. Wenn der Verstand etwas begreifen will, dann färbt er es, je nachdem, in welchem Zustand er sich befindet. Darum kannst du Gott als jemanden sehen, der entweder alles überwacht oder der die Dinge billigt oder mißbilligt wie dein Gewissen.

Dein Gewissen ist der Teil Gottes, den du in dir hast. Es billigt nicht alles, was du tun möchtest. Genau wie dein Gewissen würde Gott nicht all deine Absichten gutheißen, aber Er würde dich nicht daran hindern, sie dennoch auszuführen. In dieser Weise ist Er neutral. Die Sonne scheint. In ihrem Licht siehst du vielleicht einen tiefen Graben auf der Straße. Wenn du die Augen schließt und drauflosgehst, nachdem du den Graben gesehen hast, wird dann die Sonne kommen und dich aufhalten? Nein. Die Sonne hat dir den Graben gezeigt, aber sie wird dich nicht daran hindern, hineinzufallen. Was du mit dem Graben machst, ist deine Sache. In dieser Weise ist Gott neutral. Gott zeigt dir ganz einfach die Tatsachen und erlaubt dir, darauf zu achten oder nicht. Dann mußt du hinnehmen, was auch immer geschieht. Absolut gesehen tut Gott gar nichts. Aber das kannst du erst erfahren, wenn du den Verstand transzendierst und seine Grenzen überschreitest. Bis dahin müssen wir einfach alles als „mein Wille" und „Gottes Wille" verstehen.

28. Oktober

Es sind die Lehren

Frage: Wie kann der Schüler sicher sein, daß er des Meisters Führung folgt, wenn dieser nicht physisch anwesend ist?

Sri Gurudev: Wenn du einfach in dich gehst und fragst: „Was würde mein Meister sagen, wenn er vor mir säße?", dann bekommst du die Antwort: „Ja, er hat oft darüber gesprochen. Ich weiß, was er zu mir sagen würde." Dann befolgst du das. Da hast du den Meister oder den spirituellen Führer oder den Guru. Der Guru ist nicht einfach ein physischer Körper. Es sind die Lehren. Wenn du lernst, auf deine innere Stimme zu horchen, wird dein Gewissen dich leiten, selbst wenn du keinen Guru und nicht einmal jemanden hast, der dir einen Rat geben könnte. Der Guru ist nicht eine Person, die sich irgendwo aufhält. Dein Gewissen sagt dir immer, was richtig und was falsch ist. Das ist der Guru in deinem Inneren. Horche darauf und befolge es!

29. Oktober

Niemand kann dich ersetzen

Der göttliche Wille kennt keine Spur von Selbstsucht. Ego bedeutet Selbstsucht. „Ich", „mir", „ich tue es *mir* zuliebe". Was auch immer du für dich selbst tust, ist egoistisch und wird auf dich zurückkommen. Wir müssen es auf uns nehmen. Aber ohne das Ego würden wir sagen: „Eine Kosmische Macht läßt mich arbeiten. Gott in mir motiviert mich. Er schickt mich hierher, und Er läßt mich alles tun. Ich bin Sein Werkzeug. Er gab mir alles. Er kann alles wieder zurücknehmen. Nichts gehört mir. Nicht einmal mein Körper gehört mir." Wir sollten all unsere Handlungen selbstlos mit diesem Gefühl ausführen. Das ist der Göttliche Wille. Dein Gewissen leitet dich, nicht das Ego. Das Gewissen wird immer sagen: „Das ist gut für jedermann." Du solltest nicht einmal beten: „Laß *mich* glücklich sein! Hilf *mir*! Mach *mich* gut!" Denke in Begriffen des Kosmos: *Sarveshaam swastir bhavatu.* „Mögen *alle* glücklich sein!" Darum präge dir immer wieder ein: „Dein Wille geschehe! Alles ist für Jesus, für Mose, für Buddha, für Allah". Benütze irgendeinen Namen! Darauf kommt es nicht an. „Alles für den Ashram. Alles für das Kosmische Bewußtsein. Nichts ist für mich. Ich esse nicht einmal für mein eigenes Wohl. Ich esse, weil ich dienen möchte." Das sollte der Gedanke hinter jeder Handlung sein. Sobald du beginnst, so zu leben, wird dein Leben völlig, aber wirklich völlig anders sein. Du wirst die höchste Freude erfahren. Du wirst nicht mehr von diesen kleinen, belanglosen Dingen beeinflußt werden.
Wir sollten immer wie Löwen brüllen: „Ich bin, wer ich bin! Ich bin immer voller Freude, immer voller Frieden. Nichts von diesem Unsinn kann mir etwas anhaben!" Wir müssen diese Kraft und diesen Mut besitzen. Selbst wenn du vorübergehend für eine Woche *schauspielst* und sagst: „Ich bin ein Superyogi", wirst du den Unterschied spüren. Es muß nicht einfach nur gelesen, gehört oder gepredigt werden. Es sollte gelebt werden. Und du *kannst* dieses Leben führen. Sag nicht: „Das ist nur für Heilige. Ich bin nur

ein gewöhnlicher Mensch." Wärst du gewöhnlich, wärst du nicht hier. Nein. Selbst ein Dorn hat seinen Zweck. Er wurde aus einem bestimmten Grund an seinen Platz gestellt und ist einmalig dort. Nichts kann ihn da ersetzen. Niemand kann dich ersetzen! Du bist einmalig in deiner Position. Versuche nicht, dich mit anderen zu vergleichen. Du bist außerordentlich wichtig. Jeder auf dieser Welt wird gebraucht. Sei stolz, daß du existierst!

30. Oktober

Spiele, spiele, spiele

Der Ursprung des Gedankens ist das Kosmische Denken selbst, das wir Gott nennen. Es ist Gott, der an die Schöpfung dachte. Seit damals gibt es Gedanken. Solange es einen Verstand gibt, wird es Gedanken geben. Der Verstand ist nichts anderes als ein Bündel von Gedanken. Selbst die Idee, auf einen gedankenfreien Zustand hinzuarbeiten, ist ein Gedanke. „Ich möchte frei von Gedanken sein!" Es bedeutet nicht, daß wir versuchen, unsere Gedanken auszumerzen. Was wir möchten, sind die richtigen Gedanken, die unseren Verstand nicht verwirren. Es gibt zwei Arten von Gedanken: Gedanken der Arbeit und Gedanken des Spiels. Die Gedanken der Arbeit machen nervös und ängstlich. Bei den Gedanken des Spiels ist man entspannt. Darum verwandle all deine Gedanken in Gedanken des Spiels! Spiele während der Arbeit! Laß sie ein ständiges Spiel sein! Etwas anderes brauchst du in deinem Leben nicht zu tun. Nichts als spielen, spielen, spielen!

31. Oktober

Passe dich an, sei flexibel, sei entgegenkommend, dulde Beleidigung und ertrage Kränkungen!

Es ist einfach, sich hinzusetzen und zu meditieren. Am schwersten ist es, Beleidigung und Kränkung zu ertragen und zu lernen, sich anzupassen, flexibel und entgegenkommend zu sein. Das sind die Lehren des großen Heiligen und Weisen des Himalaya, Sri Swami Sivanandaji Maharaj. Gebet, Meditation spirituelle Praktiken kannst du allein vollbringen. Aber wie ist deine Haltung den Menschen gegenüber, mit denen du tagein, tagaus arbeitest? Da mußt du beweisen, daß du in deiner spirituellen Arbeit vorangekommen bist.

Praktiziert jemand Anpassung, Flexibilität und Entgegenkommen, wird er niemals mit dem Finger auf andere zeigen und sie beschuldigen. Selbst wenn der andere im Irrtum ist, kannst du mit der Lage fertig werden, wenn du dich ihr anpassen und ihr Rechnung tragen kannst. Dennoch ist es am schwersten, Beleidigung und Kränkung zu ertragen. Hier bedarf es einer außerordentlichen Fähigkeit, Gedanken und Gefühle unter Kontrolle zu behalten.

Tue deine tägliche Arbeit, kümmere dich um alle, gehe auf jeden Menschen ein! Begebe dich ins Meer hinein, aber lerne gut zu surfen!

November

1. November

Das ist es, was man spirituelle Erfahrung nennt

Ein glückliches Zusammenleben in einer harmonischen Familie voller Liebe, das ist Gott. Es gibt immer noch Leute, die mich fragen: „Was habe ich in all diesen Jahren getan? Ich habe meine Übungen gemacht, aber ich habe Gott nicht verwirklicht, ich hatte keine spirituelle Erfahrung." Ich weiß nicht, was für eine Erfahrung diese Leute machen möchten. Wollen sie vielleicht ein paar Zentimeter über dem Boden schweben? Oder wollen sie übernatürliche Erscheinungen haben? Selbst wenn dir so etwas passiert, empfinde ich das als Unsinn. Das ist nicht die spirituelle Erfahrung, die ich mir wünschen würde. Gut, du magst vielleicht irgendwelche Visionen haben, Licht sehen oder Stimmen hören. Welchen Nutzen haben diese Dinge für andere? Die wirkliche Erfahrung ist die, daß du im Alltag ein Lächeln und ein liebevolles Gesicht zeigst. Das ist Spiritualität: den Geist in anderen wahrnehmen, zu lieben und sich über die Unterschiede der niedrigen Natur hinwegzusetzen.
Echte spirituelle Erfahrung bringt Harmonie. Was ist der Sinn dieser anderen Erfahrungen, wenn du nicht gut, harmonisch und liebevoll mit zehn Personen zusammenleben kannst? Jeder sollte dich gern haben. Für mich ist es das, was man spirituelle Erfahrung nennt. Behalte stets im Gedächtnis: „Ich möchte ein solches Leben führen, daß jeder mich gern hat. Niemand sollte mit der geringsten Abneigung auf mich schauen!" Nur wenn dir das gelingt, wirst du geistig wachsen. Alles andere ist purer Unsinn. Selbst deine spirituellen Praktiken.

2. November

Reinige dein Herz!

Du magst regelmäßig in deinen Übungen sein. Aber was nützt es, wenn du jeden Morgen eine Stunde lang bewegungslos dasitzt und meditierst und gleich danach all deine negativen Gefühle an anderen ausläßt. Das ist nicht im Sinne der Spiritualität. Wieviel Animosität, Klatsch, Abneigung, Haß und „Ich mag die nicht, ich mag den nicht" gibt es in deinem Leben? Gehe in dich und frage dich: „Werde ich von allen Menschen geliebt? Liebe ich alle? Oder mag ich irgend jemanden nicht?" Gehe hin zu der Person, schüttle ihr die Hand und sage: „Es tut mir leid, daß ich solch ein Gefühl gehegt habe. Es ist schrecklich und macht mich krank. Es tut mir leid." Das ist hundert Tage Meditation wert. Habe niemandem gegenüber negative Gefühle. Sobald du eine Meinungsverschiedenheit oder einen Verdacht hast, gehe sofort zu der Person und sprich mit ihr: „Mir kommt so ein Gefühl. Bitte, ich muß das klären. Komm, laß uns das aus der Welt schaffen!" Laß nicht zu, daß es dich auch nur für ein paar Stunden belastet! Manchmal kommen solche Gefühle hoch. Das ist natürlich. Gehe nicht darüber schlafen! Bevor du schlafen gehst, sollte es aufgeklärt werden. Putzt du dir nicht die Zähne, bevor du zu Bett gehst? Du gehst doch mit sauberen Zähnen schlafen, nicht wahr? Genauso reinige dein Herz! Wie kannst du dein Herz reinigen? Sprich mit den betreffenden Leuten! Beseitige die negativen Gefühle! Dann kannst du mit reinem Herzen zu Bett gehen und gut schlafen. Wenn du es bewußt übst, wird es ganz einfach. Es ist wirklich kein Ding der Unmöglichkeit.

3. November

Was immer du tust, tue es friedlich und behutsam!

Frage: Ich möchte dazu beitragen, daß das Wettrüsten mit Atomwaffen auf der ganzen Welt ein Ende findet. Denken Sie, es wäre wichtig, Mitglied einer Gruppe von Atomwaffengegnern zu werden? Oder kann ein Einzelner mehr durch Meditation, Gebet und Singen von Mantren und Kirtans erreichen?

Sri Gurudev: Ich möchte sagen, Gebet, Gesang und Meditation könnten hilfreicher sein. Wenn du dich dennoch einer Gruppe anschließen willst, ist das in Ordnung. Aber werde nicht radikal! Schaffe nicht noch mehr Gewalt dadurch, daß du die Gewalt ausmerzen willst! Ihr könnt einander die Hände reichen, aber was auch immer ihr tut, tut es friedlich und behutsam! Und wenn du eine solche Gruppe nicht finden kannst, dann gründe sie selbst! Denke nach und sende deine Gebete aus! Aufrichtige, von Herzen kommende Gebete werden sich über die ganze Welt ausbreiten, und alle, die dazu bereit sind, werden sie empfinden. Dann weißt du vor allem, daß du dein Teil tust, denn im Endeffekt liegt alles in der Hand dessen, der die Welt erschaffen hat. Er weiß sie zu handhaben. Du spielst dabei nur eine kleine Rolle.

4. November

Sei einfach zufrieden!

Frage: Ich fühle in mir den starken Wunsch, Mutter und Teil einer Familie zu sein, aber ich habe nicht den Mann getroffen, mit dem ich diese Familie gründen könnte. Manchmal werde ich ungeduldig und ängstlich, verliere den Glauben und das Vertrauen und fühle mich wegen meines Alters unter Druck gesetzt. Können Sie mir einen Rat geben?

Sri Gurudev: Gott hat Seinen Grund, warum Er dich hier hat, aber du möchtest vielleicht etwas Eigenes tun. Hätte Gott wirklich gewollt, daß du heiratest und eine Familie gründest, dann wäre jemand – selbst gegen deinen Willen – gekommen und hätte dich entführt. Manchmal wollen wir viele Dinge, aber der Höhere Wille sagt: „Das ist nicht gut für dich. Ich habe dich nicht für diesen Zweck geschaffen." Oder: „Du bist dafür noch nicht reif." Du könntest sagen: „Nein. Ich bin dreiunddreißig. Ich bin reif." Gut. Für Gott bist du vielleicht noch ein drei Monate altes Baby. Du glaubst, du bist reif, aber Gott sagt noch: nein. Manchmal meinen wir, wir müßten alle ein und dasselbe tun. Das stimmt nicht. Es ist das Kosmische Bewußtsein, das wir Gott nennen, das alles und jeden für einen bestimmten Zweck geschaffen hat. Dieser Zweck braucht nicht für jedermann derselbe zu sein. Gott bedient sich aller Menschen, um Seine Kosmische Mission zu erfüllen. Vielleicht bist du für eine Aufgabe ohne Familienleben bestimmt. Wenn du das nicht akzeptierst, erfüllst du nicht deine Pflicht als Einzelperson, und genau so wenig erreichst du das von dir ersehnte Familienleben. Somit verlierst du beides. Du folgst weder Gott noch deinem eigenen Willen. Du rebellierst gegen Gott: „Ich will nicht dies oder jenes!" Und Gott erlaubt dir nicht, so zu sein, wie du es willst. Wenn du das eine nicht sein willst und Gott dich das andere nicht sein läßt, dann kommt es zu einem ständigen Kampf.

Wir alle haben eine Aufgabe zu erfüllen. Du bist einmalig auf deinem Platz. Sei einfach zufrieden! „Gott hat mich für einen gewissen Zweck geschaffen. Laß mich den erfüllen, was auch immer es sein mag – selbst wenn ich nicht verstehe, was ich tue!" Wenn du Gott fragst, wird Er sagen: „Ich habe eine Aufgabe für dich. Warte es einfach ab. Ich brauche nicht jedermann an jedem Tag und die ganze Zeit zu benutzen." Darum sei einfach zufrieden! Wenn Gott einen Enkel haben will, schickt Er dir bestimmt einen netten Burschen. Er wird dir das schicken, was du brauchst, um diese Aufgabe zu erfüllen.

5. November

Es ist und bleibt ein vertrocknetes Blatt

Sprich weniger und sprich über das, über das gesprochen werden muß. Die Kontrolle der Zunge ist sehr wichtig. Die Zunge tut zwei Dinge: sie schmeckt, und sie spricht. Halte dich in beidem zurück! Sprich weniger, sprich leise und sprich die Wahrheit! Hin und wieder sprich gar nicht und bewahre Schweigen!
Wenn wir sprechen, zeigen wir unsere Unwissenheit und schaffen uns eine Menge Feinde. Es ist nicht einfach, zu sprechen und dennoch respektiert zu werden. Hätte ich die Wahl, würde ich lieber schweigen. Aber dann denke ich: „Warum sollte ich schweigen? Spreche denn *ich*? Jemand macht, daß ich spreche, und ich spreche. Wenn Er mich still sein läßt, werde ich still sein." Das ist alles. Wenn du dieses Gefühl hast, dann ist das Reden nicht *dein* Reden. Du bist einfach ein Lautsprecher, und jemand anders redet durch dich. Darum brauchst du dir deswegen keine Sorgen zu machen.
Habe keinerlei eigene Wünsche! Was auch immer durch dich geschehen soll, laß es geschehen! Wenn du sprechen sollst, sprich! Wenn du schlafen sollst, schlaf! Wenn du essen sollst, iß! Dann brauchst du dir wegen all dieser Dinge keine Sorgen zu machen.
Gib dich ganz in die Hand Gottes, in die Hand dieser unsichtbaren Kraft, die durch dich wirkt. Du wirst zufrieden gestellt werden. „Hier hast Du mich hingestellt. Hier bin ich. Vielleicht wirfst du mich morgen in den Graben. Auch dort werde ich dann glücklich sein." Wie ein vertrocknetes Blatt. Stell dir vor, ein Windstoß wirbelt das Blatt hoch und trägt es auf einen Kirchturm. Und wenn dann ein anderer Windstoß kommt und es auf den Misthaufen wirft, was dann? Dann ist es immer noch ein vertrocknetes Blatt. Ganz gleich, wo es landet, es sagt einfach: „Gut, Du bist derjenige, der mich hierher gebracht hat. Vielleicht hast Du dafür einen Grund." Das ist ein Beispiel für bedingungsloses Annehmen. Vertraue auf Gott! Dann wirst du in Frieden und Freude leben.

6. November

Wer von euch hätte die Wahrheit gesagt?

Frage: Kann eine kleine Lüge für jemanden liebevoll sein und einen Schmerz verhindern?

Sri Gurudev: Nun, ich habe dazu meine eigene Philosophie. Was ist eine Lüge? Ist eine Lüge etwas Schlimmes? Ist es immer schlecht, wenn man lügt? Wenn es so wäre, warum gäbe es dann überhaupt auf dieser Welt so etwas wie eine Lüge? Warum wurde das Lügen erschaffen? Lügen an sich ist nichts Böses. Unter bestimmten Umständen kann man lügen. Wenn die Lüge einem Menschen zumindest einen Vorteil bringt, ohne dabei einem anderen zu schaden, dann ist eine Lüge sogar die Wahrheit. Genauso wenig sollt ihr glauben, daß eure eigene goldene Wahrheit immer wunderbar ist. Manchmal kann die Wahrheit schlimmer sein als eine Lüge. Möchtet ihr ein Beispiel dafür haben?
Einst lebte ein *Sadhu* – das ist ein wandernder Bettelmönch – in einer einsamen Waldgegend. Er wohnte in einer hübschen kleinen Hütte. Eines Tages kam ein schönes junges Mädchen, das reichen Schmuck mit Diamanten, Rubinen und anderen Edelsteinen trug, bei ihm angerannt. „Swami, bitte hilf mir!" Er war überrascht, als er das Mädchen sah. Sie sagte: „Bitte, ein Mann ist hinter mir her und will mir alles stehlen. Womöglich wird er mich sogar umbringen. Bitte, darf ich mich hier verstecken?" Und ohne auf seine Erlaubnis zu warten, lief sie in die Hütte und versteckte sich in einer Ecke. Ein paar Minuten danach kam ein furchterregend aussehender Mann mit einem langen Dolch in der Hand angerannt. „He, *Sadhu*, ist hier ein junges Mädchen vorbeigekommen?" *Sadhus* sollten nicht lügen, nicht wahr? Was sollte er sagen? Die Wahrheit und nichts als die Wahrheit? Wer von euch hätte die Wahrheit gesagt? Vermutlich niemand.
Der *Sadhu* sagte: „Was? Was meinst du damit? Warum sollte ein junges Mädchen hierher kommen? Siehst du denn nicht, daß ich ein *Sadhu* bin und daß dies hier meine Klause ist? Das ist kein Ort

für junge Mädchen." "Du hast also niemanden gesehen?" "Warum suchst du hier ein junges Mädchen? Ich bin ein alter Mann, der im Wald lebt." Hat er die Wahrheit gesagt? Nein. Darum ist es in gewisser Weise eine Lüge. Er hat nicht „nein" gesagt, er hat dem Mann einfach Fragen gestellt. Und damit hat er drei Leben auf einmal gerettet: das des Mädchens, sein eigenes und das des Diebes. Der Dieb wollte das Mädchen töten, um die Juwelen zu bekommen. Dann hätte er den *Sadhu* getötet, der ja ein Zeuge gewesen war. Und die Polizei hätte den Dieb geschnappt und ihn zum Tode verurteilt.

Darum kümmert euch nicht darum, ob etwas die Wahrheit ist oder eine Lüge. Denkt über den Ausgang der Sache nach! Schaut immer auf das Ergebnis eurer Handlungen und auf den Beweggrund, aus dem ihr sie begeht! Der *Sadhu* hat den Mann mit dieser Lüge nicht wirklich getäuscht. Tatsächlich rettete er sein Leben, indem er das Verbrechen verhütete. Er wünschte ihm nichts Schlechtes, darum hatte seine Lüge eine gute Absicht und ein erfreuliches Ende. So sollten wir denken. In diesem Sinne gibt es nichts Schlechtes auf dieser ganzen Welt.

7. November

Wo sind denn jetzt all die Schönheitsköniginnen?

Mache dir klar, daß dir nichts gehört! Nichts ist dein Eigentum. Du kamst mit nichts und wirst mit nichts gehen. Es wurden dir Sachen mit auf den Weg gegeben. Zu einer bestimmten Zeit kamen Dinge und Menschen zu dir. Zu einer bestimmten Zeit mögen sie auch wieder gehen. Es ist alles wie auf dem Jahrmarkt. Wir treffen Leute und sitzen eine Zeitlang mit ihnen in einem Karussell. Dein Nachbar sitzt vielleicht auf einem Tiger, und du sitzt auf einem Pferd. Du sagst: „Hallo", und ihr fahrt im Kreis herum. Wenn die Fahrt zu Ende ist, steigst du aus, und er fährt vielleicht weiter. Oder er steigt aus und geht woanders hin. Siehe in all dem ein-

fach nur einen Jahrmarkt! Wir treffen Leute. Und solange wir mit ihnen zusammen sind, grüßen wir uns und versuchen, nett miteinander und nützlich füreinander zu sein.
Nichts gehört uns. Was ist also dieses „Mein-, Mein-, Mein-Getue"? Viele Minen (meins)* erzeugen viele Explosionen. Identifiziere dich nicht mit deinem Besitz! Wieviele Exmillionäre sind heute arme Schlucker? Wie viele große Männer, die einmal Länder regierten, sind zu Bettlern geworden? Was ist von Dauer? Denk einmal darüber nach! All die Schönheitsköniginnen, wo sind sie? Was gibt es, auf das man sich etwas einbilden kann?
Nicht nur als Individuen, sondern selbst als Nation haben wir diesen Stolz. Worauf sind wir denn so stolz? Nichts gehört uns. Wer weiß, eines Tages ist vielleicht nicht einmal mehr eine Spur von uns da. Seid auf alles gefaßt! Hängt euer Herz nicht an materielle Dinge! Wenn sie kommen, laßt sie kommen! Es ist alles Gottes Geschäft, ein Teil des Plans der Natur. Wenn wir uns daran erinnern, wird uns der Stolz vergehen. Wir werden lernen, uns zu begnügen. Es ist immer besser, bescheiden zu sein und auf beiden Beinen zu stehen, damit wir nicht fallen. Wollt ihr aber hoch hinaus, werdet ihr schlimm zu Fall kommen. Wer auf dem Boden sitzt, kann nicht runterfallen.

*Wortspiel: im Englischen ist „mein" und „Mine" dasselbe Wort
(Anm. d. Übersetzerin)

8. November

Schenk ihm ein Lächeln!

Frage: Damit ich meine Angst überwinde, zusammengeschlagen zu werden, lerne ich jetzt kämpfen. Ist das der richtige Weg?

Sri Gurudev: Laß mich dich zuerst einmal daran erinnern, daß es stets einen besseren Kämpfer als dich geben wird, wie gut du auch kämpfen lernst. Vielleicht wirst du nicht von einem Klassenkameraden zusammengeschlagen. Aber außerhalb der Schule wird jemand stärker sein als du. Und wenn du kämpfen lernst, denkst du zuerst daran, dich zu verteidigen. Aber später, wenn du es wirklich gut gelernt hast und niemand da ist, gegen den du dich verteidigen mußt, dann wirst du deine Fähigkeiten zur Schau stellen wollen. Nicht wahr? Warum solltest du es sonst lernen? Wenn du etwas kannst, willst du es auch zeigen. Kämpfen lernen wird dir weder bei deiner Verteidigung noch bei etwas anderem helfen. Die beste Art, sich zu verteidigen, ist ruhige Selbstsicherheit und Mut. Warum will dich jemand zusammenschlagen? Denk darüber nach! Warum sollte er dich schlagen? Vielleicht ist er böse auf dich. Er sieht in dir einen Feind. Finde den Grund heraus! Wenn deinerseits ein Fehler vorliegt, gehe hin, entschuldige dich und mache ihn zu deinem Freund! Vielleicht sagst du: „Nein, nein, es ist nur ein Mann auf der Straße, so ein verrückter Kerl!" Wenn du wirklich schuldlos bist, wirst du eine gute, unschuldige Schwingung ausstrahlen. Er wird sich dir nähern, aber er wird vergessen, dich anzugreifen. Darum sind heitere Gefühle und Gedanken die beste Verteidigung. Lächle ihn an! Wenn er dich dann immer noch schlagen will, solltest du den Mut haben zu sagen: „Ja, wenn du es tun willst und glaubst, daß es dich glücklich macht, dann tue es! Ich bin bereit, dich glücklich zu machen. Ist es das, was du willst? Tue es!" Niemals wird er dich dann berühren.

9. November

Du erteilst ihm wirklich eine bessere Lektion

Was meinte Jesus, als er sagte: „Wenn jemand dich auf die linke Backe schlägt, halte ihm auch die rechte hin"? Wenn du ihm die andere Backe hinhältst, erteilst du ihm wirklich eine gute Lektion.

Du erreichst, daß er sich schämt für das, was er getan hat. Wenn du ihn deinerseits ohrfeigst, schlägst du nur seinen Körper. Wenn du den Rat von Jesus befolgst, schlägst du sein Wesen, das Ego. Man braucht mehr Mut und Stärke, jemanden anzulächeln, der einen haßt, und nicht zurückzuschlagen. Hier kann der Gedanke des Karma hilfreich sein. Wenn jemand einfach kommt und dich grundlos schlägt, gehe in dich und frage dich: „Vielleicht ist das mein Karma. Ich muß irgendwann in der Vergangenheit jemanden geschlagen haben und geflohen sein, bevor ich meinerseits geschlagen oder bestraft wurde. Jetzt gibt mir dieser Mensch das zurück, was ich getan habe!" Akzeptiere es! Es gibt bestimmt keine Wirkung ohne Ursache. Niemand kann kommen und dich verletzen, wenn du wirklich so unschuldig bist. Wenn dich jemand plötzlich schlägt, gibt er dir einfach das, was du von einem anderen, dem du etwas gabst, nicht zurückbekommen hast. Du solltest ihm danken: „Du hast mir geholfen, endlich dieses Karma abzutragen. Ich danke dir dafür." Gleichzeitig erteilst du ihm eine Lektion. Daher ist das der beste Weg. Kämpfen wird niemals einen anderen vom Kämpfen abhalten. Nur Liebe, und nicht noch mehr Haß, kann Haß im Endeffekt heilen.

10. November

Nimm all deinen Mut zusammen und gehe zu ihnen!

Frage: Bevor ich meinen Glauben fand, habe ich im Leben viel schlechtes Karma angesammelt. Jetzt habe ich die meiste Zeit Angst davor, wie ich es zurückzahlen muß. Wie kann ich mit dieser Angst fertigwerden?

Sri Gurudev: Deine Angst ist unnötig. Wir alle machen Fehler. Wenn du merkst, daß du einen Fehler begangen hast, bereue es! Ziehe die Lehren aus den Fehlern, die du machst! Mißerfolge sind Sprungbretter für zukünftige Erfolge. Grübelst du über deine vergangenen Fehler nach und hast Angst, daß etwas Schreckliches passiert, vergeudest du nur deine Zeit. Nichts wird passieren. Die Gnade der Natur ist so beschaffen, daß sie alle Fehler vergibt, denn nur durch Fehler kann man lernen. Wenn ein Kind darüber nachdenken würde, wie oft es hingefallen ist, als es laufen lernte, würde es niemals laufen können. Darum betrachte einen Mißerfolg als Sprungbrett!

Wenn du die Menschen sehen kannst, denen du Unrecht getan hast, dann nimm all deinen Mut zusammen, gehe zu ihnen und entschuldige dich: „Ich habe einen Fehler gemacht. Ich war ein Dummkopf. Ich wußte es nicht besser. Mir war nicht klar, was ich tat. Bitte entschuldigen Sie mich!" Das ist die einzige Art, wie du deine Schulden abtragen kannst. Wenn du die Menschen nicht sehen kannst, weil sie nicht mehr da sind, bete wenigstens für sie! Denke an sie! Schicke ihnen deine Entschuldigung! Auf diese Weise kannst du die Schuld abgelten, und es wird dir nicht schaden.

11. November

Es ist alles Gottes Wille

Frage: Oft übertreten wir bewußt die Gebote der Heiligen Schrift. Wie kann das Gottes Wille sein?

Sri Gurudev: Alles *ist* Gottes Wille. Es ist Gottes Wille, daß du mir diese Frage stellst, und es ist Gottes Wille, daß sie dir jetzt beantwortet wird. Letzten Endes ist das die Wahrheit. Nichts, aber auch gar nichts geschieht ohne Gottes Willen. Das besagen alle Heiligen Schriften. Aber wann wirst du das erkennen? Wenn du handelst und gewisse Dinge nach *deinem* Willen tust und dann aus den Konsequenzen deiner Handlungen deine Lektion lernst. Dann sagst du: „Gut, ich habe versucht, nach meinem Willen zu handeln. Jetzt wird mir klar, daß im Endeffekt alles Sein Wille ist!"

12. November

Euer Gebet sollte ihnen zum Verständnis verhelfen

Frage: Wenn wir für andere beten, wird ihnen dann ihr Karma genommen?

Sri Gurudev: Wir beten nicht, damit sie von ihrem Karma befreit werden. Wir beten, damit sie Verständnis für ihr Karma bekommen und die Kraft haben, es anzunehmen und sich davon zu befreien. Euer Gebet sollte ihrer Kraft und ihrem Verständnis gelten! Was ihr sät, das müßt ihr ernten. Wenn sie den Grund und den Nutzen ihrer Leiden verstehen, können sie sie leicht ertragen. Wenn ihr einfach sagt: „Nimm ihnen ihr Karma!", wird Gott nicht auf euch hören und es ihnen nehmen. Darum sollte ein Gebet ihnen helfen, damit sie verstehen.

13. November

Viele Dinge können durch Gebet geschehen

Wenn du betest, schickst du heilende Schwingungen und gute Gedanken in den Kosmos. Dort zirkulieren sie. Wenn du für einen bestimmten Menschen betest, gehen deine Gedanken zu ihm, wo auch immer er sich befindet, und sie erreichen ihn. Vielleicht weiß die Person nicht einmal, daß du für ihr Wohlergehen betest, aber sie wird das Gebet empfangen und Hilfe bekommen. Manchmal hat dein Gebet allgemeinen Charakter. Dann werden diejenigen es empfangen, die dafür offen sind. Du kannst aber für eine ganz besondere Person beten, und es wird sicherlich ankommen.
Wenn das Karma einer Person stark und dein Gebet nicht so stark ist, kannst du nicht einmal damit eindringen. Was nützt es dann zu beten? Wenn jemand weiß, daß viele für ihn beten, dann ist das

für ihn ein Trost. Und selbst wenn jemand nicht will, daß man für ihn betet, kann man es dennoch tun. Für andere zu beten nützt dir, weil du dein eigenes Herz öffnest. Du zeigst deine mitfühlende Seite. Deine Gedanken und Gefühle werden geläutert, wenn du für andere betest. Du wirst ein besserer Mensch. Durch dein Gebet bringst du deinen Glauben an Gott zum Ausdruck. Das bedeutet nicht, daß Karma durch Gebete gelindert oder gar aufgehoben werden kann. Stattdessen wirken deine Gebete wie eine Narkose, so daß die Person keine Schmerzen bei der Operation hat. Gebete helfen auf vielerlei Weise. Sie sind gewaltige Instrumente. Viele Dinge können durch Gebete bewegt werden. Eigensinnige Menschen mögen das nicht zugeben oder verstehen. Aber ein aufrichtiges Gebet aus einem gläubigen Herzen kann Wunder bewirken. Darum habe diesen Glauben! Bete für dich selbst, bete für andere! Du wirst bestimmt dein Herz läutern.

14. November

Laufe selbst hinter Gott nicht her!

Sei ein guter Mensch, tue Gutes, sei glücklich, sei friedlich! Laß dir deinen Frieden und deine Freude nicht nehmen, nicht einmal im Namen Gottes! Wenn Er nicht zu dir kommen will, laß Ihn tun, was Er zu tun hat! Du brauchst nicht zu Ihm zu gehen und Ihn anzubetteln. Wenn du bereit bist, wird Er kommen.
Ja. Hör auf, hinter Gott herzulaufen, und Er wird hinter dir herlaufen. Sag zu Ihm: „Gott, ich bin nicht scharf darauf, nach Dir Ausschau zu halten. Ich weiß, daß Du zu mir kommen wirst, wenn ich bereit bin. Nimm Dir nur Zeit!" Schon allein das Verlangen, nach Gott zu suchen, wird deine Gedanken und Gefühle beunruhigen. Gar nichts zu wollen, bedeutet, selbst Gott nicht zu wollen. Habe keinerlei Wünsche! Dann werden all die Dinge, die du früher einmal haben wolltest, Gott einbegriffen, zu dir kommen. Mache dir

das klar! Lauf nie und niemals hinter etwas oder jemandem her, selbst nicht hinter Gott! Bleib da, wo du bist, und sage: „Ich bin zufrieden und glücklich mit dem, was ich bin. Wenn etwas zu mir kommt, laß es zu seiner Zeit kommen! Ich habe es nicht eilig. Ich werde hinter nichts herlaufen. Das ist es, was man Zufriedenheit nennt. Zufriedenheit bedeutet ein reines Herz, nicht ein Herz, das ängstlich nach etwas sucht. Wenn du diese Zufriedenheit besitzt, ist für dich alles Gold. Lerne mit der Zeit, all deine Wünsche loszulassen! Bleibe in deinem Körper und in deinen Gedanken und Gefühlen vollkommen entspannt und friedlich! Laß die Dinge kommen und gehen wie die Natur, wie Gott es will! Da ist ein Kosmisches Bewußtsein, das durch dich handelt. Stelle dein Ego nicht in den Mittelpunkt, sonst bildet es ein Hindernis für das Kosmische Bewußtsein, das durch dich wirkt! Wir schaffen eine Menge Hindernisse auf unserem Lebensweg.

15. November

Wer sich für die Wirklichkeit interessiert, ist ein Israelit

Frage: Als Kind lernte ich ein wichtiges jüdisches Gebet: „Höre, O Israel, Der Herr ist unser Gott. Der Herr ist Eins." Bitte erklären Sie uns, was das bedeutet.

Sri Gurudev: Die Bedeutung ist hier ganz klar. Ich glaube, daß es nicht einfach der Name eines Landes ist. Israel ist das, was wirklich, was real ist. Und wer immer über diese Realität nachdenkt und für sie arbeitet, ob in Afrika, in Australien, in einer Höhle im Himalaya oder in Katmandu, gehört zu dem erwählten Volk. Wer an der Realität interessiert ist, ist ein Israelit. Darum ist dieses Lied für die wahren Kinder dieser Realität bestimmt: „Hört, oh Kinder der Realität, der Herr ist unser Gott!" Es gibt nur einen

Gott, der unser Herr ist und der das Leben in uns ist. Wir wurden nach Seinem Bild geschaffen. Gott ist immer Eins. Darüber sind sich alle Religionen einig.

16. November

Wer ist groß?

Ich bin sicher, du hattest mindestens schon einen Schimmer von Gott, sonst würdest du nicht einmal so ein Buch wie dieses lesen. Leider sehen wir selten Gottes Spiegelbild in unserem Innern. Dieses Bild ist in dir *als* du. Die Aufgabe des spirituellen Lehrers ist es, als Spiegel zu wirken, um dir das innere Licht zu zeigen. Und es ist das innere Licht, das dir hilft, Gott zu erkennen. Dieses Licht scheint nicht nur in ein paar vereinzelten Weisen und Heiligen. Wenn du lernbegierig bist, kannst du von allem und jedem etwas lernen. Ein Staubkorn kann dich etwas lehren. Eine Pflanze kann dich etwas lehren. Ein Samenkorn kann dich etwas lehren. Ein Wurm kann dich etwas lehren. Ein Vogel, ein Tier, ein Stein. Du kannst etwas von einem Dieb lernen. Wenn du wirklich lernen willst, kann alles dich etwas lehren. Das Problem ist nur, daß jeder lehren und niemand lernen will.

Der weise Thiruvalluvar sagt: „Wer ist groß? Derjenige, der etwas vollbringt, das nicht einfach ist!" Jeder kann alltägliche Dinge tun: etwas Nahrung und eine kleine Wohnung finden, eine Familie gründen und ein bißchen Spaß im Leben haben. Darin liegt keine Größe. Viele Menschen, selbst Tiere, handeln so. Was sollen wir also tun, das schwierig ist? Die Wahrheit erkennen! Aus diesem Grund brauchst du die Hilfe von jemandem, der das Licht bereits gesehen hat.

17. November

Ich brauche vor niemandem auf der Welt Angst zu haben

Frage: Würden Sie bitte über die Angst sprechen? Manchmal wache ich nachts auf und weiß nicht, wer und wo ich bin, nur daß mein Herz rast, weil ich solche Angst habe.

Sri Gurudev: Der Teil, der nachts schläft, ist unser Bewußtsein. Das Unterbewußtsein kann weiter funktionieren. Wenn das Bewußtsein schläft und das Unterbewußtsein funktioniert, nennt man das Traum. Schläft das Unterbewußtsein ebenfalls, nennt man das Tiefschlaf. Wenn das Bewußtsein schläft, ergreift die Angst im Unterbewußtsein die Gelegenheit, an die Oberfläche zu kommen. Diese Angst zu erforschen ist ähnlich wie das Untersuchen von Müll, bevor man ihn wegwirft.

Anstatt dir über den Grund der Angst Sorgen zu machen, solltest du sie durch etwas Positives ersetzen. Sage: „Was auch immer es ist, es ist früher passiert. Ich kümmere mich nicht darum. Es wird mich nicht mehr beeinflussen. Ich bin mutig, ich bin stark. Ich bin mir bewußt, daß ich das Richtige tue. Ich praktiziere Yoga. Ich bete und meditiere viel. Ich vertraue auf Gott. Ich liebe alle Menschen. Ich brauche vor niemandem auf der Welt Angst zu haben, da alle Menschen meine Brüder und Schwestern sind. Jeder ist mein eigenes Selbst." Siehst du? Bleue dem Unterbewußtsein die positiven Gedanken mit dem bewußten Verstand ein!

Arbeite bewußt daran! Wenn die positiven Gedanken in das Unterbewußtsein eindringen, pressen sie die unerwünschten Gedanken heraus. Die moderne Psychologie scheint sich dafür zu interessieren, das zu untersuchen. „Was war der Grund dafür? Dein Vater, deine Mutter?" Yoga kümmert sich nicht darum. Ignoriere es! Je mehr du darüber nachdenkst, um so mehr förderst du es. Je intensiver du einem Gedanken nachhängst, um so stärker wird er. Das gilt für jeden Gedanken. Wenn du ihn ignorierst, läßt du ihn verhungern. Durch das Fördern von positiven Gedanken wird die Angst verschwinden.

18. November

Trage das Mantra wie eine Rüstung!

Frage: Würden Sie uns bitte einen Rat geben, wie wir uns verhalten sollen, wenn wir den Teufel stärker in uns fühlen?

Sri Gurudev: Sei vorsichtig! Beobachte jede deiner Handlungen! Gleichzeitig schau nach Hilfe aus! Der Teufel ist mächtig, darüber besteht kein Zweifel. Du kannst nicht allein mit ihm fertig werden. Wenn du sagst: „Ich kann ihn besiegen!", könntest du eine Niederlage erleiden. Darum solltest du in solchen Zeiten sagen: „Gott, ich kann es nicht allein tun. Ich brauche Deine Hilfe." Denk mehr an Gott! Bete aufrichtig, wiederhole dein Mantra öfter! Wenn der Teufel weiß, daß du um Hilfe rufst, wird er nicht einfach da herumstehen. Er weiß, daß du jemanden rufst, der größer ist als er. Er weiß, daß er in Not ist. Er will sein Leben retten.
Das Mantra ist deine Hilfe. Schreie es heraus. Das Mantra ist dein Schutz und ein Schild um dich herum. Trage es wie eine Rüstung. Es gibt keine größere Macht als das. Hier steht der Teufel gegen das Göttliche. Aber du mußt diese Art von Vertrauen haben. Wenn du kein Vertrauen hast und dennoch dein Mantra laut singst, weiß es der Teufel. Du solltest volles und ganzes Vertrauen in dein Tun haben. Der Teufel kann deine Gedanken lesen. Er weiß, wie stark du rufst und wie ehrlich du bist. Wenn dein Glaube auch nur die Größe eines Senfkorns hat, kannst du Berge versetzen.

19. November

Laß es immer in deinem Herzen und auf deinen Lippen sein!

Sei sehr regelmäßig im Singen und in deiner Mantra-Wiederholung! Das ist die wichtigste Übung. Selbst wenn du andere Dinge versäumst, versäume nicht die Mantra-Wiederholung! Laß sie einen Teil und ein Stück deines Lebens sein! Das Mantra umgibt dich im wahrsten Sinne des Wortes. Es wirkt wie ein Schild, der dich schützt. Kein unerwünschter Einfluß kann dir etwas anhaben. Wenn du eine Reise machst, beginne sie mit einer Mantra-Wiederholung. Während der Autofahrt wiederhole dein Mantra! Laß es in jeder möglichen Situation stets in deinem Herzen und auf deinen Lippen sein! Dann wirst du Wunder erleben. Aber alles hängt davon ab, wie aufrichtig und wie eifrig du bist.

20. November

Für alles wird gesorgt sein

Allein durch die Mantra-Wiederholung haben Hunderte von Heiligen das göttliche Bewußtsein erlangt. Man braucht nicht einmal die Bedeutung des Mantras zu kennen. Der Glaube daran ist wichtiger. Was für ein Mantra dir gegeben wird oder welches du auch immer wählst, bleib bei dem einen und vertraue ihm vollkommen! Wiederhole es ständig! Alle Mantren sind gleich gut. Wiederhole das Mantra bewußt, bis dein Organismus es übernimmt und es unbewußt wiederholt! Sehr bald wirst du erkennen, wie glücklich, gesund und friedlich du sein kannst. Ein Mantra wirkt positiv auf die Gesundheit von Körper und Geist und in allen Situationen. Durch das Mantra wird für alles gesorgt sein.

21. November

Der beste Tröster

Frage: Warum wollen wir so sehr geliebt werden, statt damit zufrieden zu sein, andere zu lieben? Warum sehnen wir uns nach seelischem Beistand und möchten, daß sich andere um uns kümmern?

Sri Gurudev: Weil wir immer noch nicht verstanden haben, daß es in unserem Inneren jemanden gibt, der ständig in jeder Minute für uns sorgt und uns in jeder Minute liebt. Wenn uns das klar wird, warum soll uns dann noch jemand anders lieben? Je mehr du nach jemand anderem Ausschau hältst, der dich liebt, wird dir vielleicht diese Liebe nicht zuteil. Es mag übrigens hilfreich sein, wenn du diese Liebe von außen nicht bekommst, denn schließlich wirst du dich nach innen wenden und sagen: „Niemand scheint mich zu lieben. Gott, nur Du allein scheinst mich zu lieben". Wenn andere dich lieben, wirst du Gott vergessen. „Gott, ich bin mit dieser Person glücklich. Ich brauche mich jetzt nicht um Dich zu kümmern." Ja, wenn alles schief geht, wendest du dich an Gott. In gewisser Weise scheint Gott dich wirklich zu lieben. Das ist genau der Grund, warum Er nicht will, daß jemand dich liebt oder daß du woanders nach Liebe Ausschau hältst. Er hilft dir, daß du dich Ihm zuwendest. Wenn wir Ihn als lebendige Gegenwart in uns fühlen, warum brauchen wir dann noch einen anderen Trost? Der beste Tröster ist in uns. Alle anderen Arten von Trost sind vorübergehend. Sie kommen, und nach einiger Zeit müssen sie wieder gehen. Mache dich nicht von äußeren Dingen abhängig! Diese werden dich niemals glücklich machen! Und es *sollte* auch so sein, so daß du eines Tages erkennen wirst, daß jemand in unserem Innern uns immer liebt und tröstet.

22. November

Werde ein Freund!

Du machst dir keinen Freund. Du wirst ein Freund. Dann wirst du automatisch Freunde haben. Wenn du im Umgang mit Menschen freundlich und liebevoll bist, sie gern hast und für sie sorgst, mit ihnen teilst und ihnen hilfst, dann werden sie natürlich in dir einen guten Freund sehen. Wenn sie in dir einen guten Freund sehen, werden sie deine Freunde werden. Es beginnt mit dir. Du solltest immer versuchen, etwas Gutes für andere zu tun! Verletze niemals die Gefühle eines anderen! Das Geheimnis ist, stets nach Gelegenheiten zu suchen, um anderen zu helfen. Finde heraus, wie du nett zu ihnen sein kannst! Manchmal sind sie vielleicht sogar frech zu dir. Ist das der Fall, beachte es nicht, vergiß es! Vielleicht ist das ihre Art. Aber *wir* sollten nett zu ihnen sein. Selbst wenn jemand sagt, „du bist ein Dummkopf", solltest du „danke" sagen. Zahle niemandem etwas mit derselben Art von Worten heim. Bald werden sie davon genug haben. Danach werden sie sich sogar schämen. Gemäß dem großen Thiruvalluvar sollte man Menschen, die einen mißhandelt oder verletzt haben, etwas Gutes als Gegenleistung tun. Das ist die beste Strafe. Warum? Sie werden verlegen sein, weil sie dir das angetan haben. Es liegt in unserer Hand. Wir können mit allen und jedem Freundschaft schließen, wenn wir die richtige Einstellung haben, wenn wir Geduld und Verständnis aufbringen.

23. November

Die Eltern lieben dich

Wenn jemand nicht liebevoll zu seinen Eltern ist, wird er auch nicht liebevoll zu Gott sein. Aber gleichzeitig trifft man auch sehr strenge Eltern, die ihre Kinder nicht verstehen wollen. Zu solchen Eltern sage ich: „Werdet etwas offener! Die Welt hat sich verändert. Wenn Euer Kind glücklich und zufrieden mit dem ist, was Ihr ihm gegeben habt, warum sollte es dann weglaufen? Es ist nichts Schlechtes daran, daß es sich entfalten und mehr lernen will. Wollt Ihr denn nicht, daß es glücklich ist? Es entwickelt sich in der guten Richtung. Wenn Ihr es wirklich liebt, laßt es gehen!" Aber was auch immer geschieht, kein Suchender, kein Jugendlicher sollte jemals seine Eltern hassen. Durch Haß kann man niemals wachsen.

Du solltest immer wieder versuchen, den Segen der Eltern für dein spirituelles Wachstum zu erlangen. Versuche dein Bestes! Wenn die Eltern wirklich gegen deine spirituellen Bestrebungen sind, kannst du sie gelegentlich fragen: „Mama, Papa, wenn Ihr tatsächlich diesen Weg nicht wollt, wäre es Euch lieber, daß ich in Nachtlokale gehe oder trinke und Drogen nehme? Wäret Ihr dann glücklich?" „Oh nein, wir wollen nicht, daß du das tust." „Warum könnt Ihr mir dann dieses nicht erlauben? Warum sollen wir alle unglücklich sein? Laßt mich gehen!" Eines Tages wird sich die Wahrheit zu erkennen geben. Wie so oft im Leben wird es zu einer Aussprache kommen. Es ist oft vorgekommen. Gib die Hoffnung nicht auf! Die Eltern wollen immer das Beste für dein Wohlergehen! Sie lieben dich. Ich habe niemals Eltern gesehen, die den Ruin ihrer Kinder gewollt hätten. Nein. Andere vielleicht, aber nicht Vater und Mutter.

24. November

Vergiß niemals eine gute Tat!

Im Thirukkural steht ein schöner Spruch: „Wir sollten nie vergessen, wenn jemand etwas Gutes für uns getan hat." Gleichzeitig ist aber auch die Rede von Handlungen, die wir vergessen sollten.

Das sind die weniger guten, die uns vielleicht verletzt haben. Wir sollten sie sofort vergessen. Nicht einmal in der nächsten Stunde sollten wir uns daran erinnern. Dann werden wir keine Feinde haben. Warum nennen wir jemanden unseren Feind? Weil wir uns an den Schmerz erinnern, den er uns möglicherweise zugefügt hat. Wenn wir das vergessen, wird es auch keinen Feind geben, nicht wahr? Feinde werden dadurch geschaffen, daß wir uns an das Leid erinnern, das uns angetan wurde. Wir schaffen uns unsere Feinde, indem wir uns daran erinnern, wie schlecht sie uns behandelt haben. Wenn wir dies vergessen haben und uns stattdessen an alle guten Taten erinnern, dann kann jemand nicht unser Feind sein, selbst wenn er es *möchte,* weil wir einen Freund in ihm sehen. Niemand ist hundertprozentig gut oder hundertprozentig schlecht. Die Menschen tun viel Gutes. Wegen ihrer niedrigen Natur mögen sie gelegentlich auch etwas Schlechtes tun. Wenn du dich aber immer an das Schlechte erinnerst, werden sie unsere Feinde bleiben, und das ist nicht gut. Stattdessen erinnere dich an das Gute, das sie dir getan haben. Dann werden sie immer deine Freunde bleiben.

25. November

Du solltest darauf achten, daß alles dir dankbar ist

Zum (Ernte-)Dankfest danken wir dem Herrn dafür, daß Er für all unsere Bedürfnisse sorgt. Wir sollten immer dankbar sein. Aber wenn wir es vergessen, dann sollte wenigstens dieser eine Tag speziell dafür vorbehalten sein. All diese schönsten Dinge, die wir haben, kommen von Gott. Gott hat uns mit allem ausgestattet. Selbst mit unserem Körper und unserer Intelligenz. Mit der Erde, auf der wir leben, mit den Pflanzen, der Saat, der Nahrung, den Früchten. Gott hat uns alles gegeben. Die Natur und Gott sind ein und dasselbe. Die Natur ist ein anderes Wort für Gott. Wenn du dich manchmal nicht gut fühlst bei dem Wort „Gott", kannst du auch sagen: „Die Natur sorgt für alles!" Wir sollten der Natur dankbar sein, nicht wahr? Wir sollten dankbar sein gegenüber Mutter Natur, Mutter Erde, Mutter Himmel, Mutter Regen, Mutter Wind. Das (Ernte-)Dankfest ist ein besonderer Tag, der uns daran erinnert, daß wir immer dankbar sein sollen für alles, was wir haben. Nicht nur Gott gegenüber, sondern allen anderen auch. Ist es nicht ein ständiges Geben und Nehmen? Darum sollten wir einander, allem in der Natur und letztlich der einen großen Kraft, der einen großen Intelligenz, die wir Gott nennen, dankbar sein. Es ist uns nicht möglich, alles, was wir von der Natur bekommen, mit gleicher Münze zurückzuzahlen. Wie können wir unseren Verpflichtungen nachkommen? Das ist unmöglich. Wir können nur stets daran denken und dankbar sein.

Nicht nur sollten wir für alles dankbar sein, sondern alles sollte auch uns dankbar sein. Wir sollten erkennen, daß alles im Universum uns dankbar dafür ist, daß wir uns korrekt verhalten und es gut behandeln. Wir sollten darauf achten, daß wir so handeln, daß wir niemals Schaden anrichten, sondern mit allem liebevoll umgehen, selbst mit einem Buch. Wenn du das Buch wegwirfst, wird es dir nicht danken. Wenn du gut für das Buch sorgst, es behutsam liest und schließt, auf einen ordentlichen Umschlag achtest, dann dankt das Buch dir das auch. Laßt uns also an diesem Gedanken wie an einer Leitlinie festhalten und darauf achten, daß wir anderen immer danken und daß andere uns danken für unser richtiges Verhalten!

26. November

Herausforderungen im Leben

Wenn du wirklich alle negativen Gefühle überwinden möchtest, denk an die Menschen, die nicht so viel Glück haben wie du! Unzählige andere stehen mehr und größeren Herausforderungen gegenüber. Wenn du das siehst, wirst du fühlen, daß du sehr glücklich sein kannst mit dem, was du hast. Denke daran, daß es letzten Endes nur eine Quelle und eine Kraft gibt! Wenn du dieser voll und ganz vertraust und tust, was du kannst, kommt Hilfe, kommt Stärke, kommt Mut. Gott sorgt für alles und für jeden.
Im Leben *sollte* es Herausforderungen geben. Ohne Herausforderungen wäre es langweilig. Nur in herausfordernden Situationen lernst du wirklich etwas. Gib niemals die Hoffnung auf! Wenn die Gedanken und Gefühle stark sind, kannst du alles erreichen.

27. November

Bin ich nicht sein geliebtes Kind?

Als spirituell Suchende müssen wir nicht durch unser Karma, durch die Planeten, durch die Astrologie und dieses und jenes gebunden sein. Wir sollten wissen: „Ich suche die Hilfe beim Allerhöchsten. Tag für Tag komme ich Gott näher und näher. Ich vertraue Ihm voll und ganz. Nichts kann mir passieren!" Du magst sagen: „Aber die Dinge passieren mir *doch*". Sie passieren, weil dein Glaube nicht stark genug ist. Wenn die Dinge jedoch trotz dieses Glaubens passieren, sage dir: „Gott läßt sie zu meinem Besten geschehen!" Nimm es an! „Der Herr schickt mir diese Erfahrungen, damit ich daraus lerne. Vielleicht muß es so sein. Ich muß da durch. Ich muß gereinigt und geschrubbt werden." Wenn du ein solches Vertrauen hast, ist alles einfach. Wenn nicht, ist es sehr schwer. Sollte der Suchende daher auch nur eine einzige gute Eigenschaft haben, dann ist es dieser unerschütterliche Glaube. Wenn du diesen Glauben hast, dann brauchst du dir um nichts Sorgen zu machen. Du wirst die Kraft haben, alles zu akzeptieren. „Ich glaube an Ihn. Ich habe mich in Seine Hand begeben. Was auch immer geschieht, geschieht, weil Er es geschehen läßt. Und es ist zu meinem Besten. Wenn es nicht gut für mich wäre, würde Er es dann geschehen lassen? Ist Er nicht mächtig? Bin ich nicht Sein geliebtes Kind?" Das ist es, was man wahre Hingabe, wahren Glauben nennt.

28. November

Das Wort ist Gott

Du brauchst nicht über die Bedeutung nachzudenken, um über OM zu meditieren. Wiederhole einfach OM: „OM, OM, OM!" Wenn du OM wiederholst, hörst du deinen eigenen Klang. Wenn du die Augen schließt und sagst „OM, OM, OM", wirst du dich selbst hören, nicht wahr? Darum horche auf diesen Laut! Denke an nichts anderes! Wenn dir etwas anderes einfällt, konzentriere dich wieder auf das OM! Versuche, auf OM zu horchen! Wenn ich mit dir spreche, hörst du mir zu. Du hörst meine Worte, nicht wahr? Auf dieselbe Art und Weise hörst du deine eigenen Worte. Das Wort hier ist OM. Sage OM, OM, OM! Siehst du? Du kannst das hören, nicht wahr? Das ist gut. Das ist genug. Das ist die beste Art, mit OM zu meditieren. Du brauchst dich nicht darum zu kümmern: „Was ist es, warum ist es, wie ist es?" Du brauchst nicht *darüber* nachzudenken! Denke einfach an den Ton! Denke an den Ton, den das OM hervorruft! Bleibe bei diesem Ton OM!
Der Ton unterscheidet sich nicht von Gott. Was ist Gott? Gott ist ein Ton. Die Bibel sagt, Gott ist das Wort. Das Wort ist Gott. Darum ist Gott und das Wort nicht unterschieden. Genauso sind Gott

und OM nicht unterschieden. Wenn du „OM, OM" sagst, spricht Gott mit dir, und du nimmst es als ein Summen wahr. Horche darauf! Genau wie ein Baby auf den Singsang seiner Mutter horcht. Es horcht darauf und fühlt sich langsam wie im Himmel. Genauso hören die Gedanken und Gefühle das OM und werden langsam von ihm absorbiert. Du brauchst an nichts zu denken! Andernfalls denkst du statt zu meditieren.
Am besten ist es, in der Meditation nichts zu denken. Ja, einfach OM, OM, OM. Wenn es dir gefällt, versuche es!

29. November

Das Mantra ist nichts anderes als Gott

Gott hat an sich keine Form, aber die Heiligen Schriften sagen, daß Gott sich als Ton manifestiert. „Am Anfang war das Wort." Ein Mantra ist ein heiliges Wort. Wenn du also ein Mantra wiederholst, bist du direkt in Verbindung mit Gott, mit der höheren Energie. Wenn du das fühlst, sagst du: „Laß mich ständig deinen Namen wiederholen, an Dich denken, spüren, daß Du in jeder Minute durch mich wirkst! Ohne Dich kann ich nicht leben und nicht einmal atmen. Ich bin völlig in Deiner Hand wie ein Säugling in den Armen seiner Mutter. Wenn ich in Schwierigkeiten gerate, brauche ich nur nach Dir zu rufen. Du weißt sofort, warum ich nach Dir rufe.
Wenn wir Gott wirklich wollen, brauchen wir gar nichts zu tun. Einfach nur rufen. Wenn du das Mantra wiederholst, rufst du wortwörtlich Gottes Namen. Du solltest dieses absolute Vertrauen haben! Die reine Wiederholung bringt dir Nutzen, aber dieser wird sehr viel stärker sein, wenn du das Mantra mit echtem Gefühl, in vollkommenem Vertrauen wiederholst.

30. November

Spirituelle Praxis ist nicht dein Handeln sondern dein Denken

Wenn du das Mantra wiederholst, solltest du fühlen: „Ich tue es nicht um meinetwillen. Ich tue es, um meine Gedanken zu trainieren. Wenn ich meine Gedanken trainiere, kann ich anderen besser dienen." Somit wird sogar deine Mantra-Wiederholung zu einer Opfergabe. „Ich tue alles als Opfer für Gott, für den Guru und für die Menschheit!" Dann machst du keinen Unterschied zwischen *Sadhana* und spiritueller Praxis. Manchmal sagen wir, „Oh, ich habe keine Zeit für *Sadhana*. Ich arbeite immer auf der Planierraupe. Was bedeutet dann dieses Planieren? Ist die Arbeit auf der Planierraupe nicht spirituell? Glaubst du, spirituelle Praxis bedeute nur, daß man in eine Ecke geht, die Augen schließt und etwas vor sich hinmurmelt?
Spirituelle Praxis ist nicht das, was du tust, sondern das, was du denkst. Behalte das im Gedächtnis! Würdest du die Bedeutung von *Sadhana* verstehen, würdest du wissen, wie man es macht. Du brauchst deine Aktivitäten nicht zu ändern und zu sagen: „Dieses ist *Sadhana*, das aber nicht." Selbst beim Essen, selbst auf der Toilette tust du *Sadhana*. Merke dir das! Alles wird zur spirituellen Praxis. All unsere Tätigkeiten sollten zu dieser Art von *Sadhana* werden. Das bedeutet: „Ich tue alles in Form einer Meditation, als eine Opfergabe, als ein Gebet, zum Dienste Gottes, um der Menschheit zu dienen." Ich würde nicht einmal „Menschheit" sagen, sondern als Dienst an der Natur. Warum nur Menschheit? Die Menschheit besteht einzig und allein aus menschlichen Wesen. Diene den Hunden, den Katzen, den Ratten, den Mücken! Diene den Pflanzen! Sei nett und liebevoll zu ihnen! Selbst wenn du ein Unkraut herausziehst, tue es auf liebevolle Weise!

Dezember

1. Dezember

Er hat uns alles nur Mögliche gegeben

Drei Dinge kommen nur selten zusammen: ein gesunder menschlicher Körper, der Wunsch nach Befreiung und ein Führer, der dir hilft. Wenn du diese drei Dinge besitzt und sie vergeudest, wird Gott dich nicht wecken oder sagen: „Komm, wach auf!" Nein. Er hat dir alles nur Mögliche gegeben.
Wir haben viele anerkennenswerte Taten vollbracht. Wir sind durch viele Geburten und Tode gegangen. Ob du an die Reinkarnation glaubst oder nicht, sie ist eine Tatsache. Wir gehen nicht einfach mal so in einen menschlichen Körper über. Die Seele ist weit gereist. Du bist fast am Ende deiner Reise vom Tier zum Menschen, vom Menschen zum Supermenschen. Vom Unbewußten zum Unterbewußten, zum Bewußtsein, zum Überbewußten. Die Bhagavad Gita sagt, daß in der letzten Minute des Lebens der Wunsch sehr stark wird. Deine stärksten Wünsche werden in der letzten Minute an die Oberfläche kommen, weil zu dieser Zeit dein Körper, dein Verstand und alles Übrige sehr schwach sind. Du bereitest dich schon auf das Ende vor, darum ist alles durcheinander. Alle Wünsche, die irgendwie unterdrückt, aber niemals ausgemerzt wurden, warten dort. Plötzlich kommt der stärkste Wunsch an die Oberfläche, und wenn die Seele den Körper verläßt, nimmt sie diesen Wunsch mit. Darum sollten wir sehr, sehr vorsichtig mit der Auswahl unserer Wünsche umgehen. Da mögen viele andere kleine Wünsche sein, das ist unwichtig. Aber unser Hauptwunsch sollte etwas Erhebendes sein, etwas, das dich von hier auf eine höhere Ebene bringen und niemals zurückwerfen kann.

Wenn dir also plötzlich eine Tracht Prügel verpaßt wird, solltest du einfach „Hari OM!" sagen. Ja. Wenn ein Dorn dich sticht, „Hari OM!" Wenn du einen Schock erleidest, „Hari OM!". Entwickle das, und du hast eine Chance! Wiederhole immer den heiligen Namen! Es muß nicht unbedingt „Hari OM" sein, es kann jeder beliebige heilige Name sein. Wenn du aufwachst, sollte er mit dem Erwachen kommen. Wenn du zu Bett gehst, sollte er mit dir zu Bett gehen. Du mußt das pflegen! Du kannst nicht sagen: „Ach, ich kann das leicht später entwickeln. Warum sollte ich mich jetzt damit belasten?" Nein! Schmiede das Eisen, solange es heiß ist!

2. Dezember

Habe stets positive Gedanken!

Wann immer du in irgendwelche Schwierigkeiten gerätst, erinnere dich daran: „Ich bin nicht der Körper, ich bin nicht der Verstand, ich bin das unsterbliche Selbst! Ich bin das Absolute Sein – Wissen – Glück. Blase die Depression einfach weg! Sie kommt wie eine Wolke, und du kannst sie wegblasen. Rufe so laut du kannst: „Ich bin selig, ich bin fröhlich, ich bin frei und ungezwungen!" Du bist all das und nichts weniger. Erforsche deine wahre Natur! Hypnotisiere dich nicht dauernd mit den Worten: „Oh, ich bin sterblich. Ich bin ein Sünder. Ich bin dies, ich bin das." Du bist es nicht. Wenn du weiter so denkst, wirst du aber so werden. Denn wie du denkst, so wirst du. Denke, daß du großartig bist, dann bist du großartig. Denke, du bist ein hoffnungsloser Fall, dann wirst du bestimmt bald ein hoffnungsloser Fall sein. Laß keine negativen Gedanken zu! Habe immer nur positive Gedanken!
Goldwäscher sammeln tonnenweise rohe Felsblöcke. Würden sie nur einen Block sehen, würden sie alles wegwerfen. Stattdessen halten sie Ausschau nach den wenigen Gramm Gold, die im Inneren des Felsblocks verborgen sind. Wenn du dein Auge auf das Gold gerichtet hältst, wird dich das Reinigen des Blocks nicht er-

müden; und schließlich wirst du das Gold bekommen. Verliere nie das Gold in deinem Inneren aus den Augen! Vielleicht hast du viel Schmutz und Staub angesammelt. Das macht nichts. Nimm dir Zeit, um es zu reinigen! Richte deine Gedanken und Gefühle auf das Gold, nach dem du suchst!

3. Dezember

Reiche anderen eine helfende Hand!

Es ist sinnlos, andere zu beschuldigen oder nicht zu mögen. Wenn du sie nicht magst, brauchst du dich nicht mit ihnen abzugeben. Aber schaffe ihnen keine Schwierigkeiten und verurteile sie nicht!
Versuche lieber herauszufinden, warum du eine Person nicht magst! Analysiere deine Gefühle! Vielleicht mißfallen dir manche ihrer Handlungen. Gut, aber du solltest dich fragen: „Habe ich das nicht früher auch getan?" Vielleicht hast du deine Lektion gelernt und tust es jetzt nicht mehr. Die andere Person macht immer noch diesen Fehler und wird genau wie du ihre Lektion lernen. Laß andere zu ihrer eigenen Zeit lernen! Habe Mitgefühl und Verständnis für sie! Wenn du so denkst, verschwindet deine Abneigung gegen sie. Du magst sogar in der Lage sein, ihr zu helfen. Wenn du es aber nicht kannst, laß ihr die Zeit, zu lernen und zu wachsen.
Wir sind nicht alle auf der gleichen Ebene. Mit dem richtigen Verständnis wird es dir nicht schwerfallen, jedermann zu mögen. Wenn du jemanden nicht magst, ist es dein Fehler. Dieser Mensch mag ein schlimmer Sünder sein und viel Unrecht getan haben, aber deine Abneigung ist auch ein Fehler. Wenn du der Person nicht helfen kannst, dann habe wenigstens keine Abneigung gegen sie! Vermutlich hast du dasselbe früher getan und hast es einfach vergessen. Die Menschen wachsen an ihren Fehlern.

Darum sollten wir niemals zögern, ihnen eine größere Chance zu geben. Reiche ihnen eine helfende Hand und verurteile sie nicht!

4. Dezember

Durch Geben verlierst du nie

Gib, bis es wehtut, aber verliere dabei nicht deinen Frieden! Es ist in Ordnung, wenn du anderen nicht hilfst, weil es dir hilft, deinen Frieden zu bewahren. Wenn du deinen Frieden verlierst, wie kannst du dann anderen helfen? Wenn du dich frei und friedlich fühlst, kannst du nützlich sein. Andernfalls kannst du die Lage eher verschlimmern statt sie zu verbessern.
Tue etwas nicht, wenn du weißt, daß durch diese Tat dein Friede gestört wird! Deinen Frieden zu bewahren, ist wichtiger. Aber gleichzeitig gib so viel, wie du kannst! Selbst wenn du verletzt wirst, macht das nichts. Gib! Denn durch Geben verlierst du nie. Es macht froh, zuerst an andere zu denken. Du wirst *mehr* Frieden und Freude dadurch haben.

5. Dezember

Die Tür wird nicht geschlossen, bevor nicht auch das letzte lahme Schaf hereingekommen ist

Frage: Gibt es gewisse Seelen, die sich am Ende nie mit dem Kosmischen Bewußtsein vereinen?

Sri Gurudev: Alle Seelen müssen letztlich dasselbe Kosmische Bewußtsein erreichen. Die Tür wird nicht geschlossen, bevor nicht auch das letzte lahme Schaf hereingekommen ist. Ganz am Ende gehen wir alle an denselben Ort. Darüber besteht kein Zweifel. Nur ein paar werden schneller sein. Sie gebrauchen ihren Verstand und gehen den direkten Weg. Andere springen ein bißchen hierhin und ein bißchen dorthin. Aber doch bleibt die Tür offen. Sie wird niemals geschlossen: „Du kommst zu spät. Du darfst nicht mehr herein!" Nein. Gott ist ein gnädiger Vater. Er wird sogar auf Tausende von Jahren, auf Tausende von Geburten warten.

6. Dezember

Die Seele ist reines Bewußtsein

Frage: Wenn die Seele sich am Ende mit allen anderen Seelen vereint, behält sie dann ein Bewußtsein, oder verliert sie es?

Sri Gurudev: Die Seele selbst ist reines Bewußtsein. Darum behält sie diesen Zustand des reinen Bewußtseins, aber sie behält nicht das individuelle Bewußtsein, das ein Teil der Gedanken- und Gefühlsstruktur ist. Sobald du dieses Stadium erreichst, ist das mentale Produkt verschwunden – genau wie ein Traum beim Erwachen verschwindet. Das mentale Bewußtsein verändert sich dauernd. All deine Ideen, Gedanken und Erfahrungen sind nicht im Selbst sondern im Mentalen gespeichert. Hier sollten wir den Unterschied zwischen Seele und Selbst verstehen. Die Seele ist ein Gemisch aus dem Selbst und dem Mentalen. Oder – in anderen Worten – die Seele ist das in der Gedankenstruktur gespiegelte Selbst, der mentale Spiegel. Was man Seele nennt, ist also eine Spiegelung des Selbst, und das scheint alle Farben und Veränderungen des Mentalen zu haben. Aber sobald du die Ebene deines Bewußtseins zum reinen Bewußtsein erhebst, besteht das Mentale nicht mehr. Du behältst nichts von deinen früheren Erinnerungen. Doch bis zu dieser vollkommenen Befreiung behältst du sie.

7. Dezember

Es ist nichts Ernstes daran

Das Leben ist ein Spiel. Es sollte niemals ernst und bedrückend sein. Unser eigenes Ego macht es dazu. Gott wollte ein bißchen Spaß haben. Darum hat Er uns erschaffen. Aber wir erkennen hinter all dem Seine Absicht nicht, und darum scheint uns der ganze Spaß zu entgehen. Behandle einfach alles wie ein Spiel! All das Kommen und Gehen, das Sichtreffen, das Essen, Begrüßen, Wegschicken, Geborenwerden, Gute-Nacht-und-Auf-Wiedersehen-Sagen. Alles ist ein Spaß. Wir sollten es unter diesem Gesichtspunkt sehen und die Dinge leicht nehmen. Alles ist ein großartiges, göttliches Spiel, und jeder von uns hat dabei eine Rolle. Sage nicht einmal, daß wir unsere Rolle spielen. Wir sind einfach Marionetten. Wir sind an einem Draht befestigt. Dieser Draht ist das Kosmische Bewußtsein. Wir alle haben dieses Bewußtsein. Was immer dieses Bewußtsein denkt, denken wir auch. Aber wenn es uns nicht gelingt, das zu verstehen und wir unserem individuellen Ego erlauben, an die Oberfläche zu kommen, glauben wir, daß wir etwas tun. Das ist es, was man elementare Unwissenheit nennt. Eigentlich haben wir hier überhaupt keine eigene Arbeit. Nichts gehört uns. Nicht einmal unser Körper. Nicht einmal unser Verstand. Nur weil wir zufällig etwas in der Hand haben, glauben wir gleich, es gehöre uns. Wir sagen: „Es gehört mir. Ich sollte es behalten. Ich habe es gemacht." Unser „Ich" entwickelt durch zu viele „Meins"* einen grauen Star. Wenn wir eine Operation gegen diesen Katarakt vornehmen könnten, würden wir besser sehen. Darum überlasse alles dem Herrn! Dann gibt es daran nichts Ernstes.

*Wortspiel: „mein" und „die Mine" sind im Englischen das gleiche Wort (Anm. d. Übersetzerin. Vgl. auch S. 302)

8. Dezember

Nimm überhaupt nichts ernst

Wir können die Welt nicht wirklich retten. Wir können die Welt nicht einmal zerstören. Das liegt nicht in unserer Hand. Wenn diese Höchste Macht die Welt retten wollte, bedürfte es dafür nicht einmal einer Sekunde. Wir alle könnten über Nacht zu Heiligen und Weisen werden. Sie müßte einfach nur denken: „Los, laßt uns alle Heilige sein!" und damit wäre es schon geschehen. Aber Sie tut das nicht. Stattdessen läßt Sie uns ein bißchen in der Unwissenheit. Das ist Ihr Spaß.

Ihr vergeßt das manchmal und nehmt das Leben zu ernst. Wenigstens, wenn es zu schwer wird und ihr in alles Mögliche verstrickt seid, lehnt euch zurück und sagt: „Alles ist in Ordnung!" Nehmt nichts, aber auch wirklich gar nichts ernst! Habt einfach euren Spaß! Behaltet immer dieses göttliche *Lila* oder das göttliche Spiel im Bewußtsein! Wenn wir uns nur daran erinnern, werden wir unser Ego nicht projizieren. Wie oft ertappen wir uns bei dem Gedanken: „Ich habe es getan! Ich habe es bekommen! Ich habe es verloren!" Versuche einmal eine Woche lang zu sagen: „Es ist alles Gottes Spiel. Ich will einfach das tun, was Er mich tun lassen möchte." Versuche das eine Probewoche lang! Du wirst dich dabei sehr leicht fühlen. Du wirst das Licht finden. Wenn du willst, kannst du so weitermachen. Wenn nicht, hole dein Ego wieder zurück! Es ist immer da.

9. Dezember

Alles ist möglich

Das ganze Leben beruht auf Vorstellungskraft. In gewisser Weise benutzt du sie auch in der Meditation. In der Meditation denkst du

an Gott. Hast du Gott je gesehen? Nein. Also machst du dir ein Bild. „Das muß Gott sein. Gott sollte so sein. Gott sollte das sein." Das ist *dein* Gott. Eine andere Person würde sich Gott auf ihre eigene Art und Weise vorstellen. Darum verändert sich selbst Gottes Form je nach der Person, die sich Gott vorstellt. Das ist der Beweis dafür, daß alles von innen kommt.
In der Meditation stellst du dir etwas vor, was du eines Tages werden oder entwickeln möchtest. „Gott hat alle Macht. Gott beeinflußt alles, Gott vergibt alles, Gott ist die Liebe." Du denkst dauernd an gewisse Dinge, und der Verstand übernimmt dieses Bild, übernimmt diese Eigenschaften. Aber eines ist wichtig: du solltest *stark* denken. Du solltest stark genug in deinen Vorstellungen sein. Das ist es, was du in deiner Meditation zu entwickeln versuchst. Du stärkst deine Gedanken, indem du dauernd an dasselbe denkst. Um dich in deinen Gedanken zu stärken, mußt du dir das immer wieder in den Kopf setzen: „Das ist es, was ich werden möchte." Das bedeutet, du stellst dir vor, daß du so wirst – daß du das *bist*. Dann *wirst* du das bestimmt auch werden. Wenn du erst einmal diese Macht des Denkens hast, kannst du alles erreichen.

10. Dezember

Dein Leben entspricht deiner Vorstellungskraft

Vorstellungskraft ist buchstäblich das, was du denkst, was für ein Bild du dir von dir selbst, von anderen und von den Dingen machst. Zuerst kommt das Selbstbild, und dieses Bild projiziert sich auf andere Dinge und schafft Vorstellungen. All deine Vorstellungen hängen von dem Bild ab, das du dir von dir selbst machst, und dieses Bild basiert auf deiner Erfahrung mit dir selbst. Somit beginnt es in deinem Inneren. Darum sagen wir, daß die ganze Welt deine eigene Projektion ist. Du projizierst dein Bild auf alles. Alles wird aus deiner eigenen Sicht gesehen. In diesem Sinn stellen wir uns alles dauernd vor. Selbst dein Leben entspricht deiner Vorstellungskraft. Weil du dir vorstellst, daß du lebst, lebst du. Beginnst du dir ernsthaft vorzustellen, daß du nach und nach stirbst, wirst du sterben. Dafür gibt es Beweise. Stellst du dir ernsthaft vor, daß du all deine Kraft verlierst, wirst du in einer halben Stunde zusammenbrechen. Das wird geschehen. Habe immer gute positive Gedanken! Wie du denkst, so wirst du.

11. Dezember

Darum wird es vermutlich „Doughnut" genannt

Wir alle werden gebacken. Spring nicht aus der Pfanne, bevor du fertig gebacken bist! Bleib einfach ruhig darin! Wenn du aus dem Topf springst, wird dich niemand essen. Wer will schon halb gebackene Berliner Pfannkuchen essen? (englisch „Doughnut"). Darum heißt dieses Gebäck vermutlich Doughnut (Do not jump out!) = „Spring nicht heraus!". Habe darum volles Vertrauen in Gott! Alles andere wird von allein geschehen. Dein Leben wird harmonisch dahinfließen. Belasten wir uns nicht mit unnötigen Sorgen. Ja, ich weiß, manchmal machen wir uns sogar Sorgen um die Zukunft der Welt. „Was wird passieren? Sie alle stapeln Waffen, Munition, Nuklearmaterial und was noch mehr." Was erreichst du mit deinen Sorgen? Das Sich-Sorgen-Machen hilft nicht. Wenn du ruhig und friedlich bleibst, wirst du wissen, was du tun mußt. Tue einfach dein Teil, und überlasse Gott den Rest!

12. Dezember

Beginne voller Vertrauen!

Mache dir wegen nichts Sorgen! Sorgen bringen niemandem einen Gewinn. Höchstens verderben sie noch das Wenige, das du tun könntest. Vor vielen Jahren las ich auf einem Abreißkalender einen schönen Spruch: „Sorgen sind nichts als das, was wir borgen." Niemand wird sie dir geben. Du gehst und borgst sie. Hast du kein Interesse daran, sie zu borgen, gibt es für dich keine Sorgen. Das ist alles. Du selbst bist die Ursache deiner Sorgen. Niemand kann dir Sorgen bringen. Wenn es dir wichtig genug ist, beschließe, dich nicht mehr zu sorgen! Denke daran, Sorgen bringen dir gar nichts! Andererseits werden sie dich noch der wenigen Energie, der wenigen Funktionsfähigkeit berauben, die du haben magst. Ein besorgter Arzt kann nicht operieren. Das wißt ihr alle. Ein besorgter Student kann kein Examen schreiben. Gehe und habe Vertrauen! Sage einfach: „Ich tue, was ich kann. Fertig."
Wir bewirken, daß die Dinge sich ändern. Alles braucht seine Zeit. Wir wollen die Dinge schnell verändern, und wir wollen alles sofort. Erlaube der Natur, die Dinge zu bestimmen! Die Natur ist Gott. Laß unser Leben mit Vertrauen in eine Höhere Macht erfüllt sein! Ob es ein Individuum oder eine Organisation, eine Nation oder die gesamte Welt ist, laß sich alles zu seiner Zeit entwickeln!

13. Dezember

Wenn du das erkennst, wirst du es nicht mehr tun wollen

Frage: Was kann man tun, wenn man eine Tendenz hat, sich selbst hart zu beurteilen und sich in einem negativen Licht zu sehen?

Sri Gurudev: Die Frage betrifft nicht die Selbstverurteilung, sondern die Negativität sich selbst gegenüber oder die schlechte Meinung, die man von sich hat. Das beeinträchtigt bestimmt dein Herz, deine Gefühle und Gedanken und deine Persönlichkeit. Was du denkst, das wirst du im Endeffekt. Sagen wir das nicht? „Wie du denkst, so wirst du." Wenn du schlecht über dich denkst, braucht keine Negativität von außen zu kommen. Du machst dich selbst herunter. Darum mußt du die Situation analysieren: „Ist das gut für mich? Ist es für mich hilfreich, solch negative Gedanken zu haben? Ist es konstruktiv oder destruktiv? Ich werde zu dem, was ich denke. Wenn das meine Gedanken sind, was wird aus mir werden?" Wenn du das erkennst, wirst du es nicht mehr tun wollen. Oft nehmen die Leute es nicht ernst, aber deine eigenen negativen Gedanken *werden* dich beeinträchtigen. Darum sollten wir wenigstens um unserer selbst willen, wenn nicht anderen zuliebe, keine negativen Gedanken über uns oder über andere entwickeln. Niemand, der an seinem eigenen Wohlergehen – sei es physisch oder psychisch – interessiert ist, sollte negative Gedanken zu sich hereinbitten.

Dasselbe gilt für die Frage – wie findet man Selbstliebe? Liebe dich selbst! Denk daran: „Ich bin Gottes Kind. Gott hat mir all diese Gaben gegeben. Ich liebe mich, weil Gott durch mich handelt." Selbst wenn du behindert bist, macht das nichts. Dennoch darfst du nicht denken, daß Gott dich nicht liebt. Nein. Hier spielt die Theorie des Karma eine Rolle. Du mußt früher etwas getan haben, das dich in diese Lage gebracht hat. Denke: „Gott ist gnädig. Darum reinigt Er mich von meinem Karma, indem Er mich das durchmachen läßt." Es *muß* einen Grund geben. Nichts geschieht ohne Grund. Darum denke an all diese Dinge! „Ja, Gott liebt mich. Ich bin Gottes allerliebstes Kind." Denke an all die Gaben, die Gott dir geschenkt hat! Du wirst lernen, Gott zu lieben. Und wenn du Gott liebst, wirst du dich auch selber lieben.

14. Dezember

Finde das Geheimnis heraus!

Der erste und wichtigste Grund, nicht eifersüchtig zu sein, ist die Tatsache, daß Eifersucht der Person selbst schadet. Wenn du eifersüchtig bist, wirkt sich das auf deinen Körper und auf dein Gemüt aus. Es hilft weder dir noch sonst jemandem in irgendeiner Weise. Darum ist es zumindest für dein eigenes Wohl ratsam, nicht eifersüchtig zu sein. Jedes Mal, wenn du spürst, daß dieses Gefühl in dir aufsteigt, denke sofort: „Schadet es mir nicht? Und wer ist schuld daran? Ich selbst! Darum sollte ich wenigstens um meinetwillen damit aufhören."
Wenn du eifersüchtig bist, weil du siehst, daß jemand anders etwas bekommt, das du nicht bekommst, finde den Grund dafür heraus! Warum erhält diese Person alle Aufmerksamkeit, oder warum kommt sie voran und entwickelt sich sogar auf allen Gebieten? Was ist das Geheimnis hinter dieser Entwicklung? Denk darüber nach, statt einfach eifersüchtig zu sein! Finde ihr Geheimnis heraus! Eifersucht bedeutet, daß du unglücklich bist, weil andere etwas gut machen. Wenn du es genau betrachtest, siehst du vielleicht, daß sie ihrem Leben gegenüber eine schöne, positive Einstellung haben. Vielleicht rennen sie den Dingen nicht nach, sie sind zufrieden mit dem, was sie haben. Sie haben einen tieferen Glauben, sind hingebungsvoller. Sie haben eine offene Einstellung. Wenn du an die guten Seiten der anderen denkst, wirst du sie auch entwickeln, und dein Leben wird genauso schön sein. Wenn du diese Zufriedenheit fühlst, werden die Dinge automatisch und von ganz allein zu dir kommen. Die Leute werden dich auch gern haben und dich schätzen.

15. Dezember

Wenn du regelmäßig meditierst, wirst du dich im Leben nicht zu beklagen haben

Meditation ist sehr wichtig, wenn du irgendeine Art von Yoga praktizieren möchtest. Ohne die richtige Meditation kannst du kein guter Karma-Yogi werden, und ohne die richtige Meditation wirst du auch kein richtiger Bhakti-Yogi. Meditation ist die stützende Kraft. Und sage nicht: „Wenn ich zur Meditation komme, kann ich meinen anderen Verpflichtungen nicht nachkommen." Oder: „Ich muß abends lange aufbleiben, darum kann ich nicht so früh aufstehen." Das alles sind einfach Entschuldigungen. Sie entstammen Überlegungen, die die Wichtigkeit der Meditation nicht verstehen. Die Meditation kümmert sich um deinen Körper, um deinen Verstand *und* um deine Aktivitäten. Darum würde ich sagen, jeder sollte Wert auf die Meditation legen. Wir brauchen unseren Verstand. Mit dem Verstand tun wir alles. Der Verstand ist unser Schlüssel. Wenn dieser Schlüssel nicht in guter Verfassung ist, wie kannst du dann deinen Pflichten nachkommen? Die einzige Art, den Verstand in guter Verfassung, klar und scharf zu erhalten, ist die Meditation. Darum mache jede erforderliche Anstrengung, um regelmäßig zu meditieren!
Wenn du regelmäßig meditierst, wirst du dich im Leben über nichts zu beklagen haben. Alle Probleme werden sich dadurch von selbst lösen. Durch die Meditation erhält der Verstand die Fähigkeit, Probleme zu lösen und sich über Schwierigkeiten zu erheben. Jemand der sich beklagt, daß es ihm nicht gut geht und in seinem Leben nichts läuft, wie er es gern hätte, wird erkennen, daß sich seine Situation durch regelmäßige Meditation verbessert. Darum finde bitte keine Entschuldigung, wenn du die Meditation versäumst!

16. Dezember

Jeder wird gebraucht

Nur ängstliche Menschen werden eingeschüchtert. Wenn du nicht so sein möchtest, vergleiche dich nicht mit anderen! Du bist, was du bist. Jeder wird gebraucht für das ganze Drama, für das kosmische Spiel. Jeder. Der König wird gebraucht, die Königin wird gebraucht, der Türhüter wird gebraucht, der Held wird gebraucht, der Bösewicht wird gebraucht, nicht wahr? In einem Theaterstück gibt es alle Rollen. Vermutlich spielst du einfach deine eigene Rolle. Warum solltest du dich eingeschüchtert fühlen, wenn du ein Türhüter bist und vor der Tür stehst, während der König auf dem Thron sitzt? Ohne dich kann das Stück nicht aufgeführt werden. Nur während des Spiels bist du hier und er dort. Wenn der Vorhang fällt, umarmt ihr euch und lacht darüber. „Du hast deine Rolle als König wirklich gut gespielt." Wir alle müssen unsere Rolle spielen.
Was ist unwichtig in dieser Welt? Nichts. Gott hat niemals etwas geschaffen, das unwichtig ist. Wenn du denkst: „Ich bin auch Gottes Kind, genau wie die anderen. Er schuf mich so. Ich bin glücklich, so zu sein", wie kann jemand dich dann einschüchtern? Es ist die eigene falsche Vorstellung, die du von dir hast. Du hältst dich für unwichtig. Du glaubst nicht, daß du göttlich sein könntest. Du glaubst nicht, daß du Gottes Kind und von Gott erschaffen bist. Wenn du ein junger Löwe bist, das vergißt und wie ein Lamm blökst, wer kann dir dann helfen? Steh auf, bringe dein Geburtsrecht zum Einsatz, bestätige deine wahre Natur: „Ich bin, was ich bin. Ich bin nicht weniger als Gott, mein Vater!" Selbst wenn dann jemand sagt: „Du bist ja ein Fuchs," wirst du antworten: „Vielleicht siehst du das so. Ich weiß, daß ich ein Löwe bin." Ja. So ist es. Das Erkennen der wahren Natur deines Selbst wird dich von all diesen Problemen erlösen. Du bist immer und ewig derselbe. Du bist die unsterbliche Seele. Nichts weniger als das. Alles andere ist einfach vorübergehend. Das ist es, was man die höchste Erkenntnis nennt.

17. Dezember

Handle stets als Instrument in der Hand Gottes!

Frage: Was ist die beste Art, sich selbst zu disziplinieren, um eine Aufgabe zu erledigen?

Sri Gurudev: Sei dir bewußt, daß es Gottes Aufgabe ist! Gott möchte, daß du sie erledigst, darum gibt er dir das Interesse, die Fähigkeit und das Wissen, um sie zu vollbringen. Wenn du dich selbst als ein Instrument in der Hand Gottes siehst, wirst du immer erfolgreich sein in dem, was du tust. Du wirst stets eine bessere Arbeit verrichten. Aber wenn du dein Ego in den Vordergrund stellst und sagst: „*Ich* tue das", dann bekommst du Schwierigkeiten. Das bedeutet, du willst, daß die Leute dir auf die Schulter klopfen und sagen: „Das hast du aber sehr gut gemacht." Tun sie es jedoch nicht, wirst auch du es das nächste Mal nicht mehr tun. Handle statt dessen in allem, was du tust, als Instrument in der Hand Gottes!

18. Dezember

Du wirst in allem geführt

Kümmere dich nicht darum, wo bei deinem Dienst die Prioritäten liegen! Wenn dein Verstand klar und neutral ist und du selbstlos dienst, wird dir dein eigenes Gewissen sagen, was du zuerst tun mußt.
Priorität hängt einerseits von der Dringlichkeit und andererseits von deinen eigenen Fähigkeiten ab. Wenn jemand gerade von einem Auto angefahren wurde, mußt du dich dann um die Prioritäten kümmern? Natürlich wirst du alles dir Mögliche tun, um der Person zu helfen oder um Hilfe zu bekommen. Wenn dein Ver-

stand klar ist, werden dir die richtigen Handlungen eingegeben werden. Es gibt eine Höhere Intelligenz, die dir *sofort* sagt, was zu tun ist. Folge einfach dieser Anweisung!
Sei dir bewußt, daß hinter allem eine unsichtbare Kraft ist, die dich führt! Laß dich führen! Wenn dir nichts direkt in den Sinn kommt, halte einen Moment inne und frage: „Gott, was soll ich tun?" Die Antwort wird kommen. Aber denke daran, daß du in keiner Situation deine persönlichen Interessen in den Vordergrund stellst! Bleibe neutral, dann wirst du wissen, was richtig ist! Das ist sehr wichtig bei der Entscheidung über Prioritäten.

19. Dezember

Wie weißt du, daß du ihn nicht gesehen hast?

Frage: Ich habe immer mehr den Wunsch, Gott zu schauen. Es ist das, was ich am allermeisten möchte. Aber obwohl ich mich so nach Ihm sehne, kommen mir meine weltlichen Verpflichtungen und Bedürfnisse in den Weg. Können Sie mir helfen?

Sri Gurudev: Woher weißt du, daß du Ihn nicht gesehen hast? Ich hörte, wie Er sagte: „Ich habe so oft vor dieser Person gestanden, aber sie hat Mich nicht einmal erkannt. Sie rief und rief nach Mir. Darum ging ich sehr oft zu ihr, stand direkt vor ihr, und sie hat sich nicht einmal darum gekümmert, nach Mir zu schauen. Sie schob Mich einfach beiseite und sagte weiterhin: „Gott, wo bist Du? Wo bist Du?"
Bevor du nach Gott Ausschau hältst, solltest du wissen, wie Er aussieht oder wenigstens, was Gott ist. Gott hat keine bestimmte Form, sondern Er erscheint in allen Formen und mit allen Namen. Ich sage all diese Dinge mit Seinem Bewußtsein, und du hörst mit Seinem Bewußtsein zu. Um es zu vereinfachen, sagen wir, daß Gott reines Bewußtsein ist – Überbewußtsein, Kosmisches Be-

wußtsein – oder Friede. Gott ist schon in dir als Friede, aber du störst deinen Frieden durch die Suche nach Gott. Höre auf zu suchen und deinen Frieden zu stören, und du wirst Gott erfahren! Ein gestörter Verstand kann Gott niemals verstehen. Die Suche nach Gott ist nicht unsere erste und oberste Aufgabe. Unsere erste und oberste Aufgabe ist, alles zu tun, um unseren Frieden nicht zu verlieren. Du brauchst deinen Verstand nicht friedlich zu *machen*. Wenn du ihn in Ruhe läßt, ist er friedlich. In unserem eigenen Leben sollten wir darauf achten, daß wir unseren Frieden nicht durch unsere Gedanken, Worte oder Handlungen verlieren. Lerne gelassen, unerschütterlich und so fest wie der Felsen von Gibraltar zu bleiben! Du solltest den Frieden deines Verstandes so hoch einschätzen, daß nichts, aber auch gar nichts ihn erschüttern kann. Du solltest bereit sein, auf alles und jedes zu verzichten, das deinen Frieden stören könnte. Ansehen, Ruhm, Geld, Macht, Stellung, Verwandte, Freunde, all das sollte der Wahrung deines Friedens untergeordnet sein. Alles andere ist unbedeutend im Verhältnis zum Frieden deiner Gedanken und Gefühle. Mit diesem Frieden wirst du Gott leicht schauen.

20. Dezember

Manchmal hörst du darauf

Frage: Wer ist *Satchidananda* oder was ist *Satchidananda*?

Sri Gurudev: In gewisser Weise ist jeder *Satchidananda*. Alles ist *Satchidananda*. Denke nicht, daß *Satchidananda* einfach der Name einer Person ist! Alles, was wir sehen, ist die Form, und es gibt einen Namen, der zu der Form paßt. Darum liegen die Unterschiede, wie wir sehen, nur in den Formen und den Namen. Wenn du aber etwas weiter nach Innen gehst, was hat dann, hinter all den Formen und Namen, diese Erscheinung angenommen?

Diese Essenz ist es, die man *Satchidananda* nennt. Und selbst sie ist dreigeteilt: *Sat, cit, ananda.* Was ist *Sat*? Wahrheit, Dasein. Das, was ist. Das ist *sat*. Das bedeutet die wesentliche Wirklichkeit, die Wahrheit oder das Sein. *Cit* ist Bewußtsein. Und *ananda* ist Glückseligkeit. Sein, Bewußtsein, Glückseligkeit. Das bedeutet das Bewußtsein der Existenz oder des einen Seienden; die Wahrheit enthüllt sich selbst. Das Wissen darum. Und das Bewußtsein dessen führt zur Glückseligkeit.

Sat-chid-ananda ist der allgemeine Name für uns alle und auch für alles. Dein inneres Selbst ist *Satchidananda,* das dich ständig führt und leitet. Es gibt dir Ratschläge. Manchmal hörst du darauf. Wir sollten *immer* auf dieses Selbst horchen.

21. Dezember

Mein einziger Wunsch

Frage: Wenn Sie einen Wunsch hätten, was wäre es?

Sri Gurudev: Mein einziger Wunsch ist es, ein gutes Instrument in der Hand dieses Höchsten Wesens zu sein, das wir Gott nennen. All diese Jahre hat Er mich unter Seinen Fittichen gehalten, hat mich als ein Instrument benutzt und hat für mich gesorgt, damit ich nicht in irgendwelche Egoprobleme hineingezogen würde. Und ich wünsche, daß Er weiterhin so handelt. Das ist mein einziger Wunsch. Außerdem gibt es sonst nichts. Ich sage vielleicht: „Ich wünsche euch allen Gesundheit und Glück", aber das liegt in eurer Hand. Wenn so ein Wunsch so entsteht, dann ist selbst das Sein Wunsch, der durch dieses Instrument ausgedrückt wird. Darum: „Dein Wille geschehe!"

22. Dezember

Gotteserfahrung

Schließe einfach die Augen und denke eine Minute lang: „Liebt mich die ganze Welt? Wie viele Leute mögen mich nicht? Wie viele Tiere lieben mich nicht? Wie viele Pflanzen lieben mich nicht? Dann wirst du selbst wissen, wie gesund und wie glücklich du bist.
Gott ist die Liebe. Das ist die wesentliche Lehre in allen Heiligen Schriften. Wenn wir Gott erfahren wollen, sollten wir diese Liebe in unserem Leben zum Ausdruck bringen, genau wie Gott alles und jeden liebt. Gott liebt eine Ratte, eine Katze, einen Hund, einen Esel, ein Schwein, einen Sünder, einen Heiligen, einen Idioten, einen Gelehrten. Das Schönste und das Häßlichste. Einen guten Tänzer und auch den, der nicht einmal laufen kann.
Es spielt keine Rolle, was du bist und wie du bist. Du siehst die bedingungslose Liebe Gottes. Gott sagt niemals: „Ich werde dich lieben, wenn du das tust oder wenn du so bist." Nein. Grenzenlose Liebe ist „allumfassende Liebe". Und das ist Gott. Wenn du diesen Gott in deinem Leben erfahren willst, liebe alles und jeden so, wie Gott lieben würde! Bedingungslos!
Bringe dieselbe Liebe jedem und allem gegenüber zum Ausdruck! Laß nichts beschädigt, verletzt oder gequält werden – nicht einmal in Gedanken! Es ist möglich, ein solches Leben zu entwickeln. Wir möchten, daß jeder uns liebt, und wollen nicht, daß jemand uns haßt. Genauso würde jeder andere es wollen. Handle an anderen so, wie du von anderen behandelt werden möchtest!
Die spirituelle Lehre ist sehr einfach: Ob du dein Mantra wiederholst oder nicht, ob du Hatha-Yoga praktizierst oder nicht, ob du die Heiligen Schriften auswendig lernst oder nicht, wen kümmert das? Aber gibt es in deinem Leben bedingungslose Liebe? Wenn du das hast, dann hast du alles.
Wenigstens während dieser schönen heiligen Tage von Hannukah, Weihnachten, Neujahr und Deepavali wollen wir uns erneut

vornehmen, ein Leben voller Liebe zu führen. Das wird dann für alles andere sorgen.

23. Dezember

Christus ist immer da

Frage: Bitte sprechen Sie über die Wiederkehr Christi! Manche Leute sagen, Christus sei derzeit in der Welt verkörpert.

Sri Gurudev: In der Bhagavad Gita sagt Lord Krishna ganz klar: „Wann immer zu viel Unrecht auf der Welt ist, erscheine Ich, um die Menschen zu führen. Einen solchen Lehrer nennt man einen *Avatar* oder eine göttliche Inkarnation. Wenn eine solche Inkarnation erscheint, kann es niemand unter Verschluß halten. Alle werden es erkennen. Aber Name und Form werden nicht notwendigerweise jedes Mal dieselben sein. Da machen viele Menschen einen Fehler. Sie warten auf eine andere Person, die in der Erscheinung genauso ist wie Jesus. Aber das braucht nicht der Fall zu sein. Manchmal kann man eine solche Inkarnation nicht so leicht erkennen, bevor man nicht die großartigen Eigenschaften in ihrem Leben sieht. Das bedeutet jedoch nicht, daß wir keine Hilfe bekommen, solange nicht ein großer *Avatar* erscheint und der Welt offenbart wird.
Gottes Geist ist immer da. Im Geist ist Christus immer da. Er mag selbst unter einem anderen Namen, in einer anderen Form gesehen werden. Die großen Inkarnationen kommen hauptsächlich, wenn die Welt in Schwierigkeiten ist und jeder wirklich nach dieser Hilfe sucht und darum betet. Dagegen magst du ganz persönlich eine Wiederkehr erfahren. Der Geist verläßt uns nie und wartet auf eine neue Gelegenheit, um zu erscheinen. Für Ihn gibt es kein Kommen und Gehen. Das ist nur ein Ausdruck. Gott kommt und geht niemals. Gott ist allgegenwärtig. Woher sollte Er kommen?

Kann Er einen Platz verlassen und woanders hingehen, wo Er nicht ist? Nein. Wenn du bereit bist, ist Gott da. Du magst es die „Wiederkehr" nennen, aber in Wirklichkeit kommt Gott in jeder Sekunde.

24. Dezember

Wenn du hungrig bist, nimm und iß es!

In jeder Sekunde kommt Gott, aber wir erkennen Ihn nicht. Wie viele Jahre vergingen, bevor Jesus erkannt wurde? Als Mohammed und Buddha bekannt wurden, war die Hälfte ihres Lebens vorbei. Darum ist es an uns, den Geist zu erkennen. Der Geist ist immer bereit und wartet sehnlichst darauf, uns zu helfen. Wir sollten Ihn nicht immer mit einem bestimmten Namen und einer bestimmten Form begrenzen. Das ist *unsere* Begrenzung . Nur weil du an einen Namen und eine Form glaubst, lehne nicht alle anderen ab! „Wenn er nicht in dieser Form kommt, werde ich nicht daran glauben." Wer ist dann der Verlierer? Du bist der Verlierer. Es ist gleichgültig, ob dir das Essen auf Porzellan, auf Silber, auf einem Blatt oder selbst in der Hand serviert wird. Wenn du hungrig bist, nimm es und iß es! All diese Namen und Formen sind einfach Ausdrucksmittel. Laß uns darüber erhaben sein und dem Geist vertrauen!

25. Dezember

Jeder Tag wird dein Weihnachten sein

„Herr, Du bist das Licht der Lichter. Du bist die Quelle allen Lichtes. Du bist die Sonne der Sonnen, der Mond der Monde, der Stern der Sterne. Du bist das Licht innen und außen. Du bist das Licht der Erleuchteten. Führe uns doch bitte vom Dunkel der Unwissenheit zum Licht der Erkenntnis, um die Wahrheit hinter all diesen Namen und Formen zu begreifen!" Das ist mein Gebet in dieser heiligen Zeit.
Jeder heilige Tag sollte uns an die Göttlichkeit in uns erinnern. Wenigstens an diesem Tag sollten wir alle von Menschen gemachten Unterschiede vergessen. Auch die Unterschiede in der Natur, und wir sollten uns über diese Unterschiede erheben und unsere spirituelle Einheit erkennen.
Lauft nicht einfach hinter materiellen Dingen her! Schaut nach innen! Fühlt diese Freude, diesen Frieden, diesen Jesus, diesen Mose, diesen Allah, diesen Mohammed, diesen Buddha! Gebraucht den Namen, der euch entspricht! Das ist mein aufrichtiger Wunsch für euch. Denkt daran! Laßt an diesem heiligen Tag das Licht in euch entfachen, damit ihr Hannukah, Weihnachten, Neujahr und all diese heiligen Tage immer feiern könnt! Ihr braucht nicht von einem Kalender, bestimmten Monaten, bestimmten Tagen und bestimmten Jahren abhängig zu sein. Jeder Tag wird euer Weihnachten sein. Jeden Tag werdet ihr Geschenke durch den Kamin bekommen. Nikolaus wird immer bei euch sein.

> Sobald der Mensch das herrliche innere Licht erblickt,
> läßt er von allem ichhaften Kampf,
> erkennt er seine wahre Bestimmung,
> macht alles mit Freude und fühlt sich stets leicht.

Möge das Licht der Lichter unser Leben erleuchten! Möge das Licht von Hannukah in eurem Inneren entfacht werden! Möge das Christuslicht in euch geboren werden! Möge das Neue Jahr in euch dämmern und ein neues Leben in den Geist bringen! Möge diese heilige Jahreszeit euch mit Friede und Freude inspirieren! Möge Gott mit euch sein!

26. Dezember

Armut ist im Herzen

Armut ist im Herzen. Nichts gehört dir, denn du brachtest nichts mit, als du kamst, und du wirst nichts mitnehmen, wenn du gehst. Es wurde dir alles von Gott gegeben. Wenn du dich von der Idee des Eigentums gelöst hast, dann ist das Entsagung oder Armut. Ich will euch ein kleines Beispiel geben.
Einst studierte König Janaka bei einem großen Weisen. Er verließ gewöhnlich seinen Palast, begab sich in die Klause und setzte sich zu all den anderen Schülern, um die Heiligen Schriften unter der Leitung des Swami zu studieren. Die anderen Schüler hatten jedoch den Eindruck, daß der Lehrer den König ein bißchen besser behandelte als sie. Natürlich wurden sie eifersüchtig und begannen zu lästern. Der Weise wußte, was geschah, aber er ließ es eine Weile andauern.
In jener Zeit saßen und lehrten die Swamis in ihrer Einsiedelei meistens unter einem Baum. Eine solche Einsiedelei lag zufällig im Randgebiet des königlichen Palastes. Eines Tages schuf der Swami das Trugbild einer Feuersbrunst im Palast. Die Minister und Diener des Palastes kamen angelaufen mit der Nachricht, der Palast stünde in Flammen, und das Feuer breite sich aus. Sofort sprangen die Schüler auf und liefen davon. Aber Janaka, der König selbst, saß da und dachte darüber nach, was der Lehrer sagte. Der Swami sprach über die Stetigkeit des Geistes, und Janaka dachte darüber nach. Er hörte nicht einmal, was geschah.
Alle anderen Schüler sprangen also auf und rannten davon. Aber nach ein paar Minuten kamen sie zurück und sagten: „Es war falscher Alarm. Es brannte überhaupt nicht. Wir wissen nicht, was

passiert ist." Der Swami sagte: „Ist das alles? Gott sei Dank. Gut, setzt euch! Aber als der Palast brannte, warum seid ihr dann gelaufen, um das Feuer zu löschen? Der Palast ist weit weg. Sind dort nicht Leute, die das tun können?" „Nein, wir haben uns keine Sorgen um den Palast gemacht, aber unsere Lendenschurze hingen auf einer Wäscheleine in der Nähe des Palastes. Wir sind dorthin gelaufen, um sie zu retten." „Ja, ich verstehe. Wißt ihr, wem der Palast gehört?" „Ja, diesem wunderlichen Mann. Er hat es nicht einmal gemerkt. Er hat einfach die ganze Zeit hier gesessen." Da sagte der Lehrer: „Seht ihr, ihr hingt an euren Lendenschurzen und seid davongerannt, um sie zu retten, während er einfach hier saß. Er lief nicht einmal, um seinen Palast zu retten. Wer ist nun reich, und wer ist arm? Alles, was ihr Mönche besitzt, ist ein Lendenschurz. Aber er hat noch nicht einmal das. *Er* ist wirklich der Arme. Nichts kann ihn erschüttern."

König Janaka antwortete einfach: „Es gibt dort ja Leute, die sich darum kümmern. Dies hier ist für mich ein wertvoller Augenblick. Warum sollte ich gehen?" Da erkannten die anderen, wie abhängig sie waren, und verstanden die Lehre. Es ist nicht der Besitz, der dich reich macht. Selbst die ängstliche Sorge um eine Bettelschale kann dich zum Besitzer machen. Dagegen kannst du eine große Familie haben und dennoch ein Entsagender sein. Es ist die ängstliche Sorge, die den Unterschied ausmacht. Darum sollten wir lernen, den Verstand nicht von den Dingen zu entleeren, sondern von unserer Abhängigkeit von ihnen!

27. Dezember

In Freiheit geboren

Du bist immer frei. Warum brauchen die Menschen „freie Zeit" oder Ferien? Alles, was du tust, tust du aus freiem Willen, wenn du die richtige Einstellung hast. Ein wahrhaft spirituell Suchender sollte keinen Unterschied machen zwischen „freien" Tagen und „Arbeits"-Tagen. Lerne zu spielen, selbst wenn du arbeitest! Arbeit ist Andacht, Arbeit ist Spiel.

Habe immer Spaß! Du solltest niemals verkrampft sein oder das Gefühl haben, so hart zu arbeiten, daß du Ferien brauchst. Laß deine Ferien einfach eine andere Form der Arbeit sein! Wahre Freiheit bedeutet, alles zu genießen, was du tust.

Das gesamte Leben ist ein Drama. Du beobachtest einen fortlaufenden, dauernden, nicht endenden Film. Wenn du in diesem Prozeß an einem freien Tag ausgehen und einen Film sehen willst, der durch einen Projektor läuft, gehe und tue es! Es ist eine Abwechslung der Tätigkeit, das ist alles.

Was immer du tust, spiele deine Rolle gut und genieße sie!

28. Dezember

Was man Religion nennt

Ihr alle sucht Gott, dessen Name Glückseligkeit ist. Und eure rechtschaffene Annäherung an diese Glückseligkeit ist das, was ihr Religion nennt. Wenn ihr diese Glückseligkeit erreicht, ohne euch selbst und ohne andere zu verletzen, seid ihr religiöse Menschen. Versucht ihr aber, diese Glückseligkeit zu bekommen, indem ihr euch oder andere verletzt, dann ist es nicht religiös.

29. Dezember

Überlasse alles einer höheren Autorität!

Lebe in der goldenen Gegenwart! Fühle stets: „Ja, das hier ist meine Gegenwart. Die Vergangenheit ist vorbei. Die Zukunft habe ich nicht in der Hand." Vermutlich wird jemand fragen: „Sollten wir dann keine Pläne für morgen machen?" Doch, du solltest planen. Jedoch solltest du dir keine Sorgen machen. Wenn dir Ideen kommen, mache Pläne! Aber sei dir bewußt, daß es jemanden gibt, der sie billigt oder mißbilligt! Überlasse die letzte Entscheidung einer Höheren Autorität und sei auf alles gefaßt! Wenn du etwas für morgen planen willst, tue es, wenn es dir Freude macht! Aber denke immer daran, daß es eine letzte Autorität gibt. Der Mensch denkt, Gott lenkt. Das ist das Leben.

30. Dezember

Gott in uns

Du wirst Gott nicht *bekommen*. Du wirst dich Gott nicht hingeben. Du wirst Gott nicht einmal erlauben, durch dich zu handeln. Er tut es bereits. Alles, was du tun mußt, ist, dir darüber im klaren zu sein. Weißt du es nicht, denkst du, *du* tätest es. Solange du glaubst, *du* tätest etwas, laß dich von deinem Gewissen leiten, das ein Teil Gottes ist! Höre darauf, es wird dich führen! Es wird dir sagen, was richtig und was falsch ist, was zu tun und was zu lassen ist. Es ist immer da, um dich zu leiten. Es gibt keinen, der es nicht hat.
Etwas in uns scheint unbewußt zu wissen, daß Gott in unserem Inneren ist. Die Führung sollte aus dem Inneren kommen. Das bedeutet, du mußt deine Augen, deine Ohren und deine Sinne vor der Außenwelt verschließen. Jeder sollte sich täglich wenigstens

etwas Zeit nehmen, um auf die innere Führung zu horchen. Frage aufrichtig: „Herr, sage mir, was ich tun soll! Ich weiß, Du führst mich. Gib mir die Kraft und die Fähigkeit, auf Dich zu hören und Dir zu folgen! Meine Beziehung zu der Außenwelt über meine Sinne hilft mir nicht wirklich. Sie verwirrt mich immer mehr!" Das ist wahr. Sinnliche Erfahrungen entfernen dich im wahrsten Sinne des Wortes von inneren Erfahrungen. Unser ganzes Elend kommt von sinnlichen Erfahrungen. Wir befriedigen unsere Sinne in jeder erdenklichen Weise. Die Sinne befriedigen macht das Ego immer nur stärker. Hier ist Disziplin wichtig. Ohne Disziplin kannst du im Leben nichts erreichen. Das bedeutet nicht, du solltest dich nicht an den Sinnen erfreuen, aber tue es in disziplinierter Art und Weise! Es sollte für alles eine Grenze geben.

31. Dezember

Wenn du Gott erkennst, brauchst du kein Vanille-Eis

Die hier behandelte Erkenntnis – daß nichts von außen dir Erfüllung bringen kann – ist rein theoretisch. Du hast davon gehört, doch rein theoretisches Wissen ist nicht genug. Um dies praktisch im äußeren Leben zu erfahren, mußt du deinen Verstand überzeugen. Erinnere dich an frühere Erfahrungen! Analysiere sie! Brachten sie dir innere Erfahrungen? Brachten sie dir Befriedigung, oder waren sie nur von kurzer Dauer? Sie kamen, und jetzt sind sie gegangen? Gleichzeitig erinnere dich daran, was innere Erfahrungen sind.
Was möchtest du innerlich erfahren? Ein bißchen Vergnügen? Einen guten Geschmack? Innere Erfahrung bedeutet nicht, „ich muß den Geschmack von Vanilleeis erfahren, ohne es zu essen". Du kannst den Geschmack von Vanilleeis nicht erfahren, ohne es zu essen. Aber du *kannst* die Erfahrung machen, daß du dich freust, Vanilleeis zu essen. Was ist das? Befriedigung. „Ich

wünschte mir Vanilleeis. Dieser Wunsch schuf ein inneres Bedürfnis, und wir haben es bekommen." Du hast das Vanilleeis gewollt, du hast es bekommen, du hast es gegessen, und du bist zufrieden. Du hast die Erfahrung gemacht, Vanilleeis zu essen, und damit hast du Glück und Befriedigung erfahren. Aber bevor du das Eis haben wolltest, warst du auch zufrieden. Du warst ausgeglichen. In dem Augenblick, da du an das Eis dachtest, hast du deine Ruhe verloren. Du hast es bekommen und hast deine Zufriedenheit gefunden. Wenn du diese Zufriedenheit immer behältst, ob du es nun bekommst oder nicht, dann ist das eine innere Erfahrung. Die innere Erfahrung ist an nichts Äußeres gebunden. Suche das Reich Gottes, und alles andere wird folgen! Wenn ich sage, „alles andere wird folgen", dann bedeutet das nicht, daß wörtlich *alles* folgen wird. Wenn du Gott erreichst, wirst du deinen Magen nicht mit Speiseeis füllen. Aber du wirst ein Zufriedensein erreichen, als hättest du ein paar Kilo Eis gegessen, ohne es zu essen. Entscheidend ist die Zufriedenheit und nicht das sinnliche Schmecken.

Register

Die Zahlen hinter den Schlagwörtern beziehen sich auf das jeweilige Datum, unter dem das Wort zu finden ist

Abhängigkeit 26.12.
Abneigung 03.12.
Akzeptanz 20.01.
Alleinsein 29.08.
Allumfassende Liebe 19.01.
Angst 06.04.; 24.04.; 06.07.; 05.09.; 17.11.
Annehmen 16.10.
Ärger 11.06.
Arbeit 18.10.
Arbeit – Spiel 27.12.
Astrologie 23.07.
Atem 12.08.
Aufgeben 26.05.
Autorität 29.12.

Ballast 12.09.
Bewußtsein (kosmisches) 18.03.; 05.12.
Bedingungslose Liebe 22.12.
Behutsamkeit 03.11.
Belastung 02.09.
Besitz 07.11.
Betrug 18.07.
Beziehungen (menschliche) 31.10.
Bindung 12.10.
Bindungen 28.08.
Böse (das) 02.06.

Dankbarkeit 13.04.
Demut 22.03.
Denken (positives) 04.10.; 12.07.
Denkungsart 20.09.
Diebstahl 25.03.
Dienen 23.06.; 21.07.; 31.08.

Dienst an Gott 17.10.
Dinge (kleine) 19.05.
Diskriminierung 12.03.
Disziplin 14.01.; 18.01.; 21.02.; 07.09.;
Dunkelheit 15.10.
Durchhalten 25.05.; 26.07.

Ebenbild Gottes 08.08.
Ego 22.02.
Egoismus 16.07.
Eifersucht 14.12.
Eigenverantwortung 26.10.
Einmaligkeit 20.10.
Einsamkeit 26.03.
Eltern 23.11.
Energie 28.09.
Energien anheben 03.07.
Entscheiden 29.07.
Entwicklungsebene 07.08.
Erleuchtung 16.05.
Erkenntnis 24.10.

Fehler 08.02.
Freier Wille 03.01.; 15.03.
Freude 01.03.
Freud und Leid 30.06.
Freunde 17.03.
Freundschaft 22.11.
Friede(n) 25.01.; 22.04.; 01.06.; 04.12.; 19.12.
Frieden (innerer) 13.10.
Fügung 04.03.
Führung 19.10.; 18.12.
Fürbitte 05.06.

Geben und Nehmen 03.05.
Gebet 23.01.; 07.03.; 15.08.; 01.09.
Gedanken 25.04.; 02.06.
Gedanken (gute) 18.05.
Gedankengut (kosmisches) 05.07.
Gedenktag 09.07.
Gegenwart 18.08.
Gegenwart Gottes 24.12.
Geist 06.08.; 21.03.
Gelübde 03.06.; 17.04.; 10.04.
Genügsamkeit 27.06.
Gesundheit 10.01.; 01.05.; 09.06.
Gewinn – Verlust 14.05.
Gewissen 20.08.; 30.12.
Glaube 02.02.; 08.04.; 09.04.;
 16.06.; 11.07.; 06.10.; 10.10.
Glauben (sich festigen im) 06.05.
Gleichgewicht 10.09.
Gleichwertigkeit 21.10.
Glück 23.05.; 02.08.; 23.10.
Glückseligkeit 28.12.

Hand (unsichtbare) 26.01.
Handeln 14.07.
Handicap 10.03.
Handlung (perfekte) 13.07.
Hatha-Yoga 11.01.
Hauptwunder 01.12.
Heilige 28.04.
Heilige Objekte 29.04.
Heilung 17.05.
Herausforderung 29.01.; 24.05.
Herz 20.02.
Herz (Reinheit des Herzens) 08.06.
Herzensgüte 14.02.
Herzradio 28.03.
Hilfe 04.04.; 16.04.
Himmel auf Erden 25.06.
Himmel und Hölle 01.08.
Hingabe 12.01.; 25.07.; 14.09.;
 25.09.; 20.10.
Hitler 26.09.

Illusion 29.02.
Instrument Gottes 05.01.; 11.02.;
 13.05.; 17.12.
Israel – Realität 15.11.

Jesus 15.04.

Kampf 16.08.
Karma 21.01.; 22.01.; 31.01.;
 15.04.; 02.06.; 09.08.; 03. 10.
Kommunion 22.08.
Kommunikation 05.04.
Kommunikation mit Gott 19.06.
Kompliment 04.02.
Konzentration 09.02.; 29.05.
Konzentriertes Denken 30.05.
Kraft (geistige) 13.01.
Kraft der Beherrschung 28.02.
Kraft des Gebets 13.11.
Kraft der Gedanken 26.02.; 27.02.
Krankheit 04.08.; 10.07.
Kritik 03.09.; 23.03.
Kundalini 04.07.

Lebensziel 28.01.
Lehren 28.10.
Lektion 06.03.; 09.11.
Lernen 15.01.
Lernen und Lehren 28.10.
Liebe 04.01.; 13.02.; 05.03.
Liebe (allumfassende) 02.04.
Liebe Gottes 21.11.
Liebe (kosmische) 11.10.
Liebesdienst 12.02.
Lügen 28.01.

Macht (höhere) 08.10.
Mantra 27.03.; 09.10.; 18.11.;
 19.11.; 20.11.; 29.11.
Mantra-Wiederholung 09.01.
Medizin 28.05.
Menschengruppen 03.03.

Motto 30.03.
Mut 10.03.

Nachbarschaft (gute) 08.05.
Nächstenliebe 02.01.
Negativität 14.10.
Nehmen (Geben und Nehmen) 03.05.
Neutralität Gottes 27.10.

Objekte (heilige) 29.04.
OM 28.11.

Pratipaksha bhavana 15.02.
Prüfen 11.03.
Prüfungen 18.02.

Rat annehmen/erteilen 17.01.
Ratlosigkeit 29.03.
Reinheit 03.04.
Reinkarnation 02.10.

Samadhi 07.02.
Satchidananda 20.12.
Schlaflied 27.04.
Schuld 15.03.; 10.11.
Schweigen 07.01.
Selbst (unsterbliches) 05.06.
Selbstkritik 21.05.
Selbstliebe 13.12.
Selbstsicherheit 08.11.
Sieg 16.01.
Sklave 23.04.
Sorgen 12.12.
Spiel 06.01.; 06.12.
Spiel Gottes 08.12.
Spielen 30.10.
Spiritualität 03.02.
Spirituelle Praxis 30.11.
Stärke im Glauben 10.04.
Strafe 10.05.

Teilen 11.03.
Toleranz 01.10.

Universum (das unendliche) 15.06.
Unbegründete Angst 24.04.
Unsterblichkeit 06.09.
Unsterbliches Selbst 02.12.

Verantwortung 09.05.
Vergebung 02.11.
Verlust 19.03.; 14.05.
Verpflichtung 17.07.
Verstand 20.02.; 20.04.
Verständnis 12.11.
Vertrauen 04.03.; 26.08.; 18.09.; 05.11.
Vertrauen in Menschen 23.02.
Verstehen 16.10.
Verurteile niemanden 16.02.
Verzeihen 29.09.
Verzicht 25.10.
Vielfalt 31.05.
Vorstellung 09.12.; 16.12.
Vorstellungskraft 10.12.

Wachstum 22.09.
Wahrheit oder Lüge 06.11.
Wandertempel 15.09.
Werkzeug Gottes 08.01.; 26.06.
Wesen Gottes 06.02.
Wettbewerb 20.03.
Widerstand 02.03.
Wiederkehr (göttliche) 23.12.
Wille Gottes 09.03.; 31.03.; 11.11.
Willenskraft 14.04.
Wirkung durch Denken 04.10.
Wissen 30.1.
Wunsch (einziger) 21.12.

Zufriedenheit 27.01.; 14.11.
Zunge (Kontrolle der Zunge) 22.03.

Sri Swami Satchidananda

(1914 - 2002)

Sri Swami Satchidananda (Sri Gurudev) war ein sehr verehrter und beliebter Yoga-Meister unserer Zeit. Er war bekannt dafür, daß er praktische Weisheit mit spirituellem Verständnis und Humor vereinte. Er widmete sein Leben dem Dienst an der Menschheit und zeigte durch sein Beispiel die Möglichkeit, bleibenden Frieden im eigenen Leben und im eigenen Selbst zu verwirklichen. Seine Botschaft vom Frieden in allen Menschen und von der Harmonie zwischen allen Glaubensrichtungen und Ländern wurde weltweit gehört. Jedes Jahr erhielt er Hunderte von Einladungen, um auf Konferenzen, an Universitäten, vor Ärzten und in Gotteshäusern aller Religionen auf der Welt zu sprechen.
Sri Gurudev kam 1914 in einer frommen Familie Südindiens zur Welt. In jungen Jahren studierte er so verschiedene Fächer wie Agrikultur und Elektronik. Überall war er erfolgreich. Er beschloß jedoch, sein persönliches Leben aufzugeben, um sich einem Leben inneren Friedens und spiritueller Kenntnisse in Vereinigung mit Gott zu widmen. Er studierte mit einigen von Indiens größten Heiligen und Weisen wie Sri Ramana Maharshi, Sri Aurobindo und seinem eigenen spirituellen Meister, Sri Swami Sivananda Maharaj aus Rishikesh im Himalaya.
Swami Satchidananda wurde gebeten, nach Sri Lanka zu kommen, wo kurz darauf seine Schüler, den ersten Satchidananda Ashram gründeten, um mehr von ihm zu lernen. Dreizehn Jahre lebte er dort. 1966 wurde er in den Westen eingeladen, wo seine tiefe spirituelle Verwirklichung starken und bleibenden Eindruck hervorrief. Wieder wurde er von aufrichtigen Schülern umgeben, die bereit waren, ihm in seinen Fußstapfen zu folgen, und heute gibt es in der ganzen Welt Satchidananda Ashrams und Integral Yoga Institute, die auf seinen Lehren aufbauen.

Sri Gurudev förderte zahllose ökumenische Symposien, Seminare und Gottesdienste in der ganzen Welt. In mehreren Privataudienzen lobte Papst Paul VI. diese Leistungen, um interreligiöse Veranstaltungen zu fördern. Sri Gurudev setzte sich für Harmonie ein. Er reiste rund um die Welt, um spirituelle und weltliche Führer und andere Würdenträger zu treffen, u.a. Papst Johannes Paul II., den Dalai Lama, Indira Gandhi, Mutter Teresa und U Thant. Er fuhr mehrere Male in die Sowjetunion, um einen harmonischen Dialog zwischen Amerikanern und Russen anzuregen und um den Weltfrieden zu fördern. Für seinen Dienst erhielt er zahlreiche Auszeichnungen, so z.B. den Martin Buber Preis für seinen außerordentlichen Dienst an der Menschheit, den „B'nai B'rith Anti-Defamation League's Humanitarian Award"; die Titel „Freund der weltweiten Dankbarkeit", „Ehrenamtlicher Freund des Welt-Vegetarier Kongresses" und „Freund der Concordia Universität".

Sri Gurudev gehörte selbst keinem Glauben, keiner Gruppe und keinem Land an. Entsprechend seinem Prinzip „Eins ist die Wahrheit, der Wege sind viele" begab er sich überall dorthin, wo er gebraucht wurde. Er führte Menschen aus allen möglichen Schichten und Glaubensrichtungen zusammen. Seine Lehre bestand darin, die unterschiedlichen Pfade zu respektieren und die gemeinsame Substanz sowie die Allgemeingültigkeit ihres Zieles zu erkennen. Lange hatte er von einem Ort geträumt, wo alle zusammenkommen, um individuell diese eine Wahrheit hinter allen Namen und Formen erkennen zu können. Der LOTUS (Light Of Truth Universal Shrine) ist ein solcher Ort. Der von dem Swami konzipierte und entworfene Schrein wurde im Juli 1986 eröffnet und liegt im Satchidananda Ashram Yogaville in Virginia/USA. Er ist dem Licht aller Glaubensrichtungen und dem Weltfrieden gewidmet und bildet ein schönes Beispiel für die universalen Lehren von Sri Swami Satchidananda.

Andere Titel aus dem Verlag Hinder + Deelmann

Erkenne dein Selbst

Die wesentlichen Lehren von Swami Satchidananda

269 Seiten, kartoniert

In einer anregenden Sammlung von Lehren und Geschichten bietet Swami Satchidananda in dem vorliegenden Buch eine Anleitung zur Lösung der täglichen Probleme im Familien- und Berufsleben und zur Verwirklichung des Allgemeinen Bewußtseins.

Haridas Chaudhuri

Die Lebensprobleme meistern

218 Seiten, kartoniert

In diesem Buch werden grundlegende Daseinsprobleme wie Egozentriertheit und Unreife, Angst und Identität, Depression und Verzweiflung, Leiden und Tod, zwischenmenschliche Beziehungen und das Treffen von Entscheidungen, Selbstentfremdung und Einsamkeit besprochen und Wege zu einem ausgeglichenen Leben aufgezeigt. Der Verfasser verbindet die tiefsten Einsichten östlichen und westlichen Gedankenguts, bleibt aber in seinen Formulierungen so schlicht und einfach, daß jeder ihn gut versteht.

Vinoba Bhave

Immerwährende Weisheit

Struktur und Technik des inneren Friedens

167 Seiten, kartoniert

Vinoba Bhave hat in diesem Buch den inneren Frieden des Einzelnen, jene wesentliche Voraussetzung des äußeren Friedens, gemäß seiner Struktur dargelegt und die Technik seiner Gewinnung entwickelt. Es bietet eine Anleitung zum Erlangen der Grundlagen von Selbstdisziplin, Gleichmut und Gelassenheit als höchster Stufe yogischer Intelligenz.

Vinoba Bhave

Gespräche über die Gita

Mit einem Vorwort von Jayaprakash Narayan. Aus dem Hindi übertragen von Hema Anantharaman

271 Seiten, Leinen

An 18 aufeinanderfolgenden Sonntagen, vom 21. Februar bis 19. Juni 1932, sprach Acharya Vinoba Bhave zu seinen Mitgefangenen im Gefängnis von Bombay über die 18 Kapitel der Bhagavad Gita. Dieser schlicht gesprochene aber tiefgründige Kommentar gilt als einer der hervorragendsten. Mehr als eine Million Exemplare wurden bisher allein in Indien verkauft.

Bhagavadgita

Aus dem Sanskrit übertragen von Sri Aurobindo. Aus dem Englischen übertragen von Heinz Kappes, Rolf Hinder und Jürgen Genings

117 Seiten, kartoniert

Die hier vorgelegte deutsche Übersetzung hat als Vorlage Sri Aurobindos tiefschürfende Sanskrit-Übertragung (ins Englische), die sowohl dem philosophisch anspruchsvollen als auch dem sich herantastenden Leser einen strikt am Original orientierten, aber dennoch leicht verständlichen und ausschöpfenden Text in zeitgemäßer Sprache bietet.

Das Werk Sri Aurobindos

Das Göttliche Leben	3 Bände, zus. 1213 S., Leinen
Die Synthese des Yoga	907 S., Leinen
Savitri	743 S., Leinen
Das Geheimnis des Veda	556 S., Leinen
Die Grundlagen der indischen Kultur	410 S., Leinen
Essays über die Gita	580 S., Leinen
Bhagavadgita	117 S., kart.
Das Ideal einer geeinten Menschheit	362 S., kart.
Über sich selbst	445 S., kart.
Licht auf Yoga	73 S., kart.
Verzeichnis der Sanskrit-Ausdrücke	55 S., kart.

Helmtrud Wieland

Das Spektrum des Yoga

Seine weltanschaulichen Grundlagen und Entwicklungen

531 Seiten mit zahlreichen Abbildungen, kartoniert

Das Buch erfaßt einen Zeitraum von rund 3000 Jahren: Es schlüsselt den Yoga in all seinen Aspekten auf und läßt ihn an den Wurzeln seiner Entwicklungen weltanschaulich verständlich werden.

Mohandas K. Gandhi

Eine Autobiographie

oder Die Geschichte meiner Experimente mit der Wahrheit

454 Seiten, 16 Seiten Abbildungen, kartoniert

Mahatma Gandhis Autobiographie wurde von Gandhi in den zwanziger Jahren in Form wöchentlicher Beiträge zu seiner Gujarati-Zeitschrift "Navajivan" niedergeschrieben. Sie ist ein einzigartiges Dokument seiner Wahrheitssuche.

Michael Blume

Satyagraha

Wahrheit und Gewaltfreiheit, Yoga und Widerstand bei M. K. Gandhi

395 Seiten, kartoniert

„Michael Blume stellt erstmals (nicht nur im deutschsprachigen Bereich!) mit der gehörigen Gründ- und Ausführlichkeit die ... Grundlagen der politischen Philosophie Gandhis dar, um darauf aufbauend dann Satyagraha, das Festhalten (graha) an der Wahrheit (satya) einmal als Lebensweise und dann als politische Strategie des gewaltfreien Widerstandes zu analysieren...   *Die Zeit, Hamburg*

Verlag Hinder + Deelmann · Postfach 1206 · D-35068 Gladenbach
Tel.: (06462) 1301 · Fax (06462) 3307 · www.hinderunddeelmann.de